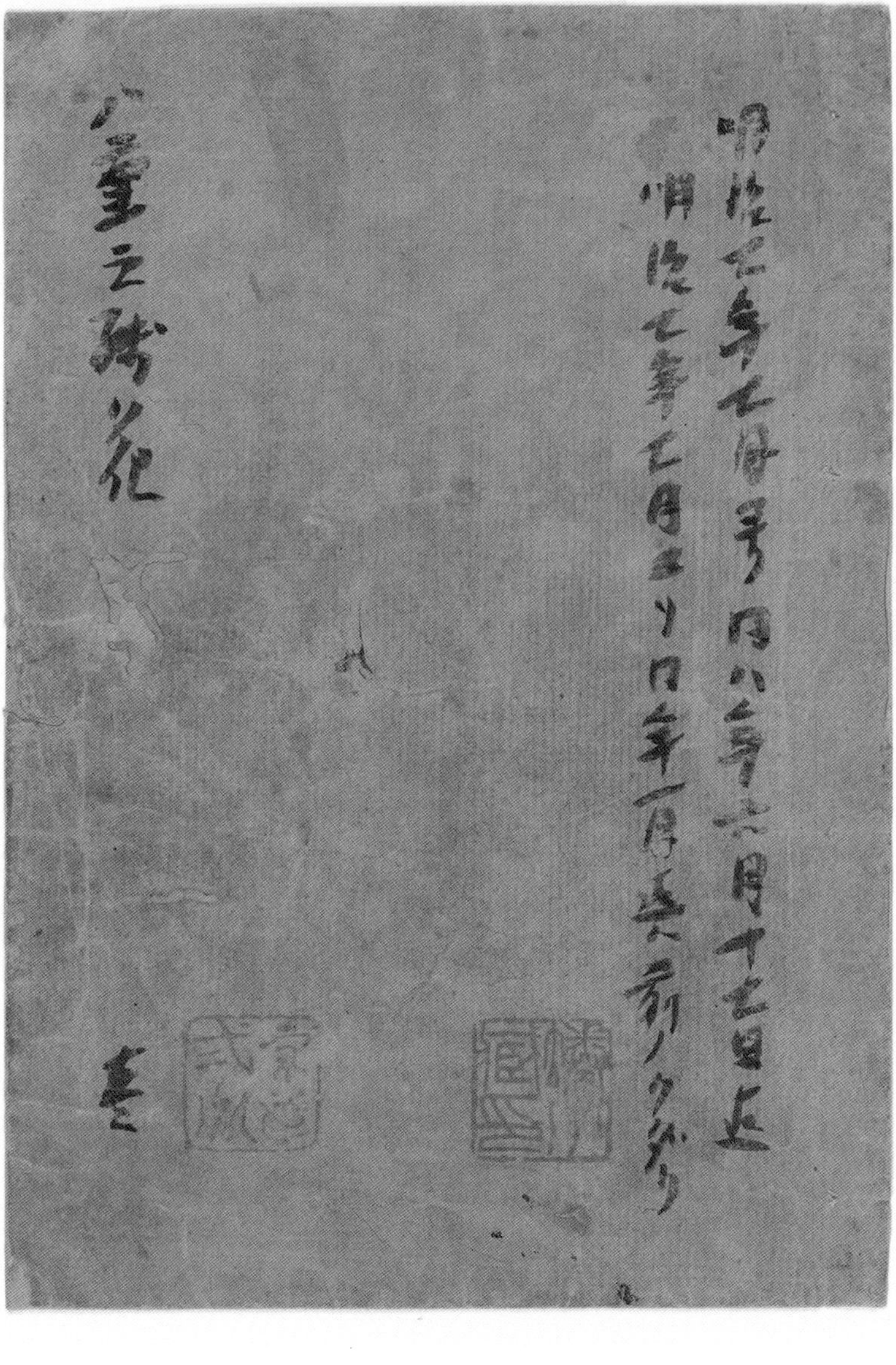

第壱巻　表紙

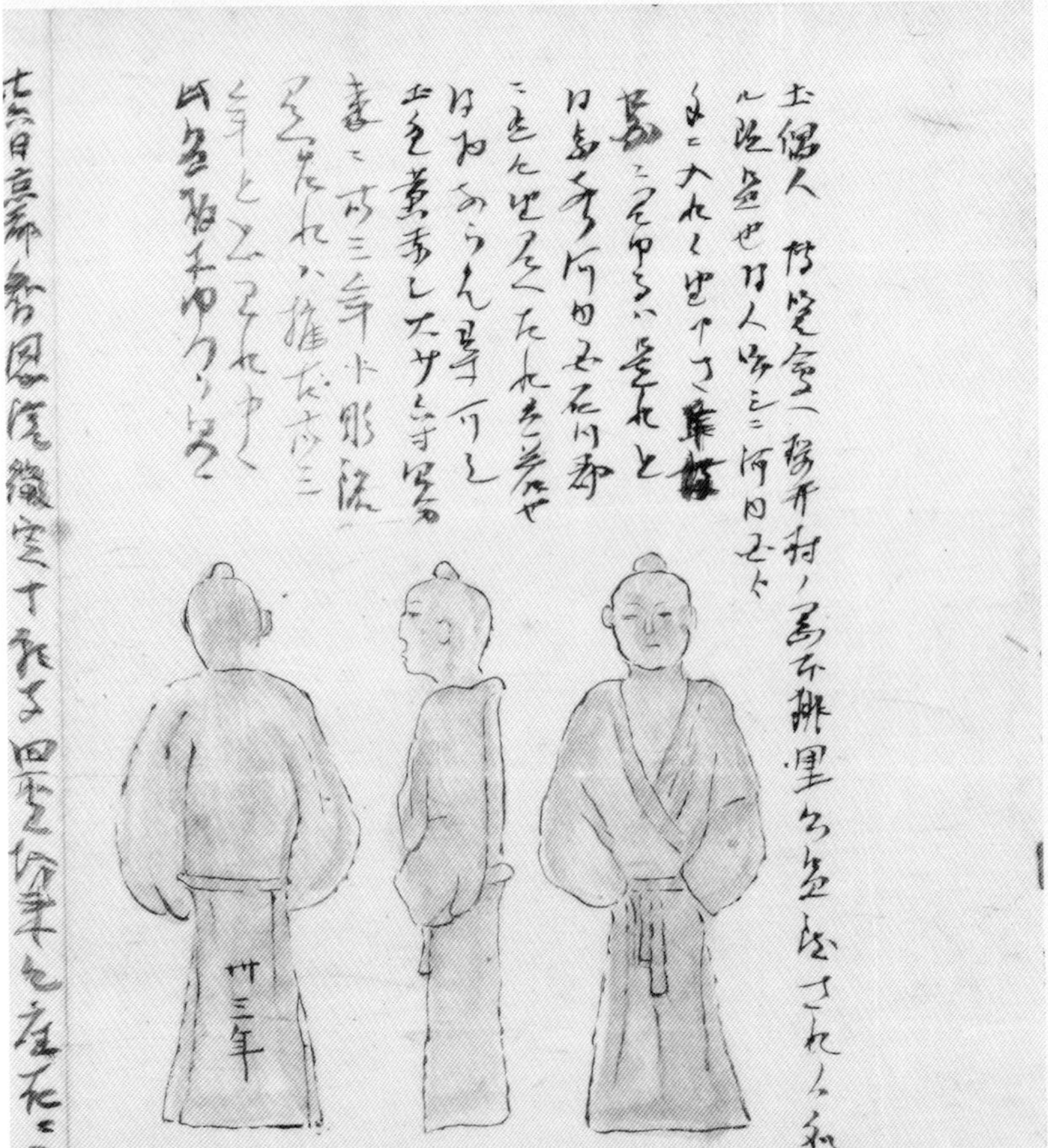

第壱巻　第31丁表

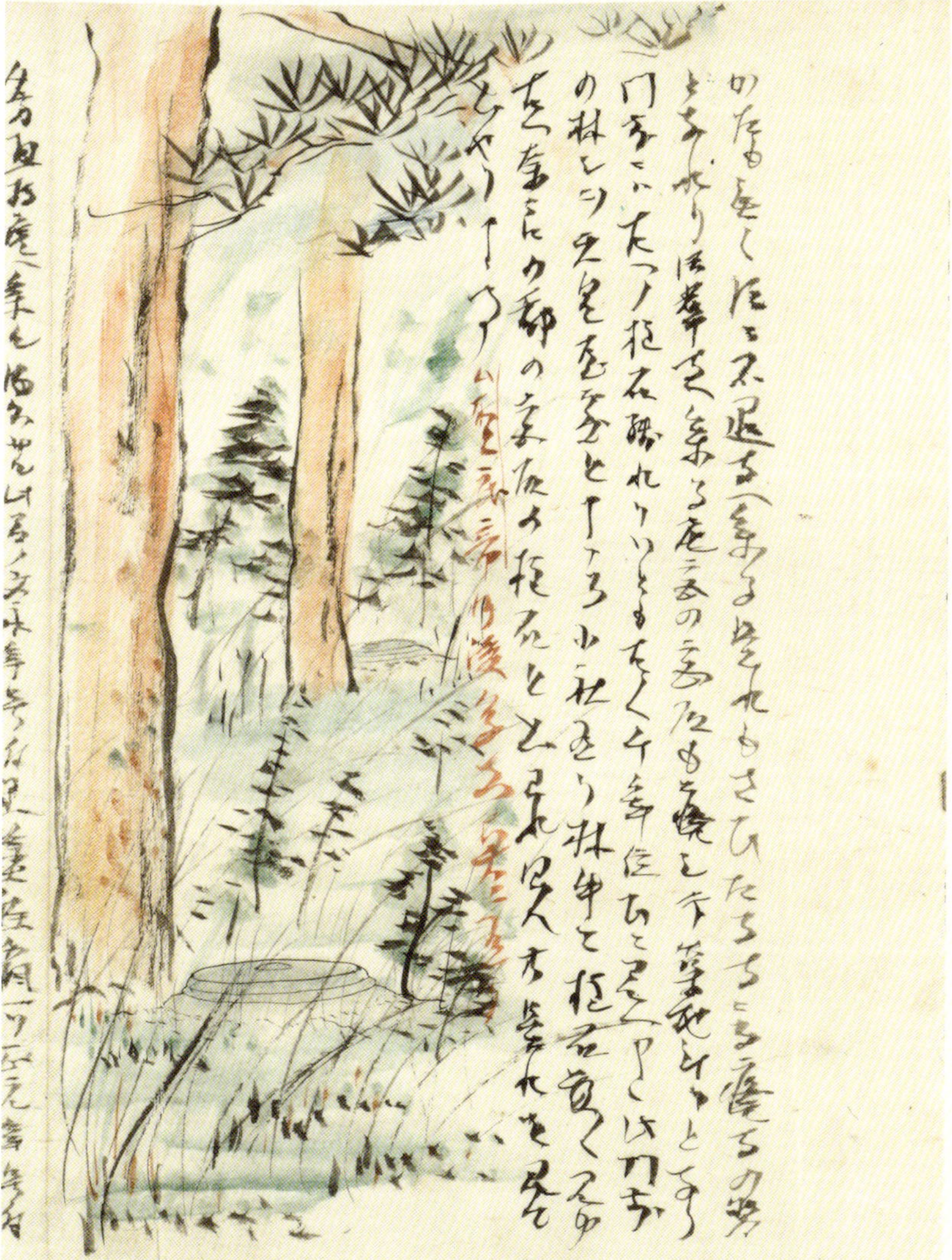

第壱巻　第34丁表

月ニ三度ノ御供ハ是机

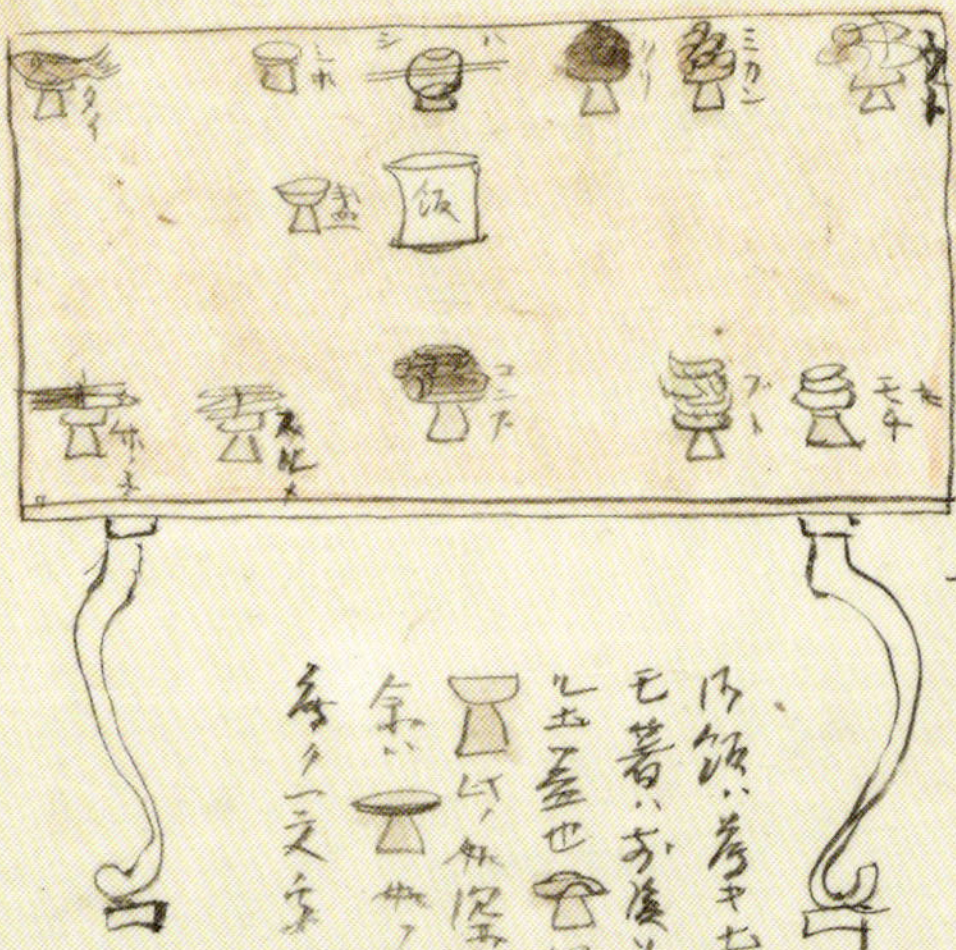

黒塗ニテアリ

御飯ハ高キ土器ニ
毛箸ハ折後ソラ右
此土器也　汁器
此ノ如深キ也
余ハ此ノ如ノ
高ク一丈余也

日々御供四足机

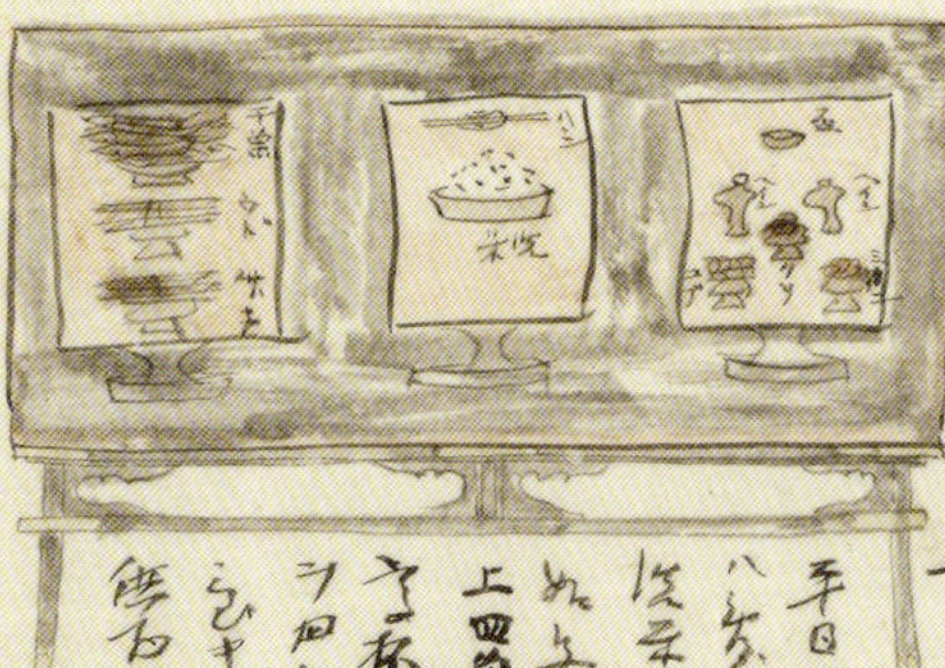

黒塗ニキエ

平日用ヒノ盃
ハ土器ニ毛
御菜ノ土器ハ
如斯三ツ亦ニ
上四角下丸シ
高杯也是レ
ヲ四足机ノ上
ニヒキテ表ニ
供ス也也

御膳ノ高具ハ古人

右献供ノ中ニ餢飳ト云ノ如シ團子ノ油アゲ也　古ハ此内ヘ何カ菜味ヲ入レテ端ノヒ子

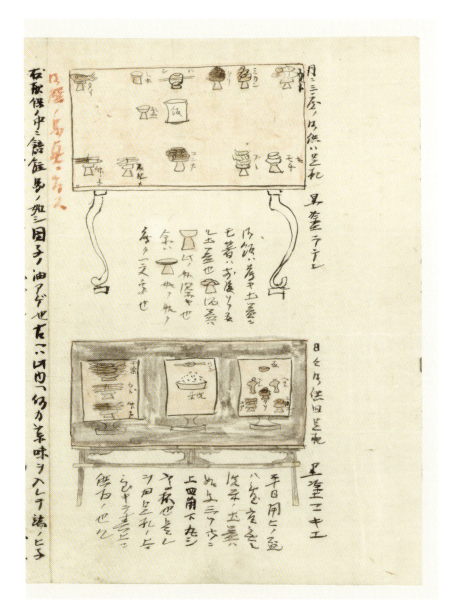

彦中金所蔵具ノ横ニ図ニ出ス所ノ形リタル尾ナル也三ツ四ツ有リ針金ニテツナク
青色ノ金透明玉也其四辺ニ又吹画ノ
模ヲ以テ数多ノ有タルモ見エ
其体ヨリ玉ノ出ルハ多ケレトモ
ツナギノ有ルハ是迄見ル事ニ
無ナレハ図ニテツナギタルモアリ
此具ハ天平勝宝九年五月
二日ニ 聖武天皇ノ一周忌ニ
当ハ供別ニ大仏會ヲ行ナ
ワレ此時ニ用ヒシ幡ナリ此幡
ノ次ニ緒有リ右手ニ持テ珠ヲ
垂シテ法会ニ差テル事明也
其玉ハ古ヘ官女ニ懸シテ挿古ニ帯佩ハ東帳ノ佩玉ニモ有ケ又玉冠ニモ在ケ
又作具ニ在ケル事ト御霊ケ垂レモ一説トス
寛政六年六月廿五日於財帳写ニ

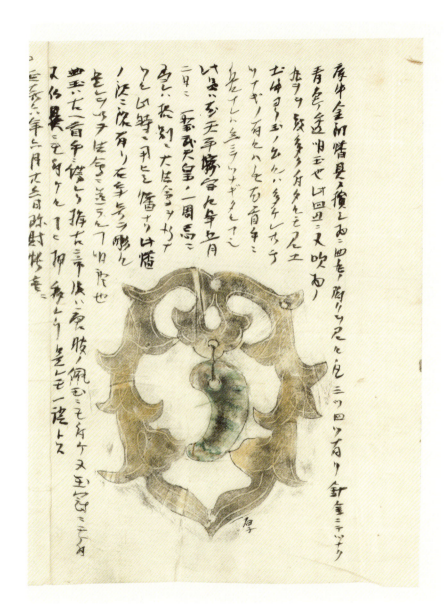

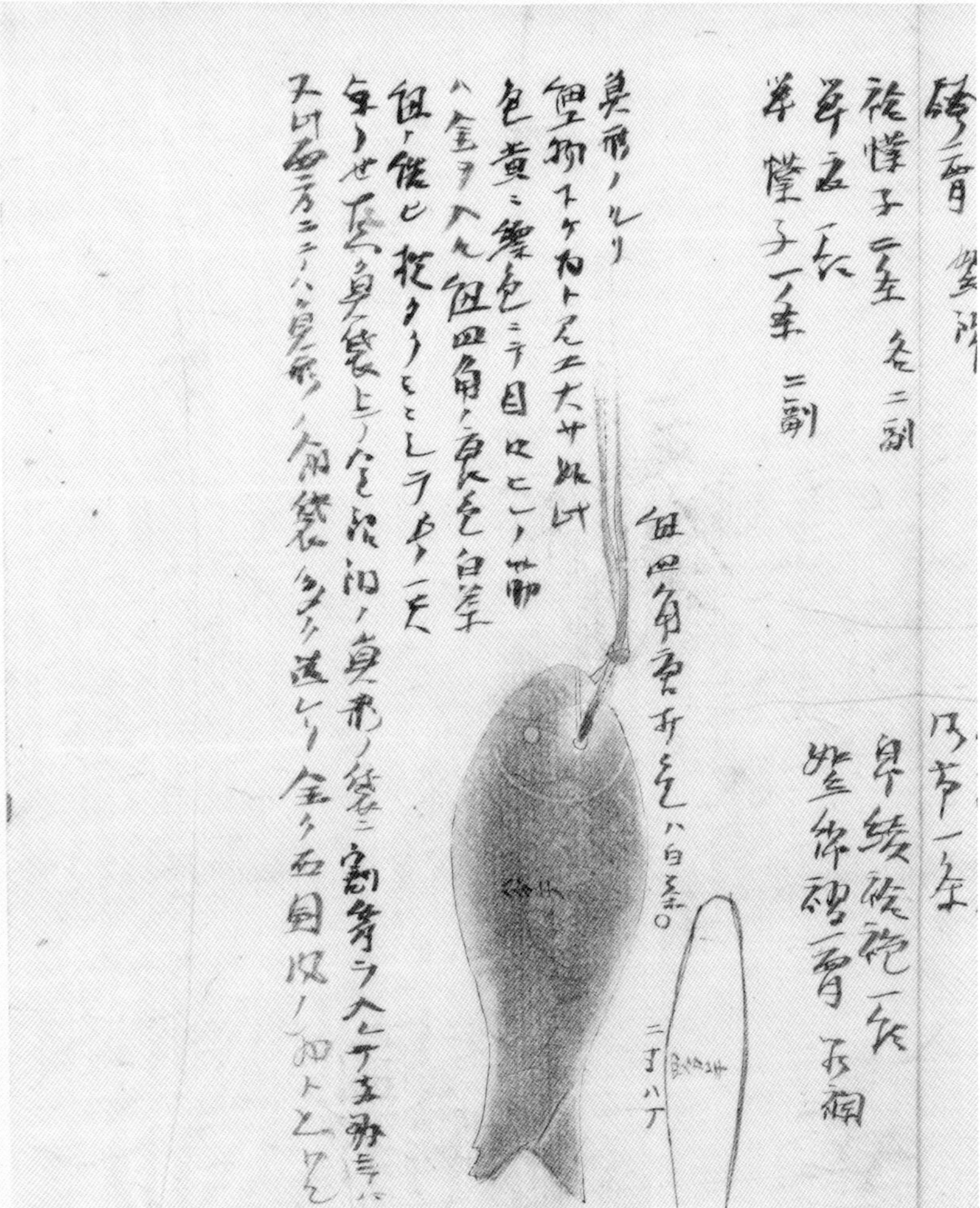

第壱巻　第44丁裏

雄犀角箱
打チ分ノ紐ク個ハ蔭ア
厚サ大シト蓋ヲ一寸三分七ツ組白茶四角ノ鹿

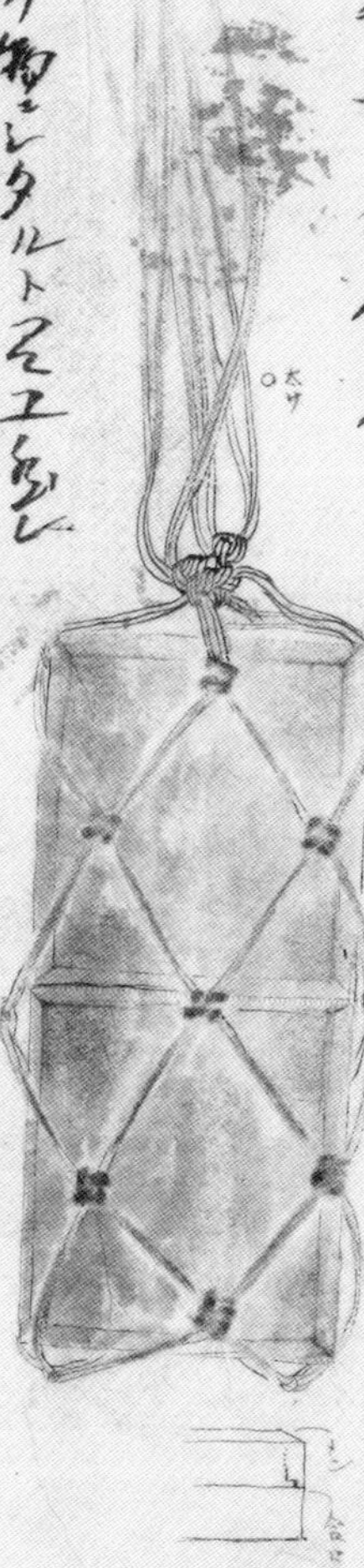

下ケ物ニシタルトモ云ヘシ
古ノ根付袋ニモ見ル角袋トテ
犀角ノ角形ノ下ケ物アリ是レハ鎧ナトニ付根付袋ノ左右
見ルヘキ也コハ盆ハ角袋ノ天和衣トモ云ヘクモノ系ノ
作也三ハ加様ノ物ヲ真似テモ少シ結ヒシ此箱ノ四ハ何モ糸モシ
組ノカラモ入ヒナシハ角袋ヲモ用角袋ハ犀角ニテ形容サハラ
トモ云ハ待也
角袋ハ全ク角ノ形チニテ内ハ角ノ下ツニホリシ犀角トモ云ヘシ

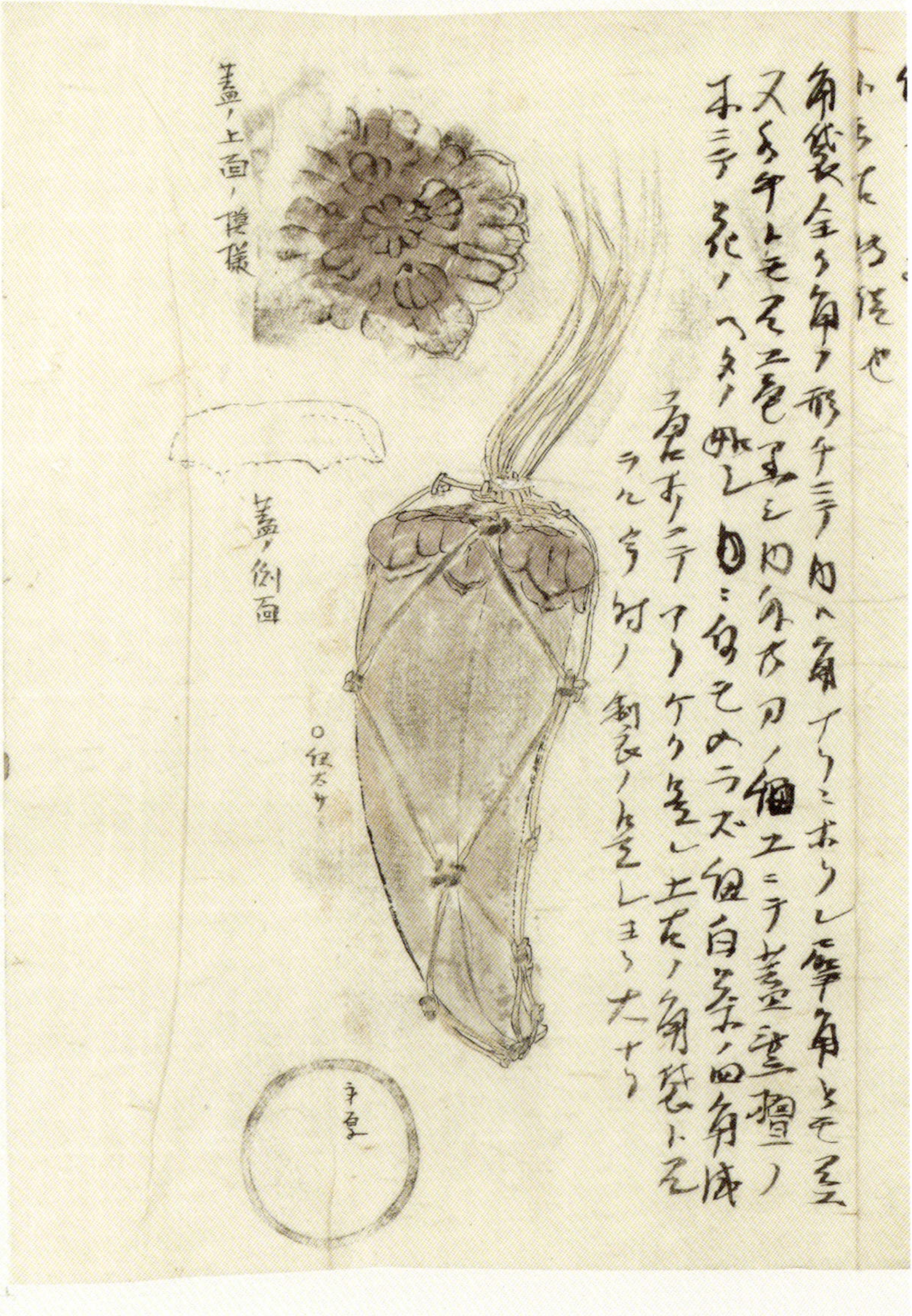

第壱巻　第45丁裏

仕合ナリ然ルニ今日権兵衛上ヨリ二鞘三本記シ畢ヌ
十八日　刀子　柄犀角　鞘紅牙撥鏤　横様鳥花　口金金也　身ノ刃直鎬キ
ニ細ク直ニシテ反リナク手ザワリ也　身ノ所ヘ上ト下ト細サト至リテフクラ鞘
柄細シ丸クリスキナリ　細レモ鞘ニ金モ無シ

但シ刀子柄鞘鎬ハ直く細く
シテタヽミ云々
三本ニ十ヤナ
ニニ之

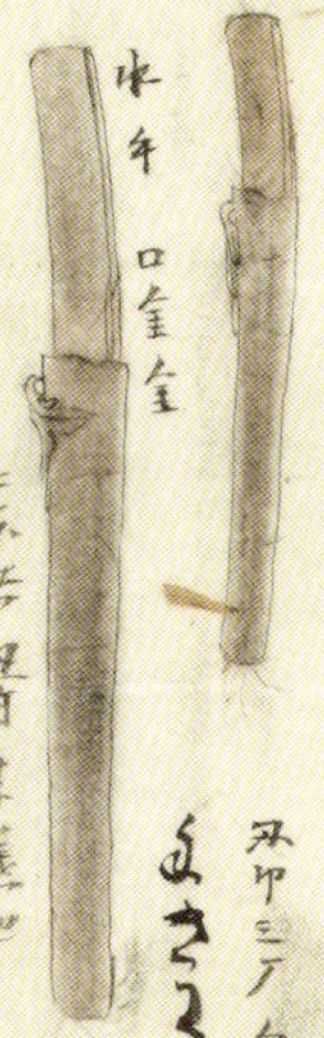

刃巾ミテ白ク長キ糸纏メ形ニ
よきさまに真直くにして
くるひなし柄
金目つくて個
かなり

把角鞘木地黒塗横[illegible]ノ[illegible]ニテ[illegible]ノ[illegible]
[illegible]ノ金具泥 鞘木地ノ[illegible]ハ[illegible]ノ[illegible]

此外多ク把鞘ノ制様アリ
尚製アリ
一 把ニ革角 鞘赤色ノ木ノ上ヘ銀ノ[illegible]ノ
スカシ十九金具ミキヒヒ[illegible]ヘアサギ玉ヲ入ル丁[illegible]ノ[illegible]

口金ハ真直ノ物ト此ノ如クソリタルト二色[illegible]
一 鞘ノ[illegible]ハ[illegible]ノ[illegible]ハ大ラタニシテ一向ニソリテヒ[illegible]

右は陵ノ東を北へ山あるを凡そ十四五町にしてあり
山と云山上ニ稲荷小社あり此所井出ニ飛石三ツ石あり
名井の所ニ一ツあり四角なる大ノ石有ノ内ノ奥あり
陰ル石ノ大てん石かニ石あり又見敷ある井ノ内外ノ石
ある石ニハ一白ニ石をあら
見合ヒとく此所にあり此地ニ至
りる中石一アニア外へ石さすくーす石ある
とききと此又此地石にる見此石かめし
の花咲りある白鷺紅の花咲る
るつる石る笠形手水鉢使見ん
廿壱石る石る事のほつる石奈良
外ニ道辺ス隣の石ら多一ホ人目ゆ
不られハ此石みしの地也此辺久隣
猿保山の西名也二町北へ葬れハ又稲荷ありて北至り坐也

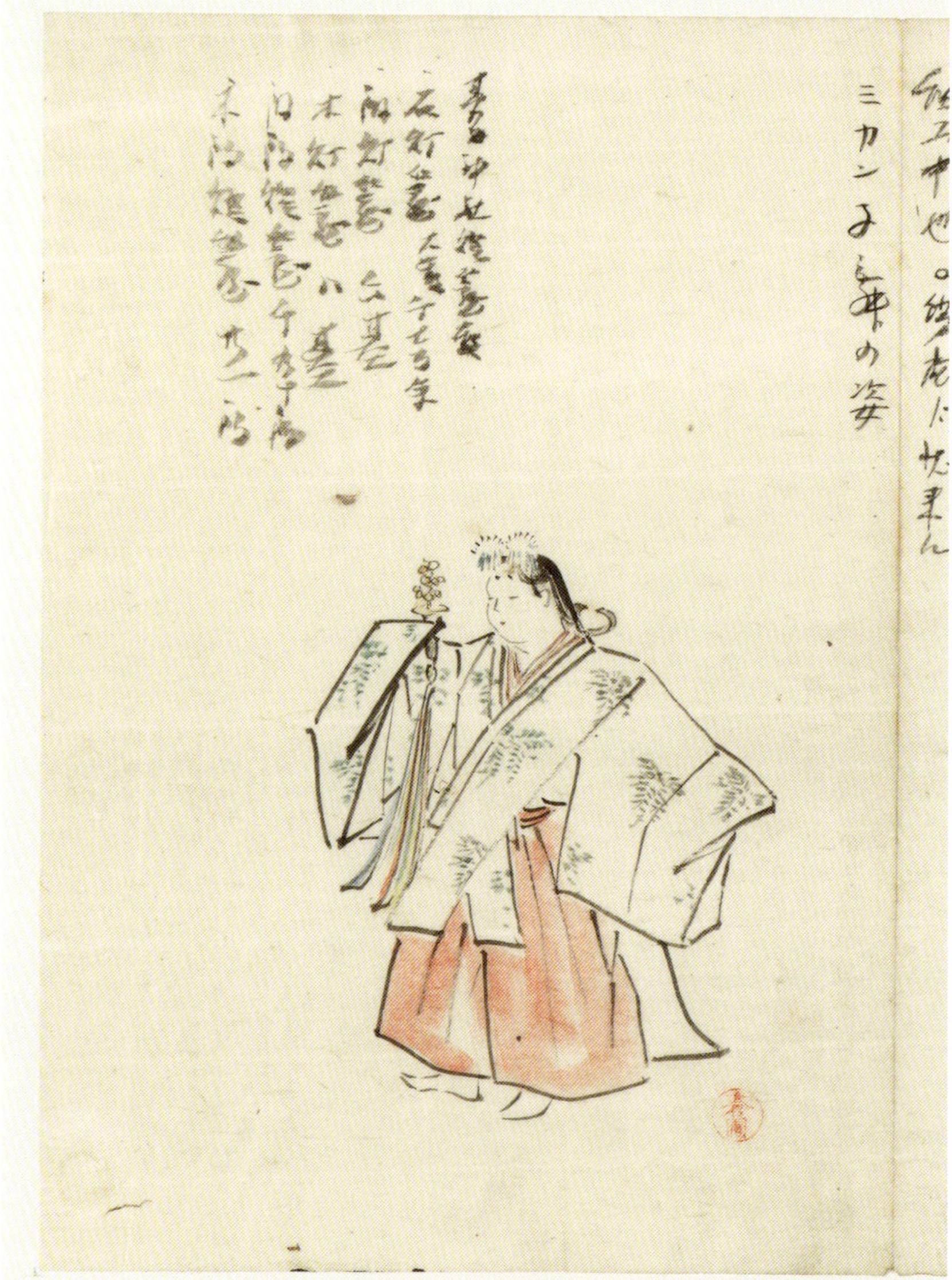

第壱巻　第60丁裏

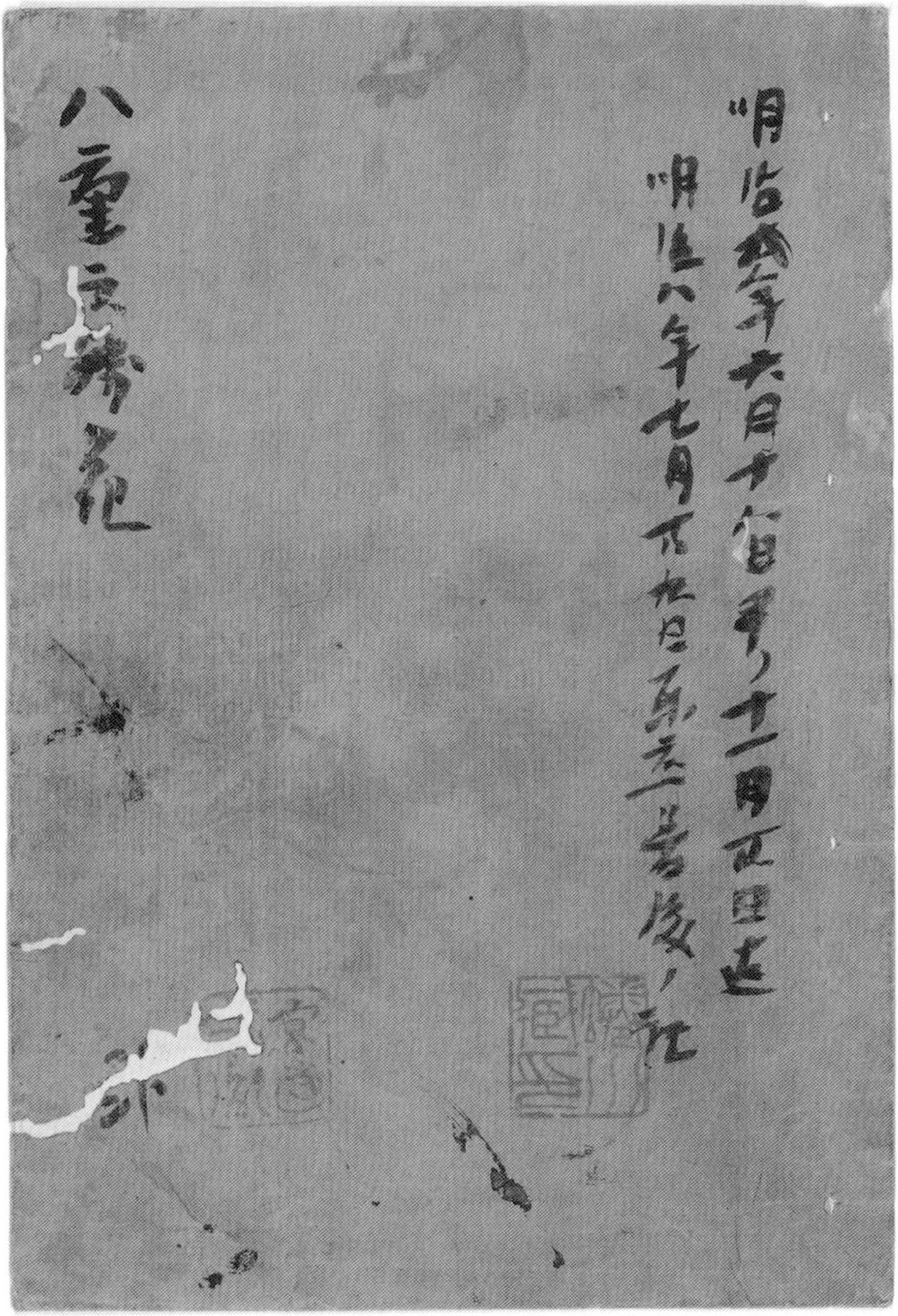

第弐巻　表紙

一　ある高地唐和琴あるある今は私に[illegible]てのれ亡ノすす[illegible]

それ所ハ二年来久しく[illegible]

一　今は筆墨ノ筆[illegible]来り

一　此百花林遊女等大公方ありて人氣[illegible]　第一　白拍子[illegible]

第二　[illegible]三代[illegible]

第四　國[illegible]

第三　[illegible]

第[illegible]　[illegible]

一　今は[illegible]

一　今は[illegible]也

此蓋古夫ノ知ル所ニ而西人ノ製
トリ愚ノ見タイニイシ用ル

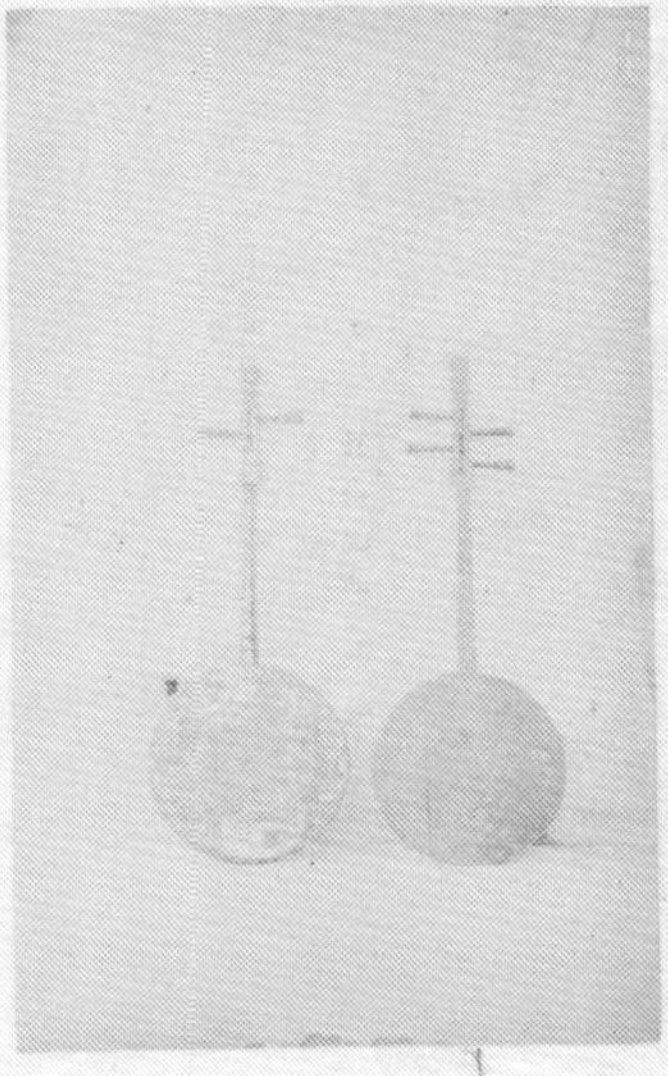

陰象大ル和方ノ甚也

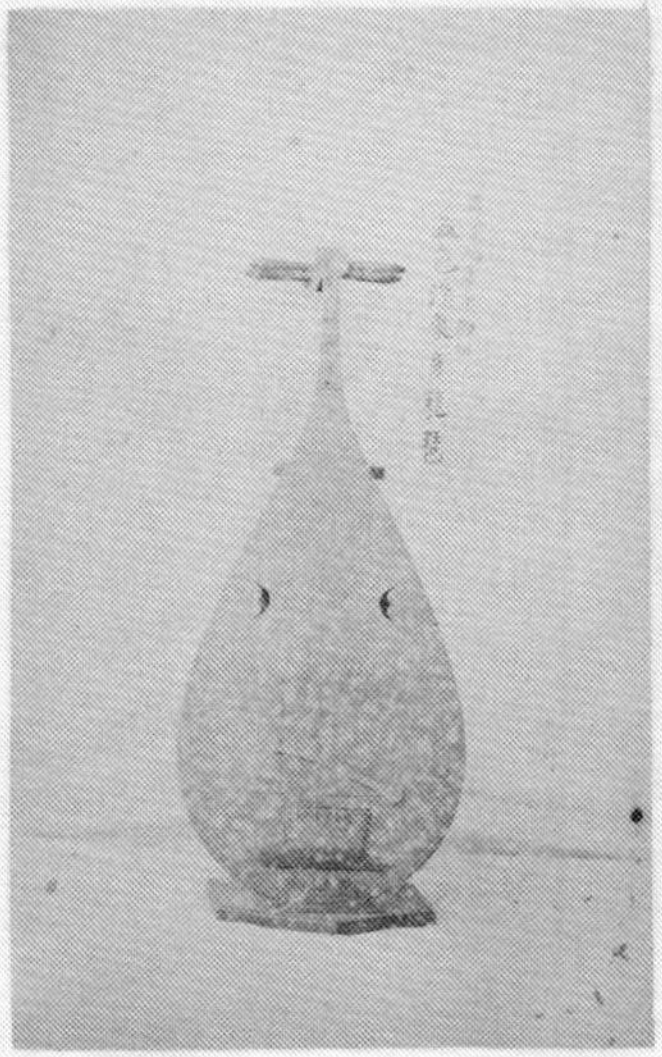

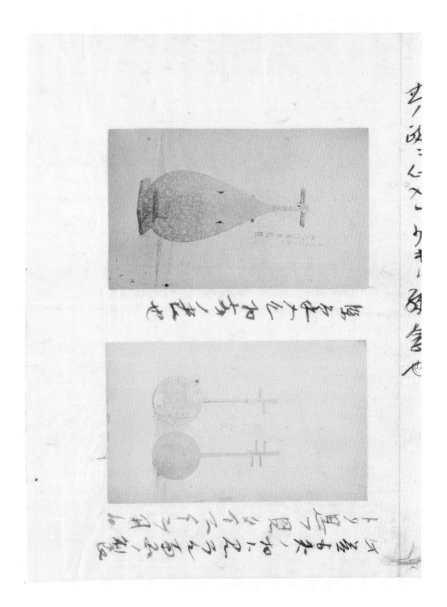

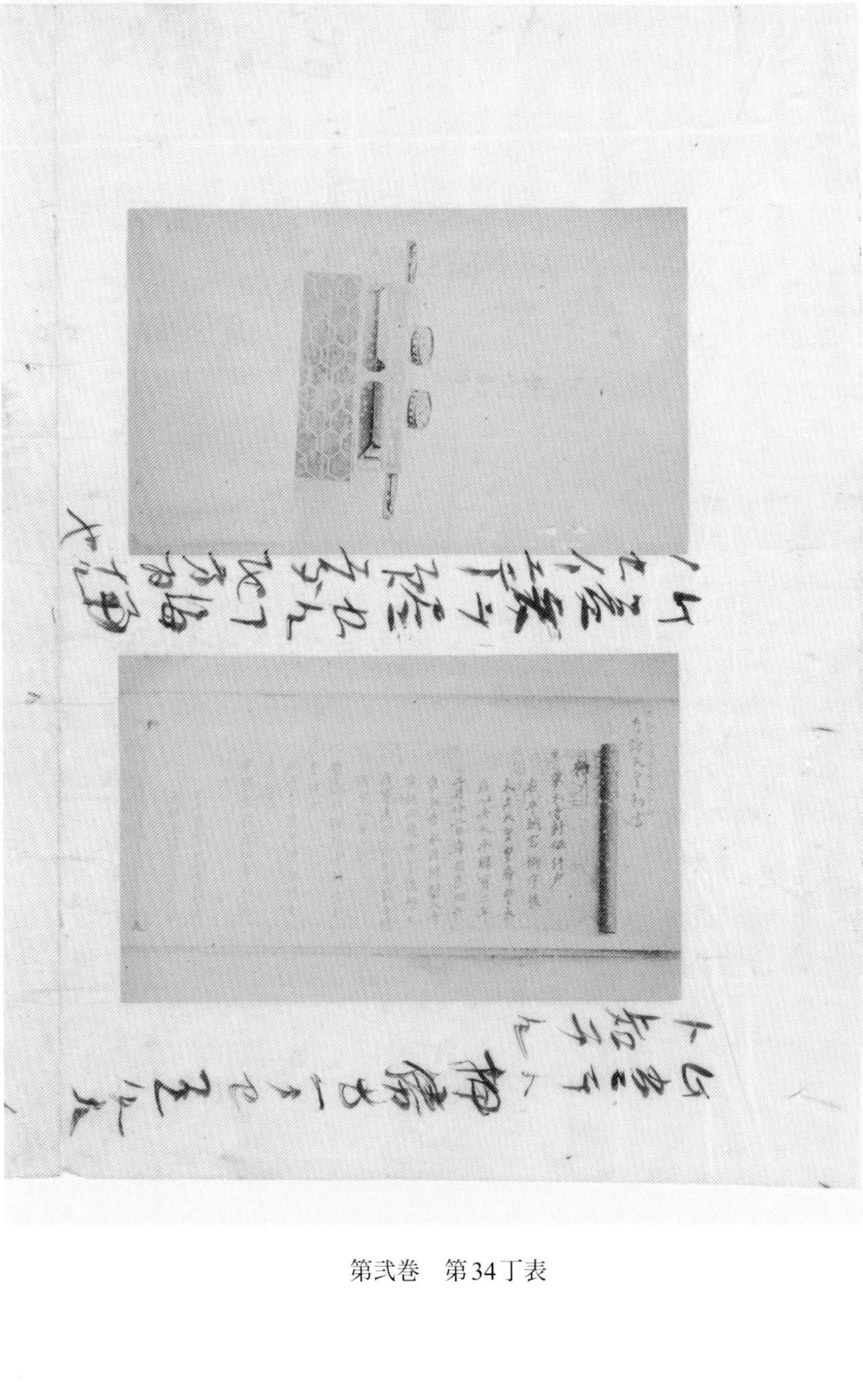

第弐巻　第34丁表

目次

凡　例

一、本書は、明治八年に蜷川式胤が正倉院宝庫をはじめ南都の社寺等で宝物調査を行った記録『八重之残花』(以下、『八重の残花』)を翻刻したものである。

一、翻刻に当たっては、所蔵者の許可を得て、原本に依拠した。

一、翻刻は、出来るだけ原本の体裁を尊重したが、一部、読者の便宜に配慮して読みやすくした。たとえば文章の内容に即して、適宜、読点や中黒を付した。

一、欧米人の人名表記については、一人か複数人かの判断に混乱が生じる虞があることから、中黒は用いないこととした。

一、一部の地名や人名などの固有名詞や明らかに旧字体で表記するもの以外は、原則として新字体に改めた。

一、異体字などは現時通用の文字に改めた。また変体仮名は平仮名に改めた。

一、ヨリ・コト・菩提などの略字「ゟ・〻・𦬇」は基本的には用いない。

一、本文中の抹消箇所に訂正文字を加えている場合は、原則として訂正文字のみを記した。

一、重ね書き、虫損等で判読困難な文字は□で表示した。

一、繰り返しの文字は、漢字は「々」、片仮名は「ヽ」、平仮名は「ゝ」、二字連結の場合は「〳〵」と記した。

一、本文中の誤字、脱字など、必要に応じて(ママ)や註を付したが、同じ文字が繰り返し見える場合、原則として最初の箇所に(ママ)と付し、以下は省略した。

一、本文中、蜷川式胤がスケッチし、また写真家の撮影した写真等は、出来るだけ原本の体裁を尊重し、翻刻文の近くに掲出した。またその中でも特に注目すべきものは、改めて翻刻文の末尾、解説の前に再掲載した。

一、巻末の図版は、蜷川式胤が『八重の残花』中、とくに興味を持ってコメントしている一部の正倉院宝物について、現宝物の写真を掲出した。蜷川式胤の正倉院宝物に関する造詣の一端を窺うことが出来る。

一、解説は蜷川式胤が『八重の残花』を記した意義について、式胤の最初の日記『奈良の筋道』と比較しながら、正倉院宝物の調査の目的・成果などについて述べた。

八重の残花

本書の刊行にあたっては、公益財団法人鹿島美術財団による平成二十九年度「美術に関する出版援助」を受けた。

第壱巻

（表紙）明治七年七月ヨリ同八年六月十七日迄

明治七年七月ヨリ同年一月迄ハ前ノクダリ

（朱方印）「蜷川
蔵印」

八重之残花

（朱方印）「宮道
式胤」

壱

（1表）
一、明治七年七、八月ノ間、避暑トシ休假被仰出候ニ付、私共ハ此両月ノ内ニ、廿日ケ間休日仕ル様、局ヨリ申事ニ付、此方ト石田氏ト申合、三十日間帰省ヲ局へ願ひ出ス処、聞済ニ相成リ、依テ追々ト仕度ス、

一、同年八月七日、二字〔時〕比ヨリ東京西かし〔河岸〕東谷江参ル、早石田為武氏も参り居られ申候テ、レイガン〔霊岸〕島へ此内ヨリ案内ス、次ハシケ船ニ乗テ、米国ノ雇船、西潮《チャンス》船ニ乗リ移ル也、○船ちんハレイガン島便船会社ニテ払フ、一人前下等六両二分、是れを遣ス、○ハシケ船ニテ、元船ニ二里間、向風強シテ波ヲカフルコト数度也、何れも衣服ハヌレシカ共、毛織ノ物ニテフセギ申候事、元船ハ品川沖ニかゝり申候、○田中芳男ヨリ咄シニテ、京都ノ三角モ同船ノ手筈ニ致シ置候処、是れも乗船有之申候、○元船ニ乗リテ、中等之席ニ入リ替ル、此料ハ八両二分也、此夜此品川沖ニテ泊ス、

（1裏）
一、八日、風波強くしテ、昼後出帆ス、横浜沖ニテ泊ス、

一、九日、出帆スル処、向風又強しテ、浦賀沖四里計り進ミ候へ共、西風強して進得す、浦賀沖迄引返テ泊ス、

一、十日、昼後、西風有レ共少々ユルミシ故ニ出帆ス、次第風ナゲテケリ、

一、十二日、夜十二字ニ天保山沖江着、上荷船ニ乗リ移リ、船チン一人十銭也大坂川口江着、便船会所へ休息シテ、八字、岡部氏へ参ル、〇次府へ行、知事渡辺昇ニ面会しテ、大坂ニ於テ博覧会ノ見込咄し致し度ノ処、他出也、

一、十三日、乗〔蒸〕気船ニ乗リテ京都へ参ル、朝七字ニ乗リ、二字ニ山城ノ淀へ着ス、直宅へ行、三字ニ帰宅ス、

一、（2表）十五日、京都府へ参リ、兼テ私帰省仕リ候間、其時ニハ先年、明治五年社寺宝物検査ニ参リ、残リノ分一覧ニ可行候間、此時ニハ差支無之様、局ヨリ府江前以て達し置候ニ付、此打合セニ談ス、木村面会ス、

一、八月十六日也、東寺空海所持ノ袈裟、誦数、青磁花生、写し方ニ参ル、前ニ府ヨリ達し有ルニ付、宝菩提院取リ出され申候、秦与兵衛ニ写生さす、此寺ニ文庫、又小博覧所設ケ度見込、進メ置く也、

一、北野社へ、八月十七日也、宝物見ニ行く、大小宮司ニ文庫備へ置度見込咄し仕ル処、少々もようし有ルニ付、本二箱献納ス、

一、十六日也錦ノ天神へ宝物見ニ行く、大仏、松井祠官ニテ面会ス、次ニ此社僧ノ所へ（2裏）宝物見ニ行ク、次四条

道場へ宝物見直しニ行ク、

一、焼物師幹山、蔵六方へ参リ、古焼物、学問ノ為メニ持帰ル也、支那及日本ノ新古ノ物也、

一、十六日、岡部氏と此地ノ博覧所へ見ニ行く、此間ヨリ岡部夫婦来ル也、

一、八月二十四日、上賀茂社へ宝物見ニ行、且文庫備へ度見込咄し仕リ置、此上下ノ社ノ土器、局ノ為メニ持帰ル、

一、〻日、幡枝村八幡宮社へ宝物見ニ行、祠官藤井林種面会ス、木村ノ土器師へも土器細工見ニ行く、丸太夫方ニテ一見也、土器類及草とん持帰ル、局ノ常備ノ見込、

一、〻日、下賀茂社へ宝物見ニ行、又文庫備へ度見込咄し仕ル也、

（3表）（朱書）「△此社写真、奥ニ出ス、」

一、焼物師丹山へ学問ノ為メ行く、

一、蔵六、道一〔八カ〕、永楽方へも参ル、学問ノ為メ新古ノ品持帰ル也、

一、先年、古肖像、栂尾寺及浅井氏大雲院、此外諸々ニテ写セシカ、局ニテ出板ニ相成候ニ付、此摺物ヲ元ノ持主へ夫々遣ス、鳥羽ノ実相寺へも、

一、茶席ノ有名ノ物一宇、東京へ引移シ度ト存シ探索ス、北野東陽坊茶席、等持院ノ近松氏被求、是へ参テ問ニ不離候、又龍安寺茶席、山崎の妙喜庵席、上立売宗久席、健仁寺有楽席等、妙法院八まと〔窓〕席問合セ共、何れも手ニ入らす候、

（3裏）一、九月九日、奈良へ参ル、兼テ私出県仕ル再々之間、諸事用弁相成り候様局ヨリ申遣し有之候ニ付、此間も書状ニテ、兼テ上手ノ大工取調方頼ミ置候間、此義大橋ニ談ス、早々正倉院ノ建画図引方ヲ大工ニ県庁ニ於テ申付ル、次ニ県令藤井千尋面会ニテ用弁ノ咄し仕ル也、尚大はしニも申置事、
○当地大仏殿ニ於テ博覧会催ス見込、段々申込候処、藤井氏大悦の由ニテ、手続聞かれ候、県ヨリ申願相済候義咄し仕ル、然ルニ何日比ニ見込、県ヨリ申立の義相談有り、凡十一月末ニ宜敷、余申、且局ニ於テモ私ニも尽力被頼申候、尚此義大はしニも咄し置呉れ候様申され、依今急弁解ス、

一、春日大宮司宮川〔水谷〕殿方へも参り、会ノ事、且文庫ノ事申入れテ、弁解ス、

（4表）一、奈良人形司森川吐〔杜〕園方へ参リ、東行ヲ進メ、且局ニテも町田可遣様ニテ申含ル、必行く可由申也、
○先年ノ宿、大重ニテ泊ス、

一、十日、又県へ参リ万事談シ置、次上司氏へ参リ会ノ事咄し候テ、其時ニハ同社ノ次第進メ置、次四聖坊へ参、留守ニテ弟子ニ右同様同社ノ義進メ置申候事、此夜、若草山のふもと武蔵野ニテ泊ス、誠ニ閑ニシテ有リ、然ルニ上司氏来リ、笛ヲ調ヘテ一字迄楽シム、此席ハ先年平松殿、四聖坊同道ニテ来リ申候事、

一、博物館ノ為メニ相成そうの物探索仕ル、法隆寺古瓦、東大寺八幡宮ニ元有リシ鼓、銅春日高坏、春日盆、八幡宮盆、春日散米盆、興福寺油ぬり築地土、春日衝立、

（4裏）一、十一日、京都へ帰ル、三字過き也、

一、八月　宇治ノ恵心院、離宮八幡、平等院、興正寺江宝物一見ニ行、離宮江ハ文庫設度見込、追テ本納メ置く、是れも手始ノつもり也、
「（朱書）△平等院写真、奥ニ出スナリ、」

一、八月廿六日稲荷社へ参る、宮司安井ニ面会仕候、此社ニ文庫設ケ度段申進メ、少々下地有ルニ付、本一箱納メ、疋田氏ノ奉油画一枚奉納ス、
「（朱書）△此社ノ写真、奥ニ出ス也、」

一、（5表）京都ノ勧業場へ度々参ル、舎密局及製糸所、ようとん所及華士族ノ女学校、遊女ノ学校等、同局
鈴木案内ニテ何れも一見す、付テハ見込を承り、且又此方の見込も段々咄し仕り、互ニ学問ニ相
成り申候、且西洋品取り、日本ニテ西洋形ノ製造品是又取り、博覧会ノ為メニ局へ贈リ畢、

　高橋ノ筆瀧野川油画　　石版画
　玉ノ模製人面　　独乙国ノ飾字
　透画焼物

一、き遠〔祇園〕町女工場へ油画、疋田氏筆ナル物一枚贈ル也、

一、（5裏）廿二日、朝、岡本十郎殿つれテ伏見へ出立ス、川蒸気船ニテ大坂へ越し（ママ）薩摩堀北丁〔町〕岡部氏へ参ル、
○渡辺昇氏へ尋ル処、今ニ留守也、依て博覧会ノ見込モ咄仕ルコト不叶申候、　○夕方母、太介
つれテ岡部へ参られ申候、

一、廿三日、岡本氏と神戸へ蒸気車ニテ出立ス、此日飛脚船全テ出船せす、依テ両人布引の滝を見ニ
参る、次丸山の温泉ニ行き、次楠公の社へ行く、

一、廿四日、私一人朝一谷へ参り、御所跡を一見し、次須磨寺へ参り宝物一覧ス、此辺ノ風影、松
原等ノなかめゆうびニテ、いと宜敷なれ共、古跡を見て思ひやられ申候、昼後宿へ帰りしかは、

（6表）岡部のお且及お照、お冬並ニ田辺おゐそ、及母等、当地一覧ニ見ヘ申候由、次ニ私平野の温泉ヘ又参ル、引取候ハヽ、右揃テ見ヘ申候、間も無く大坂ヘ帰られ申候、私両人大有丸と云便船に乗込、私ハ中等八円、岡本ハ下等五円二分を払ふ、七字ニ出船ス、風乗テ誠ニ宜敷御座候、

一、廿六日、三字ニ横はまヘ着仕り、食事しテ、仏人茂津氏ニステーションニテ面会シ、ヘーレン氏ヨリ頼マレ候古器調ヘノ一条咄し仕り、七字ニ車ニ乗り、九字ニ帰宅ス、

（6丁裏から7丁裏は空白）

（8表）博覧会取設ニ付東大寺正倉院宝庫御開封願

当管下添上郡奈良般若寺町植村久道、外二十一名有志之者共申合来、明治八年三月一日ヨリ五月二十日迄八十日間、東大寺大仏殿内ニ於而博覧会取設度、付而ハ東大寺正倉院宝庫御開封相願、御物拝見為致度段及出願候、尤右場所之義ハ火災之憂無之、且右開場中ハ於当県懸リ官員ヲ設ケ厳重守護申付、疎漏之儀無之様為致候条、何卒願之趣御允可相成候様致度、此段相願候也、

明治七年十一月

奈良県権令藤井千尋代理

奈良県参事岡部綱紀　印

宮内卿徳大寺実則殿

奈良県管下ニ而博覧会開場ニ付、東大寺正倉院宝庫開封、御物拝見願之義ニ付伺、
（8裏）奈良県管下東大寺大仏殿内ニ於而、来ル明治八年三月一日より五月二十日迄八十日間、博覧会取設度ニ付、東大寺正倉院宝庫開封、御物拝見為致度旨、同県参事岡部綱紀より別紙之通願出候間、差進申候条、何分之御指揮相成度、此段相伺候也、

明治七年十二月二十日　宮内卿徳大寺実則
（太）大政大臣三条実美殿

右之書付二通、正院ヨリ廻リ申候ニ付、局ノ見込、左ノ如シ、

奈良県管下於而博覧会開場ニ付、東大寺正倉院宝庫之御物開封、衆庶共拝見を御許容相成度旨、別紙岡部綱紀上申之書面御下、見込之趣御下問相成候ニ付、篤と勘弁仕候処、御歴世勅封改緘ノ序、風入等いたし来、数十年間纔ニ一度御開相成候儀ニ而、去ル壬申久成等奉命勅封改緘之御用として、所々（9表）巡回之節、同所宝庫中之御物調査之処、実ニ千載之古器、無二之珍宝ニ付、前世可成公事考徴ス可き物ニ御座候間、綱紀申立之趣御許容相成可然存候、□御物之儀、前願申上候通、何れも千載を経候御品ニ而、織物等ハ勿論其外共至而脆相成、毀損いたし易く、取扱方深く懸念仕候ニ付、兼而手馴候者ニ而保護いたし候様、厚ク御示令有之候方可然存候、若御開封之儀、改以御聞届相成候ハヽ、其節ハ本局其筋之者も被差遣候様奉存候、左候ハヽ、先年取調候手順も御座候間、於本局考証之為メ、再取調

度義も御座候、旁此段申上候也、

明治八年

一月廿八日　　　町田久成

正院御中

（朱書）「庶務第三十号」　　　三田　井手

八年一月三十一日　二月七日決　日下部

（9裏）大臣　三条　島津　岩倉　検　同日来　作間

参議　大久保　寺島　黒田《クロ田》　庶務課長　土方　巌谷

外史　中村

博覧会事務局　町田

宮内省伺、奈良県管下般若寺町植村久道、外廿一名申合、東大寺大仏殿於而本年三月一日ヨリ五月二十日迄八十日間博覧会取開方付テハ、正倉院宝庫開緘、御物拝見為致度旨、同県参事申立之趣審案致候処、右勅封御物之義者去ル壬申年中博覧会事務局官員巡回検査致候義在之候ニ付、同局意見尋問候処、別紙之通町田久成申出候間、同県申請之通御許允相成、且御物取扱之為博覧会事務局官員之内一両名開場已前出張為致可然哉、仍御指令案相伺候也、

宮内省御指令

伺之趣聞届候、尤御物取扱之為正院官員之内出張可致条、（10表）其旨可相達事、

「（朱書）明治八年二月九日」（横田）

（10裏）当県下東大寺ニ於而博覧会御許可相成候、付而者新規発明ノ物品等拝借致度存候条、今般稲生少属上京為致、万事相伺候間、可然御指揮被下度候段相願候也、

明治八年一月　奈良県権令藤井千尋

博覧会事務局　御中

工業科ヨリ物品十三在、

考証科ヨリ物品六十六在、

右之品々、稲生少属、会社ノ植〔村脱〕久道両人江明治八年二月十四日相かし申候也、　○又私ヨリも品物、稲生及植村ニかし申候事、

（11表）二月十八日、正院外史ヨリ蜷川、管〔菅〕、柏木三人御用召状来ル、

〃　十九日、十字、三人罷出候処、中村　　外史ヨリ左ノ書付被渡也、

八等出仕　　蜷川式胤

御用有之、奈良表江差遣候事、

明治八年二月十九日　　正院

三人共同文也、粟津ハ此度宮内省ヨリ被申付、同文也、香川ハ同省ヨリ申付ラル、同文、只差遣候と云文が被差遣と云文体也、

（11裏）今般出張仕ルニ、先年写取ル図案、及用物入ル為西洋箱御渡し方申出ス処《二月二十五日》相成、三月四日受取ル也、

今般出張ニ付、三月十日出立ノ見込、見積りを以テ局へ申出候処《二月廿八日》、三月四日渡ル、

並旅行、往通日数二十八日、滞在日数九十日、

　蜷川　三月十日出立ト定ム、

　管　三月十五出立ト定ム、

柏木　未定候コト、此度又三月十五日出立ニ定ム、

此程出張ニ付、出先ニテ雇入れノ見込、三月二日申立ル処、三日左之通受取也、

　森川吐園　九十日間雇料四十五円、一日五十銭ツ、

大工　　正倉院内、倉ノ内ノ図取り料　五円　　　合百円
宝物、東京へ運送方ノ賃銭料　五十円

(12表)此程大和出張ニ付、三ヶ月分ノ月給前以御渡し相成り度段申立候、
二月廿五日也、三月三日受取ル、如左、
三月十日出立　蜷川　　二百十円
三月十五日立　管　　六十円「菅」(朱印)
日限追テ定ル　柏木　　四十五円　　三月四日相渡

今般出張ニ付、出先入用物、二月廿九日申立候処、
雁皮　　　　　　十帖　　　　柏
同　ドウサ〔礬砂〕引　　三帖　　　　ゝ
天工帖　ドウサ引　五帖　　　　管
薄美濃紙　ドウサ引　五帖　　　　蜷
黒肉　　　　　　二器　　　　柏
朱肉　　　　　　一器　　　　ゝ
(12裏)時計皮セームレル　方七寸　二枚　　管
ノリバケ　　　　　一丁　　局

美濃強紙　　　　十帖
巻紙　　　　　　十本
帖袋　　　　　　百枚
白ミの紙　　　　拾帖
板目紙　西ノ内バン〔判〕　十枚
　右六口、局ノ河原氏ヨリ三月五日受取也、

白布　五反
白紙　五十枚
経師や雇入料

(13表)此出張ハ、並旅行二十八日分、滞在九十日分、見積ヲ以テ申出シ候処、三月四日受取候事、○東京
ヨリ奈良迄、百三十七里二丁四十四間也、
　蜷川　　二百十円六十銭
　管　　　百六十一円「菅」(朱印)　五日相渡ス、
　柏木　　百二十七円　　三月十四日渡ル、
今般奈良県下東大寺宝庫中之御物御開緘可相成、右ニ付、八等出仕蜷川式胤、其外同所江可被差遣旨

被仰渡候処、右宝物庫中元来塵埃与記号有之候古函内、古布片及錦切類之朽敗いたし候物等数多有之候、然るニ先年中既ニ手入之上屏風ニ張交、同所ニ収蔵いたし候得共、残之分其侭差置而ハ益腐朽いたし、千載之古物無益ニ廃棄いたし遺憾之至ニ付、今度（13裏）出張之官員ニ而取調之上持帰、当局ニ於而夫々手入いたし、永く考証之一端ニ供し申度、御許可之上ハ当局幷其筋江更ニ御達し相成候様仕度、此段奉伺候也、

明治八年三月三日　　博覧会事務局

大臣　　外史本課長

参議　　庶務課長

（14丁表は空白）

（14裏）三月九日、局ノ用物蒸気船へ出ス、大箱七十五銭、小箱六十六銭六厘、私箱四十銭ノ賃銭、東京宅ニテ払フ由、五月廿日申来ル、

（15表）三月十日、八字ノ蒸気車ニテ出立、二字ニステーションニテ待合す、相談致し置候間、何れも出向われ申候、宮内香川《敬三》大丞、同粟津中録、正院蜷川式胤、香川家来石井武雄、亀井竹次郎中油画師を蜷川つれ申候なり、藤沢宿の若松ニテ中食す、此宿ニテ此家ノ新敷美とす、小田原宿の山岡にテ宿す、此屋も此所ノ一等とす、今川宿ヨリ是迄、人力車ちん一人ニ付一両一分と六百文也、道のり凡十四里、

此日中食茶代一人二十六銭余、

十一日、あけ方出立す、何れも駕籠ニテ、三嶋迄のちん一人ニ付一円二朱、山間何も乍ら景色よろしく、北向の処ニハ残雪有りテ、一しほなかめ宜敷候也、箱根の石内ニテ中食ス、此処ニテ第一の宿なり、此山ヨリ西へまた下り候ハヽ、富士山見へ雪白して鏡の如く見事也、三島ヨリ原迄人力車ニ乗る、一人前一分也、原の香貫《カヌキ》屋ニテ宿す、此内此処ニテ宜敷御座候、此日の中食茶代一人十三銭、

(15裏)十二日、朝雨天なり、夫故ニ不二不見候、不二川の道、サアタ(薩埵)の沖廻りの道、何つ乍ら景宜敷申候、不二川迄の間一里余り、新道昨年出来申候、沖津(興)の清見寺前ニテ中食す、静岡辺ニテ不二ノ山を見る、原ヨリ静岡迄の先、此辺の山ハ何れも大方茶うわり申候、あへ川のはし昨年三月廿何日懸り申候、相楽春斎ニ行あひ申候事、原ヨリ静岡迄人力賃(車脱)九十二銭余、しつ岡ヨリ宇津の峠迄人力車ちん十八せん、岡部三慶屋ニテ泊す、此日中食茶代、ハタゴ代四十三銭、

(朱書)「原、吉原ノ間、川合はしの写真、奥ニ出スナリ、」

十三日、宇津の屋峠ヨリ金や(谷)迄人力車ちん四十四銭余、日坂の中食廿九銭、日坂ヨリ浜松迄人力車ちん七十二銭、香川、寒邪難義(儀)しらる、不快ニ付医者ヲ頼ム、粟津も少々疾気也、はま松《伝馬丁》の井丸やニテ泊ル、此ヤト甚(16表)ヨロシ、是れ迄勘定一人ニ付五円九十六銭三厘二毛、粟津ニ渡ス、此宿ハタコ十五銭、日坂ニテ中川氏往合フ、豊臣社大坂へ引移スコトニ付、東京へ町役の者つれテ参ル由、水茎《権少属》の書状受

取中候、兼テ頼置候駿河国富士浅間社神代文字印模贈ラル、

十四日、香川氏不快ニ付途留す、粟津氏も残らる、夫故私、亀井つれて出立す、はま松ヨリマイ〔舞〕坂迄一人ニ付人力車一分也、荒井〔新居〕渡し舟一艘頼む、二十銭、荒井ヨリ白スカ〔須賀〕迄人力車十二銭五厘、白スカヨリ二川迄人力車ちん廿一銭也、二人引にて行、二川ヨリトヨハシ迄車ちん十三せん、同しく二人引、とよはしヨリご〔御〕油迄三分二朱、チリウ〔地鯉鮒〕ノ木綿やニテ泊ル、宿悪し、中食トマリ一人ニ付三十二銭八厘、

十五日、地理う〔地鯉鮒〕ヨリ宮迄人力賃一人ニ付一分也、熱田社へ参ル、御膳料百疋上ル、弓ノ奉納有りテ、十人余り礼服ニテ社ノ脇ニテ弓ヲ射ルヲ見ル、宮ノ渡シ小船一艘六十銭、外二人乗合あり、私四十銭払ウ、柄手、一朱遣ス、三字桑名へ着く、次ニ近村桑名在川北村丹波修治へ参ル、在宿ニテ町田ヨリ（16裏）預ル金子入りノ状渡ス、次ニ石薬師八百□ニテ泊ス、此宿モ中ノ下也、桑名ヨリ四日市迄一力車（ママ）一人三十五銭、中食ハタゴ代三十三銭、ヨ（ママ）四日市ヨリ石薬師迄人力車二人引、一人ニ付一分三朱、

十六日、雨天、亀山ノ城中ヲ通リヌケ、小ナレ共縄ハリ宜敷見へ申候、坂下ヨリ鈴鹿山ノ景宜敷申候、土山ニテ中食ス、石部　ニテ宿ス、石薬師ヨリ土山迄人力車一人一円一分、土山ヨリ石部迄人力車一人一分三朱、中食トマリ、其外一人三十九銭、

十七日、石部近辺の景、山ハはげて一しほめずらか也、草津ヨリ大沙洲□ニ付、瀬田辺りナル此辺い

ともなかめよく、膳所ニ行き堀江氏へ参る、留守也、柴田氏へ参ル、是又同シ、然忰及老ば家内出られ候テ色々世上の咄し有り、次ニ西惣門きわ堀江老人居られ候方へ尋候処、在宿ニテ是又色々咄し仕ル、其時菓子屋致され申候、次大津納、蔵六へ、（17表）在宿ニテ面会ス、次ニ西ノ伊賀屋へより中食す、此辺いつも乍ら景宜敷申候、大坂山を越テ三条通りニ参り、七ツ時宅へ着す、何れも無事也、次ニ太介来り申候、岡本十郎方へ参り、次ニ菩提院へ参り面会す、十郎殿ヨリ一山ニ金子用立候ハ立て談ヲス、次ニ夜、疋田源吾及家内来ル、石部ヨリ草津、車賃一人一分、草津ヨリ大津迄一人一分三朱、大津ヨリ京迄二分一朱、三条ヨリ宅迄五銭、中食其外二十八銭、

「（朱書）△瀬田はしの写真、奥ニ有リ、」

十八日、宮野、朝来ル、次ニ清水へ参リ、次ニ藪内、柚木へ参ル、次ニ吉岡へ参る、主先日死去の見舞申、次ニおの方へ参ル、次ニ舟木へ参ル、在宿ニテ博覧所一覧ニ行、盛大ニテ実ニカンジ申候、新古ノ物多分也、横井ニあひ色々案内有リ、次ニ互ニ館ヲ盛ニスル談ヲスル、次ニ平松殿へ参リ談ヲスル也、次ニ九条殿内山川寮へより中食ス、次ニ双林寺のとなり丸山へ参り、ヘンチイ尋候処、早帰東也、次ニ錺や〔屋〕へより申候、帰宅ス、次ニ内田及宮野、清水、舟木、秦モ来ル、何れも談シ事有り、

（17裏）十九日、雨天ニテ奈良へ出立す、玉水ニテ中食ス、四字前奈良へ参リ、植村へより留守、次ニ県へ参リ、何レモひル申候、次ニ大和屋へ参リ、客多人数ニ付武蔵野へ参ル、次ニ博覧会社へ参ル、植村、稲生ニ面会す、次ニ宿へ帰リ、八□□社へ参、次大仏殿へも参ル而会（ママ）ノ場所一見ス、奈良迄の人力車賃一

人三分二朱ツヽ、道筋梅の花盛也、

廿日、県へ参リ、宿の届ヲ以テ県へ参る（ママ）、香川氏も伊賀越ヨリ来リテ昨夕着由、粟津届ニ出られ、私、粟津、稲生同道ニテ香川氏へ参リ、次ニ此宿ニテ中食シ、次同道ニテ香川、粟津、同シ武蔵野へ引移り出れ申候、次ニ春日社、大仏辺私案内ス、宮内省ヨリ香川氏へ一封来リ、同氏、私相談ニテ、正倉院ハ内務省ノ所轄可然義申立候処、其通り相成り、宮内ヨリ県へ達シ右ノ通リ来ルヲ一見ス、

（18表）廿一日、会社へより、稲生ヨリ書状もらひテ、昭提寺、薬師寺、法隆寺へ私案内シテ香川、粟津つれ行申候、次ニ立田〔龍〕新宮へも参ル、日暮れニ帰ル也、右寺ハ何も乍ら堂と云仏と云古くしテ、是れを建立する皇の在りし御世を思ひやられ申候事、赤膚や〔屋〕へ金七円払フ、局へ状出ス、

（朱書）「△昭提寺庫ノ写真、奥ニ出ス也、」

昨夕、県令藤井氏入来る、酒はずみ初め女三味線を取り、香川、粟津取り〱歌うたひ申候テ十字過ニ至ル、大はずみ也、

廿二日、雨天ニ付、宝庫開封見合申候事、昼後私、上司、橋本へ参ル、何レモ留守、四聖坊へ参ル、是又同シ、

廿三日、早昼ニテ宝庫へ出張シ、県令モ立会ニテ東大寺ノ僧一人見へ申、（18裏）南ノ戸前宝庫ヲ開キ、四十

七箱大仏殿へ運送ス、次ニ大仏殿ノ内ニテ、立合ヒニテ宝物取出シ調ル処、先年取調候目録ニ引アテシガ、何レモ目録不調ニテ真物ト不合申候、

廿四日、早朝ヨリ大仏殿ニ被出、取調へ仕ル也、此武蔵野へ五代氏見へ居候ニ付、一寸尋申候、夕方県令見へ候テ、香川氏ノ間ニテ酒出テ、芸ギ五名参リテ大ヒニ盛ン也、一字ニ退出セラル、東京ノ宅へ状出ス、

廿五日、早朝ヨリ一統大仏殿ニ被出候テ宝物取調ル、昼迄ニ相済候ニ付、前同様立合テ中ノ宝庫ノ戸前開封仕り、十筥取出シ大仏殿内ニ運送シ、同様取調へ申候事、夕方四聖坊へ一寸より申候、朝、古川見へ申候事、(19表)管、柏木着ニテ大仏殿へ向け見へ申候ニ付、武蔵野ヲ差図仕リ、是へ被参申候、夕方引取承ル処、十五日東京出立ニテ八日目京着、二日途留シテ、今日此地ニ来ル、

廿六日、管、柏木も同道ニテ大仏殿へ参リ、揃テ取調仕ル処、漸く相済申候、香川、粟津つれテ、古梅園及森川へ参ル也、当地へ着ノ届、局へ出す状認也、

今朝、管、柏木両人、局ヨリ預リ来リシ書類、去ル三月三日上申ノ義ハ三月十三日御裁下相成事、下ケ札ニ云、

本件別紙之通、宮内省江御達相成候条、及御照会者也、

三月十三日　　　外史本課

博覧会事務局　御中

宮内省

(19裏)奈良県下東大寺宝庫中御物開緘ニ付、右庫中塵埃之記号有之古函内、朽腐之品、今般博覧会事務出張官員ニ而調査之上持帰、夫々修補いたし、後来考証之一端ニ相致候条、此旨為心得相達候事、

但、本文之趣、其省より奈良県江可相達事、

明治八年三月十日　大政大臣三条実美

右之書付ノ写シ、右両人ヨリ受取申候事、右之書類、三月廿日宮内省ヨリ香川氏ニ来リ、直県へ相達シ候を同日一覧仕リシ也、

廿七日、早、管、柏木同行ニテ社へ参リ、次ニ大仏殿へ参る、此日ヨリ列品ニ懸リ申候、正倉院の宝物ハ大仏殿内ニ陳列シ、上等ノ物ハ半ハ箱ニ入れ申候、此日香川、粟津同行ニて古梅園、奈良人形師森川へ同行ス、

(20表)廿八日、三笠山へ私上り見る、今日武蔵野亭を仕払す、四円八銭六厘、下女共四人ニ心付ス、一分一朱ト十銭也、大仏殿へ参ル処、風邪ニテ昼後引取リ、今日ヨリ大仏殿ノ西のきわ龍正〔松〕院、当時博覧会社ニ相成り、是れへ私、亀井、管、柏木引キ移ル也、此夜上司氏、江藤氏来ル、

廿九日、私風邪ニ付不参ス、甚困る、寒け有リ、又ネツ有ル也、

三十日、不参ス、龍松院来ル、今日テ陳列相済申候由、

(20裏)三十一日、香川氏方へ参リ候テ、辛櫃ノアキ箱ハ宝庫へ入レ、北ノ宝庫ハ御封ヲ開キテ、香川氏ノ封ト付ケ替置ク、閉等ハ本ノ如ク打付ケテ、不寝ノ番ハ今夜ヨリ止メル、県令用向ニ付、大属代ニ来ル、今日先用事無ク(ママ)ニ付、管、柏木、私三人町々ノ道具や〔屋〕へ見ニ行、

四月一日、開館ノ初日ニテ一千七百人計鑑観人来ル、金ニシテ凡五十円、一人ノ見料三銭ノ定メ、管、柏木、今日ヨリ写シ物ニ懸ル、私ハ吐園ノ内へ参リ、且色々社ト相談事スル也、町田へ状出ス、賄へ二人料二分二朱ト六銭払フ、又一分三朱四銭五厘払フ、今日香川、粟津氏、京都御所の文庫取調へニ上京也、先年龍松院ニテ見受候春日四足机、凡八百年位前物ニ付、此間頼置候処、被出候テ見せられ申候、漆固く少々断文有り、蒔絵サビス、薄色ノ金テ文蒔画ノ如キ様ニテ、一体ニ位有り、見事也、

(21表)二日、私七字半ニ京都へ参ル、二人引の車ニテ一字ニ着ス、奈良ヨリ木津迄二里、二朱、木津ヨリ玉水迄三里、三朱、此間二人引、玉水ヨリ長池迄一里半、此間二人引ニテ三朱、長池ヨリ伏見迄三里、二人引キニテ一分二朱、伏見ヨリ宅迄二里、二朱半也、宮野へ参る、酒出さる、蔵六方へ参り、瀬戸藤四郎作大福茶入、利久作茶杓、古面、栄田茶碗十三、三葉手鉢三ツ、唐壷茶入、古イマリ片口求ム、

三日、三本木信楽ニ在留、香川へ参ル、次ニ博覧所へ参り、油画三枚、夜景写真、トバス《〔トパーズ〕》ノ玉モザイ《〔モザイク〕》、松田氏細工、石版画出品ス、次ニ多氏へ尋ヌ、次桂宮へ宮《（マヽ）》へ参ル、粟津氏来利居、次ニ香川氏来ル、此宮の家令、宮内八等出仕故ニ案内ニテ、宮ノ家扶、家従四、五人添テ御所内ノ文庫へ案内ス、五、六、七、八、目録ニ引キ合シテ御品ヲ一覧、次昼飯ハ桂宮ニテ被出、昼後又九、十、十一蔵ヲ拝見ス、宮内ニテ入用ノ物ハ廻ス都合(21裏)ニ相成ル、儀式物彼是有リ、中古ノ宜敷蒔画も彼是有リ申候、元ノ宮へ引取りテ帰ル、村上虎次郎方へより、写真及お種ニ指輪ヲやる、酒を出され、虎次郎ハ笛ヲ吹キ、お種ハ三味線ヲ引き申候テ長座ス、大きニ家内取ル事ヲ進メラル、

四日、清雅堂ニテ白高麗ノ香炉求ム、秦へよる、昨日ノ如ク桂ノ宮へよる、前日ノ如く待合ノ揃テ参ル、第一、二、三の文庫開キテ品物拝見シ、宮ニテ中食被下、次ニ博覧所一見シ、宜敷物ハ横井氏ヲ頼テ手ニ取リ一見ス、次ニ槙村氏へ参リ、佐野氏ヨリ被頼候一条問合ス、次ニ九居堂へより、次ニ鎊虎へよる也、蔵六方へ参り銅器色々細工物一見ス、

(22表)五日、来山堂へ参り、大坂ノ今井作竹細工物求ム、又九居堂へ参リ古銅器色々一見ス、次ニ勧業場へより、玉子見る器差シ出シ置キ、次ニ頼ミ置画少々出来ス、次ニ下賀茂社へ参リ浅草文庫一覧表贈ル、次ニ修学寺ノ上下ノ御茶屋一見す、花も少々咲キ、雨中ニも有り、実ニ雅地ニテ見るニあかず申候、次ニ一条寺村ヨリ白川村ニ至ル、白川宮の庭見ニ行ク所、〆切リニテ不叶、次ニ四条ノ椿きニテ中食シ、次ニ蔵六へ参リ、帰宅ス、次ニ元大丞岩根へ参リ、高田へより、次ニ駒井、石原、松原、宮野へ

尋ね一歩ツ、贈ル、次ニ宝菩提〔院脱〕へ参リ、岡本十郎ヨリ用立て候金子一条細束〔催促〕ス、帰宅スレハ局及東京
ノ宅ヨリ状来ル、
(朱書)「△二条帝御陵写真、奥へ出ス也、」

内務省

博覧会事務局、博物館ト改称、自今其省ニ被属候条、此旨相達候事、
(22裏)但、澳国博覧会残務相済候迄、右事務ニ限リ、従前の通正院所属ヲ以、澳国博〔覧脱〕会事務局之名目存
し置、博物館中ニ於而為取調候条、此旨可心得事、
明治八年三月三十日　　大政大臣三条実美

博覧会事務局

其局、博物館ト改称、自今内務省ニ被属候条、此旨相達候事、
但、澳国博覧会残務相済候迄、右事務ニ限リ、従前の通正院所属ヲ以、澳国博覧会事務局之名目
存シ置、博物館中ニ於而為取調候条、此旨可心得事、
明治八年三月三十日　　大政大臣三条実美

弁理公使佐野常民

今般、博覧会事務局博物館ト改称、内務省江被属候処、澳国博(23表)覧会残務相済候迄、右事務ニ限リ、従

前之通リ正院所属ヲ以、澳国博覧会事務局之名目被存置候条、博物館中ニ於而取調候様可致、此旨相達候事、

明治八年三月三十日　大政官

今般、奈良県管下東大寺、其外寺院ニ有之候勅封物ノ儀、自今当省所轄被仰付候ニ付、永世保存ノ方法取調候条、各地方ニ於而勅封ト称シ来候神仏幷倉庫等有之向ハ取調、往復ヲ除ノ外三十日限可申出、此旨相達候事、

明治八年三月廿九日　内務卿大久保利通

辞令写シ、　内務省八等出仕蜷川式胤

博物館懸申付候事、

明治八年三月三十日　内務省

(23裏)
宣旨写シ　正院八等出仕蜷川式胤

補内務省八等出仕

内務大丞従五位松田道之　奉

明治八年三月三十日

内務省印

管、柏木氏も右同様也、
町田ハ、補内務省四等出仕ニテ、博物館懸リ被仰付候事、
田中ハ、補内務省五等出仕兼勧業寮五等出仕ニテ、博物館懸、澳国残務取調懸、米国博覧会御用懸、被仰付候事、
岡沢ハ、補勧業寮六等出仕、澳国残務取調懸、米国博覧会御用懸被仰付候事、
山高ハ、免出仕処、補勧業寮六等出仕ニテ、博物館懸、澳国残〔務脱〕取調懸、米国博覧会御用懸被仰付候事、
塩田ハ、補勧業寮六等出仕ニテ、博物館懸、澳国残務取調懸、(24表)米国博覧会御用懸、被仰付候事、
武田ハ、病中ニテ懸命無シ、岸、山本、多田、其外何レモ同等ニテ、内務省ノ出仕ニ相成リ申候事、
私出張前、香川氏相談ニテ、事務局、内務へ属シテハ如何と申、さ可然様答フ、香川献言シ、且大臣殿へモ申込候よりかく成、

六日、早朝ヨリ奈良ニ行く、雨天ニテ四字ニ着す、道筋桃の花盛り也、大きニ心を慰メ申候事、

正院八等出仕　蜷川式胤

補内務省八等出仕、
右之通拝命仕候、此段申上候也、
明治八年三月三十日　蜷川式胤印
史官御中

（24裏）
正院八等出仕　　蜷川式胤

補内務省八等出仕、

右、御達之趣、難有奉謹承候、此段御受申上候也、

明治八年三月三十日　　蜷川式胤印

内務省八等出仕　　蜷川式胤

博物館懸申付候事、

右御達之趣、難有奉謹承候、此段御請申上候也、

明治八年三月三十日　　蜷川式胤印

右、用紙ミの紙〔美濃〕一枚、二ツ折ニテ出ス、管、柏木も同様認候テ、飛脚へ出シ候事、内務少丞新田、中国辺出張、帰路ニハ奈良へ廻られ、三月三十一日出立ニテ、社寺宝物取調御用懸の由、町田ヨリ申来ル、

（25表）
七日、博覧所一見仕リ候処、当地ノ芸子共茶店ヲ出シ申候也、夕方武蔵〔野脱〕へ参リ候処、香川、粟津氏着ニ相成リ申候、太鼓火鉢一ツ求メント方々尋、四、五年前ノ物ニテ、ワケ〔綰〕物、フチ黒、間タメ塗、金物金銅、古画巻物ニ有シ形也、

八日、朝、香川、粟津氏来レリ、明朝出立の由被申候事、大仏殿へ参リ候処、右両人ニ往あひ

ぐわんりん（元林）芸子店出シ候所へ香川より、茶菓子食、次ニ木辻ノ芸子茶店又より、すしを食ス、何れ順はんニテ十人つゝ毎日出ル由、大きニ是れガ為ニにぎやひ申候、炭入レ求ム、二朱、手有リ、是四百年位前物也、

九日、漸く私ひま出来候テ、銀ノ壷ノ模シニかゝり申候、今日又、画師高倉始テ写しニ来リ申候、

(25裏)十日、今日森川吐〔杜〕園始メテ写しニ来れり、町田ヨリ四月一日状返事来、上司、夜来ル、江藤来ル、古き曲物火鉢求ム、四、五百年前物、

十一日、夕方、春日西屋建具求ム、元興福寺山内ノ花も見事也、此西屋ハ神亀年中ノ建物ト云、

十二日、夕方、再建具見ニ行、大仏殿近辺花咲也、局状来ル、出張公勤簿規則申来ル、名前ノ上ニ大和国出張ト書テ、次ノ処ノニ（ママ）日々ノ小印ヲツキ、一ケ月毎ニ、次ノ月ノ始ニ局へ可返様申来ル、

十三日、管、内々ニテ一宿懸ケニテ吉野へ花見へ行く、夕方、二月堂、春日社辺ノ花を柏木ト見ニ行く也、夕暮れニテ花もいとゝ白く清ら也、

(26表)十四日、局ヨリ公勤簿ノ矩則書被廻候事、夕方、柏木と春日ノ南の院へ参リ、次ニ引取、夜分管氏帰

ル、吉野ノ花ハ満花也、藪内おつる及母、今日武蔵野へ来ル、私夕方参リ、見物先しらせ申也、

十五日、亀井氏案〔内脱〕させ、母博覧会、二月堂へ見ニ行く也、私ハ早朝ヨリ吉野へ土佐道ヨリ車ニテ行、筒井迄車賃三朱、八木迄三朱半、土佐迄二朱、六田迄二分一朱、吉野上迄歩行ス、明治五年参リしさこ屋ニテ宿ヲ取リ、是れヨリ奥院迄駕籠ニテ行く、上下二分也、此人足、先年人足ニ来リシ者也、六田ヨリサヲ〔蔵王〕、堂、今ハ金峯社ト云、是レ迄道筋万花ニテ、誠ニさひたり、道すからニテ、いとも古への志賀越ノ趣きニ思ひやらるる也、遠方ヨリ来リシ人々、少々つゝたへす通りしナリ、(26裏)一目千本ノ景も満花ニテ実ニ見事、花ノ色赤ミも有り、又白ミ有ルも有り、五色ニテ甚よろしく、此辺人もつとゐていともにきわしく申候、是れヨリ勝手子守ノ辺ハ、松杉ニ花も交リテ一段宜敷、閑カニシテ世間ノ事ヲ忘れ申候、次ニ子守ノ手前ニ雲井桜と云大木ノすたれ〔ママ〕桜有り、是れも花ノ姿よろしくテ、一しほ見事なり、本ノ方ノ一見千本も咲りニテ甚うるわしく申候、次ニ奥院迄ノ道筋、四字後ノ事なれハ往来一人も無し、大木ハ多分有り、道すじ草深シ、桜も数多有れ共、何れも不開固シ、気こうも寒シ、次ニ奥院ニ至れハ、社ノ建立中、元ノ奥院の堂塔等ハ何れもあき屋ニテ、大木ノ陰なれハ、いとゝさひたり、ゐらかおち、何も無く草深し、建物も山気ニテ白くこけむす計リニ成りテ、あわれなる姿、是れヨリ五町先、元ノ西行庵也、此地ニ来るも西行ニ似たる(27表)心ちす、かたわらに築《社建》ノカリゴヤ有り、大工共十人計り居り申候事、此辺甚寒くしテ花の十五日計りおくるゝ由ニテ、ほころぶおもかけも無し、甚わびしき有様ニテ直く帰ル、道筋日もくれしかば、子守ヨリ夕桜ノ白きを見る、遠方ノ花ハ雲の如く、近の花ハさむき付ける雪と見ゆ、古人の歌を思ひやらるゝ也、元ノ宿ニ帰ル、六田ノ手

前ニテ小畑氏ニあひ申候事、泊賃三朱、茶代一朱遣ス、

名ニ高き吉野の山ニ来て見れハ

西や東の人集ふなり

（27裏）

石剣頭

此間、根岸武香、武蔵国大里郡青山村平民ニテ古好ノ人也、桜井宿垣里と申道具屋ニ、此石有ル事咄シナリ、先年是レヘ参リ候コトモ有ルニ付、十六日朝、立寄テ求ム、料一円一歩、雲根志ニモ見ル品也、此外石劔頭一器求ム、代一円、此外車輪石一箇ヲ求ム、代料二円、大サ五寸四分余有リテ見事也、此石□三輪及生駒、河内駒ヶ谷、及美濃国神宮山ヨリ出ル由、五月六日、小原元余之介来テ申サル也、

（28表）十六日、朝くらきヨリおきテ、朝桜を見ニ行き申候処、朝きりや朝雲やと花も見へましる、遠き方ハくもとも見られ申候、次第ニ日の上るニ付、あきらかニ見へ申候、竹林院の花もうるわしく見事ニテ、住寺ニ先年あひ人を面会仕り、次ニ吉水院へ参り建物も見テ元ノ宿へ帰り候也、次ニ昨日の人足ヲ頼ミニ付来り、多峯四軒茶や迄二歩二朱ニテ頼ミ、一見千本の花の中を通る、朝早き事なれハ、人も一向通らす、閑かニしテあとを見返り〳〵テ、上市ノ川ヲ渡リ、山道ノはけしきを行道筋ニ、吉野くつ〔葛〕の入りぬ団子を食ス、少々ノ花も見へ、且ハ物さひテ、古へ南朝ノ事を思ひやられ申候、然るニ四軒茶やニつき、此辺ノ大木有るも実ニ見事なり、次ニ多峯之社ニ至ル、社も何も乍ら宜敷候へ共、春日の社ニ比すれハ、森ト云社ト云何と無く新く見へ、物さひたる様少なし、歩行ニテ桜井村ニ至ル、此社近辺の花も（28裏）七分ハ咲き、道すしも一本、二本ノ花も見へ申候、水のおとも吉野と同し、只何と無く高き山故ニ寒く御座候、下へおりるニ付きあたゝかニ相成り申候、此道ニて横井ニあひ候也、

（朱書）「△三輪ノ鳥居ノ写真、奥ニ出リ、」

桜井村の垣里と中古道具へより、古硯台一分、車輪石二円、石劔頭一円ニテ求ム、次ニ同処岡本桃里へ参り古き咄シ仕ル、古焼物ノ画ヲ頼ミ置キ申候、此村ヨリ奈良迄ノ車ニノル、一歩一朱、初頼〔瀬〕、三輪古社ヲ右ニ見テ六ツ時帰ル、武蔵野へ参り候ハヽ、今日ハ亀井案内ニテ春日社、興福寺、眉間寺辺案内ニテ、私及おつる殿被参申候事、明朝初瀬辺へ可参様申おく也、

（29表）十七日、内々又柏木吉野へ参ルノ処、風邪ニテ見合す、今日母及おつる殿、古社三輪社、初瀬へ参らる、

今日岩下氏、中村氏来ル、久々ニテ大仏殿ヘ案内ス、上司氏へ行、笛ヲ合ス、東京ヨリ古筆了解来ル、

十八日、早朝ヨリ内々ニテ柏木吉野へ行く、武蔵野へ参り候へハ、未夕母不帰候ニ付引取しか、間無帰宿ニ付、尚又行く、昨日ハ右三ケ処へ行、追分ニテ一宿シ、次ニ今日ハ当麻寺ヨリ龍田川へつたひ、龍田社ヨリ法隆寺、夫れヨリ薬師寺、昭提寺ヲ一見して返られ申候、此両日ノ車ちん一人ニ付一両一分一朱也、今日大仏殿ニテ黒子コロ〔根来〕高付〔杯〕一分、黒ぐりノ香合一分ニテ求之、

十九日、朝、母帰京せらる、今日、大坂渡辺ニ不計大仏殿ニテあひ候ニ付、宿へ一寸よられ申候テ、大坂ノ博物館ノ相談仕ル也、夕方管と道具や見ニ行、子コロ杓子一朱ニテ求ム、(29裏)奈良ノ市中ノ西ニ有ル　開化天皇ノ御陵へ参ル、局ヨリ手紙来ル、此間出シ候宣旨之受取、三十日と日付仕リシヲ、受取シ四日ノ日付ニ仕ル様申来ル、

(朱書)「此山陵ノ写真、奥ニ出ス也、」

石川　相原　緒方　平山　伊東　池田　竹内　浅見　田中　長濱　松原等ハ、依然トシテ正院出仕ノマヽ也、

武田昌次ハ、免出仕、専補勧業寮七等出仕、

四月十二日、町田ハ澳国維納博覧会残務取調懸、被仰付候事、

〃　十三日、白石千別ハ補内務省九等出仕、

〃　　朝日升　　〃　十一等　〃　、

〃　十四日、左右院被廃候事、

元老院、大審院被置候事、

式部寮、宮内省江被付候事、

（30表）廿日、昼後柏木帰ル、上司来ル、博覧会モ人ノ入リ三千六、七百人、

廿一日、今日も追々盛也、

廿一日（ママ）、東南院へ参ル、書画ノテンラン有リ、是れニ西山、山中、板倉、江馬、黄石等、一昨日吉野ヨリ帰り在留ニ付、一寸尋ル、夕方又一寸行き中候、何レモ古器ヲ求テ見セラル、

廿二日、朝、右人ニ、藪及稲生添テ見へ、取リ出シ置ク宝物等見セル、何レモ感心也、今日帰東致サル、

廿三日、信貴山開帳見ニ行く、比〔毘〕沙門天ノ仏像、三像見事也、又大信貴ト云笙も見事也、次ニ、三月堂へ行、具類見せ中（30裏）候事、此堂ノ仏像何れも見事也、春日西屋ニ用ル卓、一円三分、同所ニ用ル笠、横サンノ戸及両面重戸四枚、二円五十銭、宮川元一条院ニ用重戸九枚、六円、勧善堂ニ用ル窓ノサン木二十本、一朱、右小山重次郎へ払フ、

二十四日、局ヨリ状来ル、三月中ノ仕払ヒハ正院へ被出候ニ付、早々被廻ニ付直廻ス、以後ハ一ケ月ツ、内務省へ可出ノ由也、東京ヨリ奈良迄百三十四里廿四丁、並旅行十四日、一日ニ付金四円五十銭、合テ六十三円、三月廿日ヨリ同三十一日迄滞在十二日分、一日九十四銭、合テ十一円二十八銭ノ仕出シ、局へ廻ス、管ハ三円五十銭ト七十銭、柏木ハ三円ト四十八銭ト同様廻ス、当四月ノ滞在モ仕出廻ス、二十八円二十銭、私分也、

二十五日、当所博覧会も此比五千六、七百人の入リニテ、春日社ヨリ手向山、二月堂、猿沢ノ辺、何れも茶店多く有り、甚繁栄也、当地のうるおひ何程か計り難シ、

（31表）土偶人
博覧会へ桜井村ノ岡本桃里出品致され候処、実ニ古へ考ル珍品也、同人咄シニ、河内国ヨリ手ニ入れ候由申す、図ニ見ゆるハ是れと同図なり、河内国石川郡ニ有ル由見へたれハ、若や同物ならん、尋可シ、土色黄赤シ、大サ六寸四分、裏ニ卅三年ト彫銘見へ

たれハ、推古卅三年と思われ申候、此品柏木ゆつり受候、
（31裏）廿六日、京都智恩院徹定、十願寺、四聖坊来ル、座右ニ有之宝物見せ申候事、
廿七日、夕方管、柏木、私三人、元四軒寺ノ内ニ有ル、金森の好ミ成茶席ニ高倉氏住す、是へ一見ニ行く也、誠好よく見事也、同人へ画ノ筆料五百疋遣ス、
廿八日、県ノ社寺懸ヨリ、先日薬師寺一山ニテ藍紙ニ染ル御取調へ頼置候処、調へ上リ候ニ付被廻申候、夕方四聖坊へ参ル、智恩院ニニ締坊ノ墨一部ト、石版ノ画手本一冊贈ラル、
廿九日、四聖坊の弟子手向山来ル、坊主ヲ止テ官途ニツき度候間、私ニ東京へつれ呉れ候様頼まる、私承知仕ル也、
（32表）三十日、智恩院《大教正養鸕（ママ）徹定》、四聖坊来ル、義士〔義之〕ノ書ト、杜家立成雑書一巻を取出テ見せる、感致さる、夕方宮川殿へ参ル、留守也、今日公勤表局へ廻ス也、今日公勤表と薬師寺藍染ノ法と局へ出ス、大宮司水谷川殿へ参る、留守也、神田氏来ル也、
五月一日、春日ぶと、考証の為メ手ニ入れ度と存、昼後早々本社へ参リ大宮司を尋る処、引取リニテ、

夫故ニ手ニ不入申候、

二日、今日聖武帝の御忌日の由也、同帝の御物類、博覧会ニ出てテ衆人感し候ハヽ、さそ帝も御満足も存し申候事、上司来ル、

（32裏）三日、早朝清水善之進来ル、此間ヨリ当地生駒山の開帳の扉ひニ参られ候処、不日帰京の由、岡本、手向山来ル、夕方惣持院へ参ル、住職ノ佐保山晋円、元興寺の光明子ノ願ニテ出来候天平十二年ノ古経一巻（仏説一布施玉所行檀波羅蜜経一巻）贈らる、同子ノ願ニテ同年出来候東大寺の古経一巻（仏説戒消災経）、外一巻（大毘盧遮那成仏経巻第三）贈られしか、局へ献品ニ仕ル由申置也、

四日、東大寺ヨリ出ル一尺計りニ、巾五寸位ヒノ経箱求ム、三朱、根比〔来〕の角切り膳、足無シ、十枚、縁朱塗、中央檜かんなノ上シウケン〔春慶〕塗、代一円五十銭求、押上丁炭や治兵衛方ヨリ、

五日、龍松院と二月堂、開山堂等参ル、仏像の古きを見る、尤開山ノ堂ノ良弁像自作由、脇ノ杖も同作、甚面白シ、堂きわノ建物及小（ママ）（33表）ふりニテ丸柱也、古雅ニ有之申候、今夜惣持院へ参り、経物の礼ニ、印度細工ノ白檀ノ彫リ成ル香箱、縁リハ白銀、象牙、クジヤク石及ブトウ石等ノ細キ七宝也、是れを贈ル、然るニ弘安年中の彫銘有ル辛櫃、及経箱ノ文永ノ朱銘有ル、及此外経箱、及古文書等見せられ候テ、一ツ箱贈ル也申さる、宅ヨリ状来ル、

六日、四聖坊弟子手向山坊主断リ候処、中教院及県ニテ聞届ケニ相成リ、不日東京へ参ル由ニテ入来、二字ヨリ江藤正隆案内ニテ大鍋《ウハナベ》小鍋《コナベ》の古陵へ見ニ行く、何れも掘り有りテ、前方後円也ニテ、甚大き也、次ニ神功皇后ノ陵と申処へ参ル、是も同様ニテ、山へ上ル処、前方ノ土ニハ白ノ丸石ヲ敷キ、後円ニハ石棺あはけ出て、蓋ハ少シ後ノ方ニ有り、此山焼物ニテ土トメニツメル也、処々見ユ、次ニ孝謙天皇の陵ヲ拝シ、次ニ成務天皇ノ陵ヲ拝ス、当今神功皇后ト陵《(ママ)(33裏)》ト申山ヲ五丁計り向ニ見ル、いとも大き也、次ニ西大寺ノ東、海龍王寺へ入ル、此寺小学校トナリテ寺僧見へす、此山内右ノ方ニ巾四位《(尺脱)》、長七尺計リ、高二尺五寸位ヒノ石棺ヲ手水鉢ニセルヲ見ル、いとも古雅也、次ニ西大寺ノ前ヲ南へ行き、尼ケ辻ヨリ江藤ハ広瀬ノ神社へ帰ラル、管、柏木、私ハ車ニテ帰ル、一人前一朱二厘也、

右石棺

前ノ巾凡三尺余り、長七尺位、如図《(ママ)》ク彫り有り、

土留メノ焼物

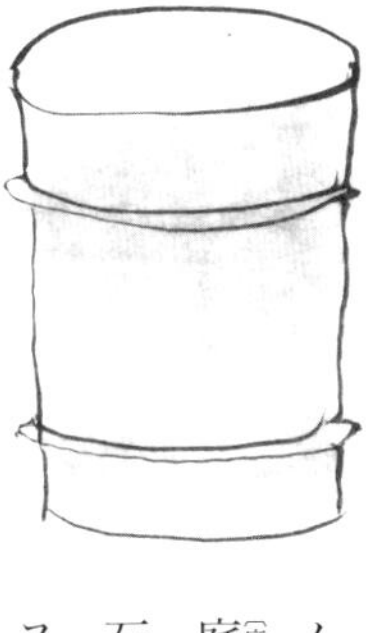

径、一尺二寸位高サ、色赤土色、図ノ如ク筋二本有り、庭《(底)》無シ、此焼ニて石垣ノ如くツミ重ヌルハ、応仁《(神)》帝比ノ製也、

△今日参り懸ケニ、聖武帝ノ陵ヲ拝シ、眉間寺も不残廃セられテ、跡《(34表)》かたも無し、次ニ不退寺へ参る、

是れもさひたる寺ニテ、廃寺の姿となれり、法華寺へ参る、尼宮の宮殿も廃シテ築地計りとなり、門前ニハ古ヘノ柱石残れり、いとも古く千年位ひニ見ヘ申候、此門前の林シヲ天皇屋敷と申候テ、小社有り、林中ニ柱石数〳〵見ゆ、古ヘ奈良の都の宮殿の柱石と思われ、四人共是れを見て思やり申候事、

（朱書）「△聖武帝御陵写真、奥ニ有リ、」

〔34裏〕夕方惣持院へ参ル、酒出サル、此間ノ文永年号付黒塗経箱一ツ、正元年号付シウンケン〔春慶〕塗り、メン黒塗経箱、内々ニテ二ツ贈ラル也、今日、小原正棟（古好ノ人也、元余之介云）来ル、

七日、博覧会も少々入リ減シ申候、先日来、（左）物図、上面打ニテ取レ候物ハ不残取り始メ申候、白石（大理石也一）鎮石八枚、銀壷（大五十五斤）及同台ニ天平神護三年二月四日銘、狩ノ画ヲ彫リシ物【杜園ニテ又写サス、】、白銅廿面（鏡）、鉄鏡箱二ツ、（天平時代物）大講堂累〔螺〕鈿机（龍松院蔵）、【鏡紐模製】手桙二本【高倉又写サス、】、牙笏四ツ【三ツ又杜園ニ写サス、】、刀身四本、太刀五振【一振管又写生ス、】、投壷矢二本【一本杜園ニ写サス、】、硯一面【杜園ニ写生サス、】、刀子三本【杜園三本写生サス、】、槍三本、同身計二本、天平勝宝九歳五月二日鎮鐸二ツ、金銅幡具三十五、紅及緑牙撥鏤尺八本、白牙尺二本、白牙札二枚、七宝焼鏡一面【杜園ニ生写サス、】、鉄錠一ツ、天平尺四本〔図版1～4〕【柏木之ヲ生写ス、】、【頭挿】【之ヲ管生レ写ス、】、同箱【管之ヲ写生ス、】、花籠三ツ、金銅器一ツ、金銅無名器一枚、唐櫃一ツ、車輪石石鉢頭二ツ、私求ル物、往来二ツ、鼓一ツ、銀鉢一ツ、平城都図正面ノ板（大はしヨリカル中書蔵、）

【古車模様、弓、琵琶、鳥ノ画、撥皮大刀子一本】

【法隆寺簪、及針筒、】

【小袋、襪三足、】

【文書少々ツ、、又人名及印等、（柏木之ヲ写生ス、）】

〔35表〕

【小袋ノ結方模製】

今日迄ニ、右之品々私写シ申候事、白銅鏡ノ内ニ、鋳バナシニテ模様ノ至テ細ク精功〔巧〕ノ品有リ、何国ノ製ナルヤ解難シ、尤銀入リノ地金ニテ真白シ、若ヤ印度地方ノ物ナランヤ、多クハ日本物也、サレ共古へ唐人ヲヤトヒテ造ラシタルナランカ、考フ可シ、鉄鏡（径八寸余、厚三分位）ハ玉ムシニ焼タリ、鉄色細カニテ、今ノ西洋細工物ノ如クドクロ〔ロクロ〕懸レリ、是又弁シ難シ、手桙ハ身形支那風有リテ、柄ニ縄ヲ巻ツム、全ク日本物也、牙笏、是レハ全ク日本製也、刀身、是レ又日本製ナレ共、唐太刀ヲ模セシ身ノ形チモ有リシト思ワル事、太刀ハ、山形ノ唐様モ日本様モ有り、硯ハ、鼠色ノ焼物ニ松葉石ノ六角成ルニウヅメ入

レリ、寄木台付、尤細也、刀子ハ唐刀子も日本物も有り、中身ニハ銀金ノ象眼有り、班犀角把ニ口金、金及銀金滅シテ、把ヨリ身ニ通ジテシノキ〔鎬〕ニツ三ツモ入レリ、鞘漆ニテ、〔図版5〕三合刀子ナル有り、又十合刀子ニテ、十本ノ身ヲ一連ノ鞘ニ入レリ、把、犀角モ有リ唐木モ有リ、槍三本、身袋打、柄木ノ上ヘ竹ノ薄キ細キヲキセテ、此上ヲ糸ニテ巻ク、三通リ計リノ巻方有り、上古ニモ加様ニ糸ヲ巻シ内柄ノ槍有りけり、鎮鐸、銘ヲ見レハ、(35裏)聖武天皇ノ一周忌ノ日ニ当レリ、此一周忌ニ大法会ヲ行ナワレサセシ時用ル幡ノシズノ鐸ナリ、花籠も同様ノ銘有り、鏤牙尺ハ美ニシテ支那製トモ見ラレ、若や同国人カ我国ニテセシ共難計、染牙ノ上ヘ彫リセシ物也、七宝焼キノ鏡ハ純金ヲ入レテ誠精工也、実ニ目ヲサマシ申候、古ヘニモ加様ノ物有りトハ意外也、天平年間尺、一ハ犀角ニ金目、一ハ木ニテ銀ノ目、二ハ牙ニテ朱ヲ、又一ハ緑ヲ入ル、此筋ノ細ク不違様ハ見事也、木ヨリ少々年月ヲヘテ縮ムコト一尺ニ付二厘、頭挿ハ花、金滅金、葉ジク銀ニテ、考徳記ニ見ル製也、古ヘノ制度ヲ見ルニ為ル、小辛櫃ハ、木ノ目モ立チテ世間ニ無之、東大寺ニ伝ル一種制也、車輪石ハ生駒及三輪、並河内駒ヶ谷、次ニ美濃神宮山ヨリ出ル由、小原氏申さる、尤大キくしテ欠無シ、石剣頭モ一種ノ製也、前ニ写ス、往来モ質素の製ニテ木地也、鼓モ胴長ク細シ、何楽ニ用むや、必岐〔伎〕楽ト思わル、竹弦ノ弾弓ニ、古楽ノ画ヲ七、八分位ヒニ画カケリ、古ノ風俗ヲ見ルニタル、九十六人有リ、琵琶ノ撥皮ハ今モ油画ノ如ク見ユ、至テ細画也、(36表)法隆寺ノ簪ハ、銀ノ平打ニテ孝謙天皇ノ御物ト思ワル、又針筒、同様ト存ス、牙ニテ、染タル上ヲ彫リセリ、襪ハ、白ノ生絹ノ上ヘゴフンニテ画ヲ書ケリ、同帝ノ御物ト思わる、同赤絹及錦ニテ造ル、是れハ楽人ノ所用ニテ天平宝字六年ノ文書有リ、唐様ノ山形造りノ大刀ハ、金物、銀ニ滅金、唐草ノ彫リ透シ、間ヘ玉ヲ入ル、五色ナリ、鞘ノ蒔画、荒キ金ヲトギ出シニ入ル、実ニ美ヲツクセリ、黄絹ノ袋、又ハ魚ノ彫リ物、小鳥ノ造リ物類也、魚ノルリ《〔瑠璃〕》ニテ造リ、紐ヲル、又ハ角袋ノ紐付、小尺ノ紐付、已上五ツ管氏写ス、何レモ下ケ物ト思ワル、此小尺ハ、太宝選定已前ノ尺ト思われ、一ハ周尺トモ見ユ、二枚共カラス、一ハ緑、一ハ黄也、又角形箱下ケ物、紐付、同人写ス、是れハ匂ヒ入ナリ、又角袋、小袋は同様見ラル、十合刀子、杜園写ス、櫛牙ニテ、是れモ孝謙天皇ノ御物ト思フ、柏木写之、辛櫃ノ机、此外少机五枚、柏木写ス、之レ迄写ス《（ママ）》取処ノ品、大略如此、〇府ヨリ、私方同家売渡しハ何年何月也、同区長以テ被尋候由状、宅ヨリ来ル、（36裏）英公使ト共ニ、アストン、武蔵野ニ日前申来ル、夕方参りテ面会ニ行、アストン在宿也、

〔図版6〕牙櫛

大サ図如ク、至テ細工宜敷申候、三枚有之申候、肩丸ミヲ作ル、此両品、正倉庫中物、

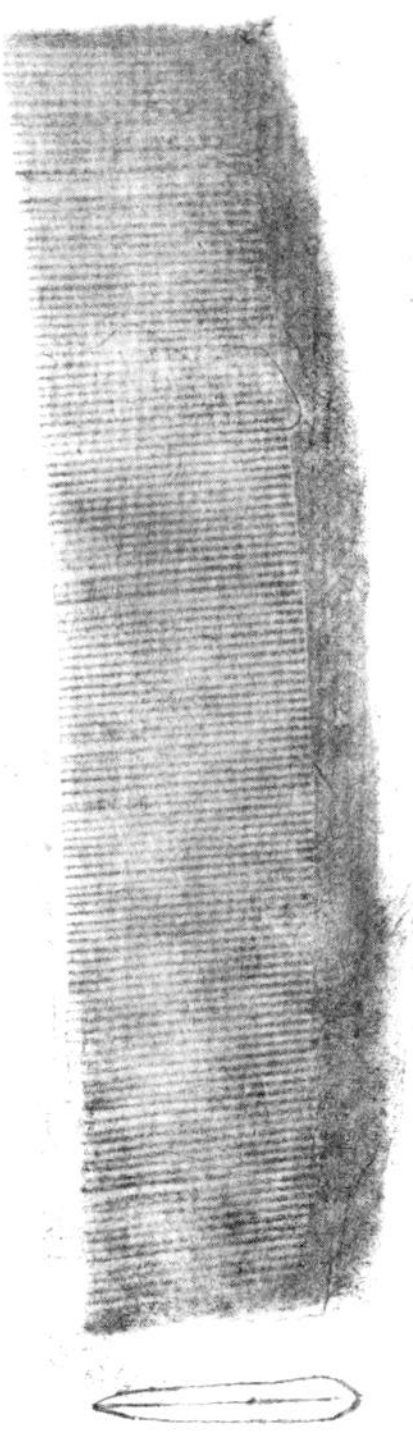

〔図版7・8〕小袋

大サ此ノ如シ、内ニ綿ヲ入ル、全ク古ヘジヤアコー《〔麝香〕》ヲ入れたる物と思フ、数五ツ有り、中央ニヌイメ有、底の廻リニ飾打ノ紐ヲヌイ付ル、結ヒ紐、飾ノ四方ナル

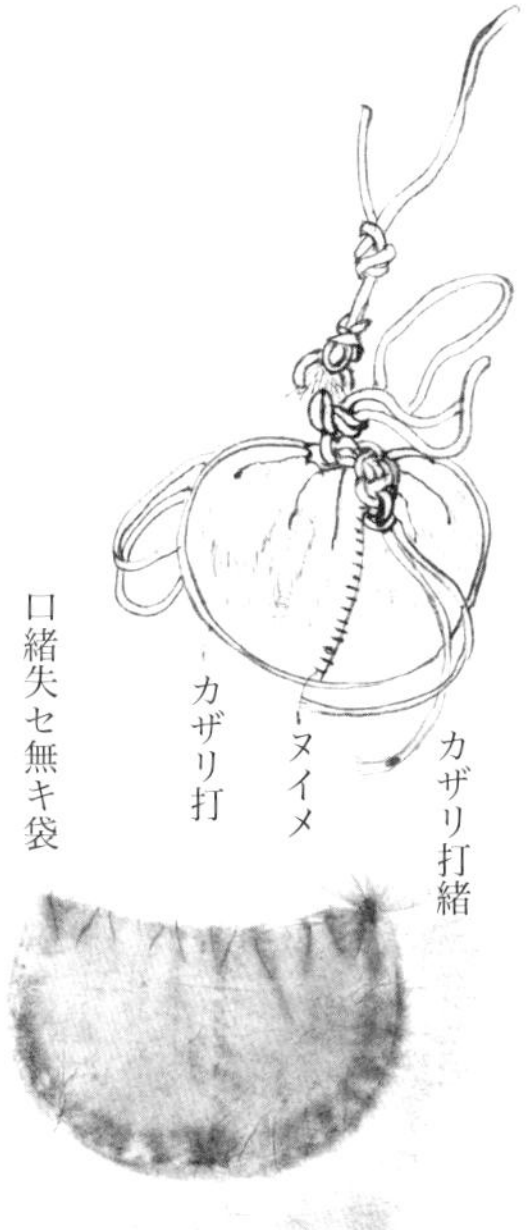

唐打、二色ノ緒ヲ以テタクミニ結ヘリ、此二品ハ孝謙天皇ノ御物ナリト思ワル、

(37表)八日、小原氏来ル、古器ノ咄シ有ル処、此人も大きニ好ンテ彼是承知也、今度四聖房へ参ル、昨日弟子、平松氏里へ上京也、

九日、朝、県江大鍋《ウハナベ》陵ニ用ル処ノ石垣ニ用ル焼物取リ遣ス也、千四、五百年前ノ物ニテ、此間ヨリ大橋ニ頼ミ置申候、此品東京博物館ノ為メニ受取申候事、昼後大仏殿へ参ル処、内務新田少丞、並ニ内務省九等出仕山田信実、地理寮九等出仕山下常名、兼テ出張ノ由承り居候処、見へ申候ニ付、始メテ面会仕リ、列品不残案内して、後々ノ保護ノ為メニ弁解スル也、次ニ正倉院へ案内、権大属及稲生、東大寺も見へ候テ中間ノ戸ヲ開キ見せる、次ニ旅宿へ参ル、私、権大属行きて倉ノ四方へ木柵仕ル、且番人ノ見込談ス処、柵ハ早々取り懸り候様申さる、権大属引取られ申候、次ニ、法隆寺ニ元住職の僧、当時東京本郷ニテ円満院ト申候、此人当地ニ博覧〔会脱〕有ルヲ聞キ、始マラヌ前、法隆寺ニ(37裏)寺(ママ)ニ来リ、此度ハ正倉院ノ開封願ヒ出シニ相成リ候へ共、とても六ヶ敷、さすれハ法隆寺ノ宝物ヲ取リ出シテ開帳ヲスレハ、此レニ勝ル古器、外ニ無き事故ニ、必ス被行候とて寺僧ヲ進む、寺僧是れニ同意して願ひ出し申候、其実ハ右宝物取リ出シテ、古器ヲ円満院せぶり取リニ取ル見込也、元々此円満人ハ悪僧なり、然るニ寺僧と両人、県員ノ小山〔田脱〕氏ヲ取リ入リて、内実頼ミ込候由、此小山田モ古物ヲ好めり、如何ノ相談有之も難計、然るニ小山田、県令へ可然様とき〔説〕付、寺社懸り大橋氏ハうかつの人故ニ、是れ又差支無之様申ニ付、〔県脱〕令許しゝかハ、小山田法隆寺へ参りて倉ノ封ヲ解き、宝物不残寺僧ニ渡セ

リ、円満院ハ見込通リニ成りテ大慶と存シラル、然る処、稲生東京ヨリ帰り、右仕〔始〕末を聞き、此度大仏の広き場所ニテ会ヲ開く事ハ成り難シ、品物不足趣、〔県脱〕令へ申立ルニ付、又法隆寺宝物、会社へ取上ル、少々ハ寺僧へかしおかる由、博覧会懸り稲生ヨリ承ル、然ルニ右法隆(38表)寺ノ宝蔵ハ、明治五年、町田、世古、内田、蜷川、岸等、社寺宝物検査トシテ巡回ノ節、宝物保護方ノ為ニ、シギニヨリ出先ニ於テ地方官ト相談ノ上、蔵へ封ヲ付ル由正院へ伺候処、許可ニ相成リ、依テ出張官員ト、先県令四条殿ト立合ノ封ヲ、法隆寺ノ蔵ニ付置キシカ、県ヨリ正院へも博覧会事務局へも答へ無く、右蔵ヲ開封セシ由、今県員ニテ是レヲ知ル者ハ大橋等、此人もうかつ故ニ、何心無く差支無き由申さる、此立合一条、稲生ニ私咄し仕ルニ付、右一条語れり、右之通町田へ通達仕リシニ何ノ答へモ無シ、依テ又新田氏ニ語り、一勘考仕り呉れ候様申置く、扨又此度、会社ヨリ度々御写真ニ取り度申され候へ共、私ニハ取り計ひ難シ、依伺の上と申ニ付、県ヨリ伺ニ相成り、然るニ県員、御物取扱ひ手荒ニ付、私ニハ止メ度、然シ紐ノ無き鏡、及銀壷等ノ損シ無き分ハ可然ニ付、勘考ヲ頼ミ置申候、将又今朝、新田氏県へ参られ、其節正倉院ノ鍵ハ東大寺ニ預リ居リ候ヲ、取リ上テ県ニ預リ置(38裏)度由相談ノ処、新田氏承知ニ相成リ候由ヲ承ルニ付、私、新田氏ニ申ハ、是迄東大寺ニ預リ来リシ鍵故ニ、此度勅封ノ物ハ内務省所管ト相成ル上ハ、寺ニ鍵預ル所謂無之事故ニ、差出ス可ク様表向御返シ有リテ、後ニ其鍵ヲ縣へ預ル可シト相成れハ、至極手続宜敷と申候へハ、新田氏見込替リテ、尤ノ事なりと申され、帰省ノ上、表向返シ仕ル迄、此迄ノ通ト私及県員ニ申さる、且東大寺各院無住ノ分ハ、土地ニ付、小牧ノ如ク地所相成りテ、政府ニも寺ニモ地所ノ出入リ有リテ、都合ノ悪き事も可有之様ニ存られ、依テ地坪ヲ以テ出入リ無ク境ノ見安き様ニなれハ、御倉の辺とても万端都合宜敷と申置候、何れも帰省の上、可然様取計ひ候と申さる、此日ハ郡山迄出立ノ由承ル也、且又山城国中、勅封ノ御物類ハ一処ニ集テ、府ヨリ保護仕ル様申さるニ付、御室及賀茂等ノ有り合ス蔵へ、先二ヶ所ノ地へ取り集て、府ヨリ保護ノ番人付度、さすれハ盗なん〔難〕火なん〔難〕無く、将又高見ニテ、(39表)シケモせす候間、可然と存シ、此義も申入レ置ク、此度ハ厳島、京都ノ勅封有之候所へ出張也、今夕惣持院へ参ル、黒塗ノ経箱、文永年号付、木地ニ面黒塗、正元年号付、大サ尺余リ、此二ツ贈ラル也、

十日、局へ新田氏面会候テ、右一条咄し仕リ候段申贈ル、又シーボルト、ヘンレイ氏へ状遣ス、又宅ヨリ茶来ル、私ヨリ同家地所の事、及姉おときニ当地へ見へ候様申遣ス、興福寺勧善堂ノ木材、古木ニテ荒ケタルヲヲシ〔押〕重ニテ求めテ、指とめニテ額縁ニ造らす、一面ニテ一両ノ手間、カラス八十銭、此中へエジフト国ノ四千年前古屋ノ石版ノ画、東京ヨリ持来リシヲハメる、博覧会へ持出ス也、

十一日、局及宅、ヘンレイ、シーボルトへ書面出ス、十字比ヨリ大橋案内ニテ、春日社ノ月並一ノ日三度ノ献供拝見ニ参ル、大宮寺〔司〕始メ神宮〔官〕ソロウ也、(39裏)四所ノ神前へ、平日用ユル四足ノ机ノ、脇ノランカンニノセ置ラレ（ママ）タリ、階前の土間ニ円座有リ、是れへ神官等詰メ所ヨリ進ム、大和歌始、次ニ八足机ニ、大和錦ノ敷ヲ折リテ机ノ端へ懸け、机ヲ斜ニシテ御供所ヨリ持行ク、大宮寺其敷物ヲ神前ニ敷キ、次ニ机ヲ取リテ此敷物ノ上ニ置ク、次ニ献供等丸き盆ニノ

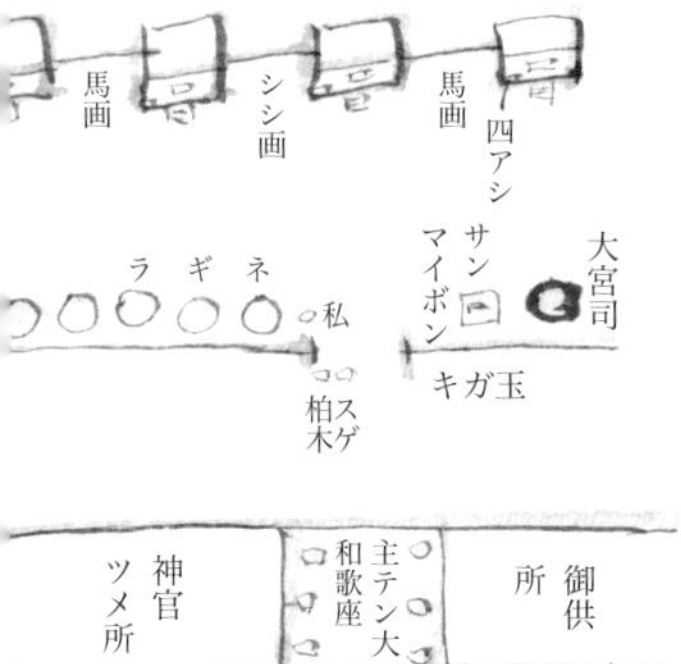

セ、上エ白絹ノヲ、ヒヲシテ神前へ運送ス、是レヲ受取テ机ニ並フ、神酒等ハ銚子ニ入レテ、後ニツギ申候、四処共同シ、次ニサン〔散〕米ヲフル、次ニ御幣四本ヲ大宮司ニ渡ス、受取テ円敷ニテフル、次ニ主典也、神前へ一本ツ、備へ置キテ、次ニ神官一統懸スル也、次ニ幣ヲ下ル、次ニ御供机等下ル、此時又、歌、笛有り、次、平日ノ御供トテ、左ノ方ナル四足机ヲ正面ニ直ス、是レヘ又献供有リ、則次ノ如シ、

(40表)月ニ三度ノ御供八足机　黒塗ラテン〔螺鈿〕

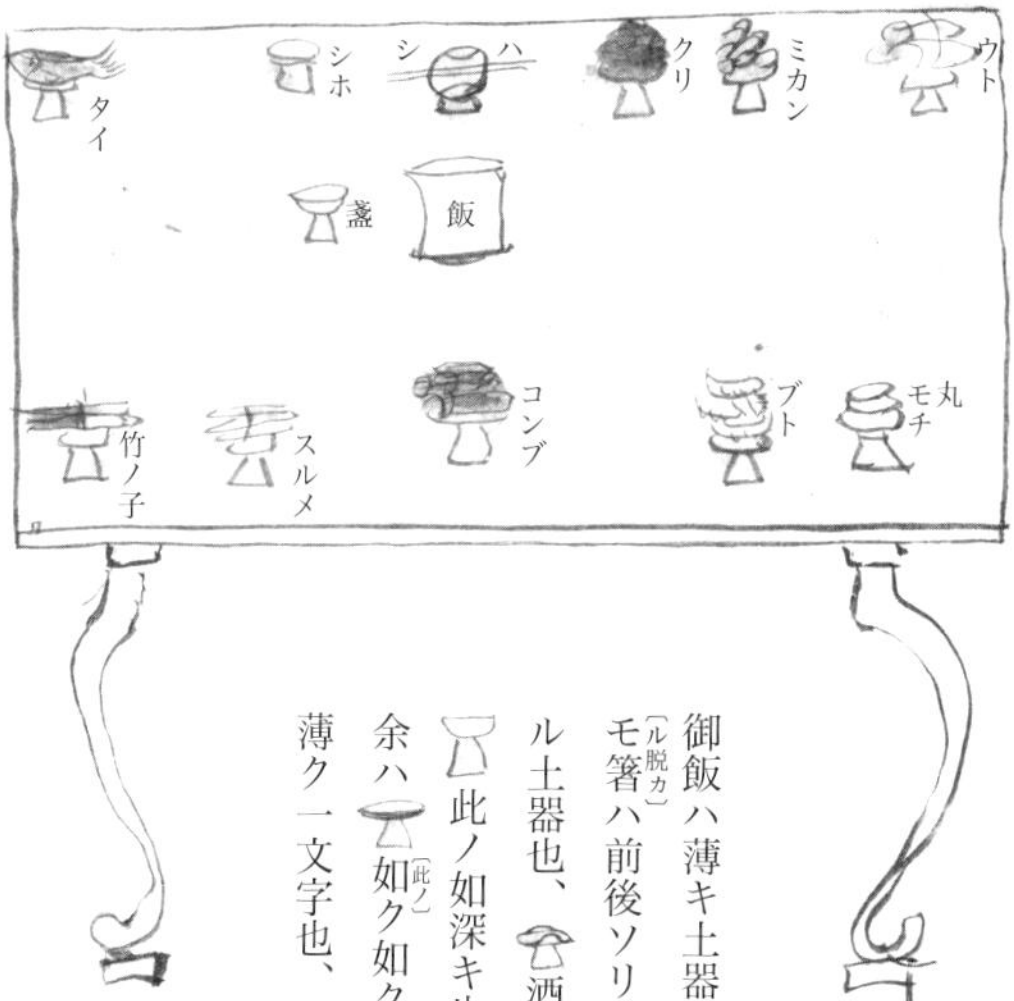

御飯ハ薄キ土器ニモ〔ル脱カ〕箸ハ前後ソリ有ル土器也、酒器ハ此ノ如深キ也、余ハ如ク〔此ノ〕如ク薄ク一文字也、

日々御供四足机　黒塗マキエ〔蒔画〕

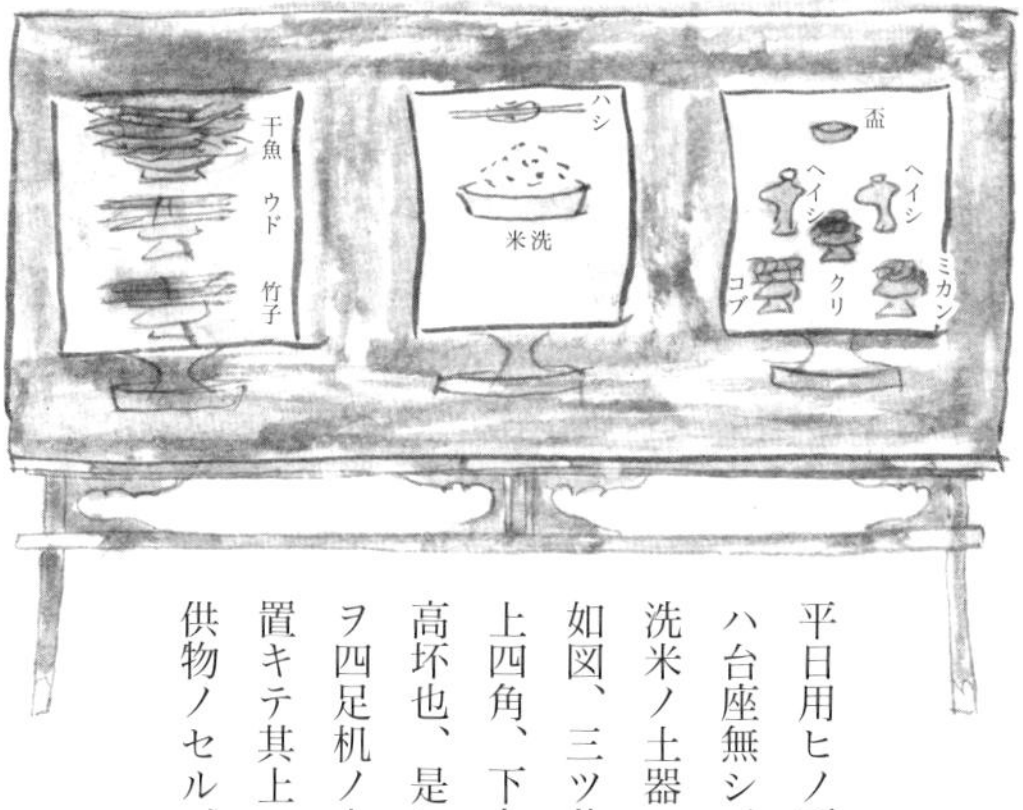

平日用ヒノ盃ハ台座無シ、洗米ノ土器ハ如図、三ツ共ニ上四角、下丸シ、高坏也、是レヲ四足机ノ上ニ置キテ其上ニ供物ノセル、

「(朱書)御饌ノ図、奥ニ存ス、」

(40裏)右献供ノ中ニ、餢飳、図ノ如シ、団子ノ油アゲ也、古ヘハ此内ヘ何カ薬味ヲ入レテ、端ノヒネリ返シニテ、油アゲニシテモ、ハミ出デザル為ナリ、尤唐子ノ中ナレバ、一千年前(ママ)位前ニ取リ移セシ物ナラン、是レヲ五ツ高坏ニ盛レリ、クシ竹ニ差シテ落チザルヲ用ス、今体ハ神ニ唐菓子上ルモ、仏家ヨリ移リシコトナラン、此高坏ハ昔シ岩イベ〔齋瓫〕ニテ、土中ヨリ出ル物ノユヒ製ニテ、古風ニ有リケリ、又酒ヲ入ルハ上ノ皿深シ、昔ノ形ニ同シ、然シ焼方計リハ正ス、昔シモ今日人常用器ニハ岩イベヲ用ヒ、神ニ備ル斎器ニハ此如キト思ワル、土中ヨリモ此同製品出ル、尤ドクロ〔ロクロ〕無ク、手ヅクネナリ、

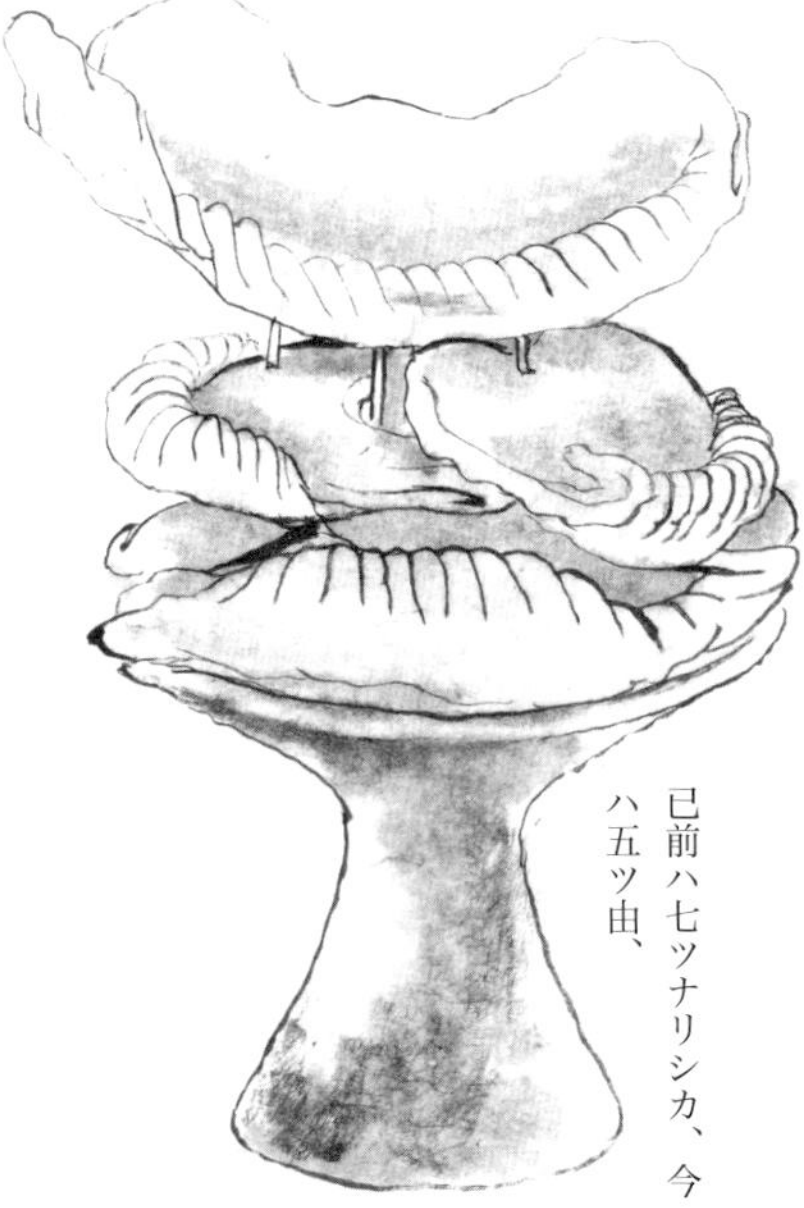

已前ハ七ツナリシカ、今ハ五ツ由、

(41表)去ル三月独乙国博覧館ノ長官ヒルゲンドルク氏、東京上野ニ住ス、此人局ヘ来テ、人骨写生セシ機械ヲ覚ヘ候ニ付、当地ニテ形ノ如ノ造リ、右図ヲ試ル也、

春日社神官ノつめ所ニ有ル銅ノ水つぎなり、

同シク紙燭、土器ニのせり、

同しく有明の鉄とうろう也、台、木ナリ、

春日社ノ二鳥居内、着とう〔到〕殿を内より写真ニ写せる図也、いとも神さびたる景ニそ有りけり、

（41裏）賀茂別雷神社神官へ、三月廿日、競馬会ノ始年月、堀河院御叡願ニテ五穀成熟、天下安全ノ御祝祷トシテ、寛治七年ヨリ始ラレ、賀茂皇太神宮記、幷賀茂注進雑記ニ載せ候由、且又本社几帳、惣長七尺三寸、綾地白ノ段二尺四寸、桐竹ノ地紋、赤段四尺九寸、無紋蝶鳥、前後八巾ツヽ、左右五巾ツヽ、蝶鳥ノ有リ処知ル為メニ切〔裂〕レ少々贈ラル、此返書、今日取調呉られ候礼状出ス也、〇六日付、東京

イタリヤ公使ヨリ状来ル、　○興福寺勧善堂ノ窓ニ用ル木材ヲ用テ額縁を指とめニ造らせ、二面ニテ手間壱円、カラス八十銭、ヘーレンヨリ贈ラルエジフト国四千年前ノ損シ家図ヲ入レテ、博覧会へ出ス也、前月ト同物也、

十二日、若草山フモト、三条ト申刀屋ニ京ヨリ来ル尾嵜ヘヨル、正倉院庫中ノ刀ノ模製ヲ頼ミ置ク処、今焼刃ヲ入ル前ニ付、一覧シテ帰、カゲ打共三本見ル、不計行あひ申候也、此両三年ハ真ノ刀ヲ頼ム人無之ニ、御物ノ模製ハ打ヲサメノツモリト申事ニ咄しセラル、甚大慶由承ル、（42表）岡本桃里カ何か認くれ候様申ニ付、ふと思ひて、古への鏡も、今ニさひすして真白ニ伝わりしかは、人々是を見て驚かぬハ無シ、扨も今、王政の古へニ引かへりしを鏡ニよせてよめる、

　古への光り見ゆとわ（ママ）思ひきや異国ノ人もあふかぬハ無し

十三日、イタリヤ公使コントフヱ、大蔵省御雇ニ相成、同国人キヨソネー氏、神武天皇ノ画像手ニ入れ度由ニ付、私吟味仕リ可申由、右公使館曲木如長へ手紙出す也、右天皇像、岡本桃里写し居候由、杜園ヨリ承り候ニ付、写し方頼ニ岡本へ書状出ス、信州網代、組方聞合ニ四月廿九日付書状来ル処、見込返書出ス也、東京宅仕払、及屋ちんノ上リ高、岡本氏へ聞ニ遣ス、（42裏）ポイントン氏へ無沙汰状入レ置ク、昨冬、権令拝命ニテ東京出立、大坂着ノ節状来、又県着の上状来リ、此返事ニ賀茂几帳寸法、及斎服製造頼ル義〔儀〕事、古賀定雄申遣ス、

〔図版9〕正倉庫中石帯

銀鋏ニテ、古式ニモ白銀造帯ハ天子ノ物ト見ユ、尤上工ノ細工也、皮、象皮ノ黒染ニテ、両端高ク縁有リ、表裏筋四本ツ、入ル、縫目、裏ノ片ヨリニ有リ、石、青玉十二箇、四ツハ方台、八ツハ櫛形台、上手ニ一ツ、何レモ鋲ニテ裏座ニトムル、鋏ノ舌ヲ差シ入ル穴四ツ有リケリ、又是レヨリ細キ帯ニ青具、又ハ金具ヲ以テ玉ニ替ル、太（大）宝令、延喜式ニモ制叶ヘリ、制度ノ考証ニ為ルナリ、

（43表）庫中、〔図版10〕金銅幡具ノ損シ物ニ、曲丸ノ付クヲ見ル、凡三ツ四ツ有リ、針金ニテツナク、青色ノ透明玉也、此四辺ニ、又吹物ノ丸ヲヲ（ママ）数多ク付タルモ見ユ、土中ヨリ玉ノ出ルハ多ケレ共、其ツナギノ有ルハ無、尤首、手ニ懸ルナレハ、糸ニテツナギタルコト也、此品ハ尤、天平勝宝九年五月二日ニ、聖武天皇ノ一周忌

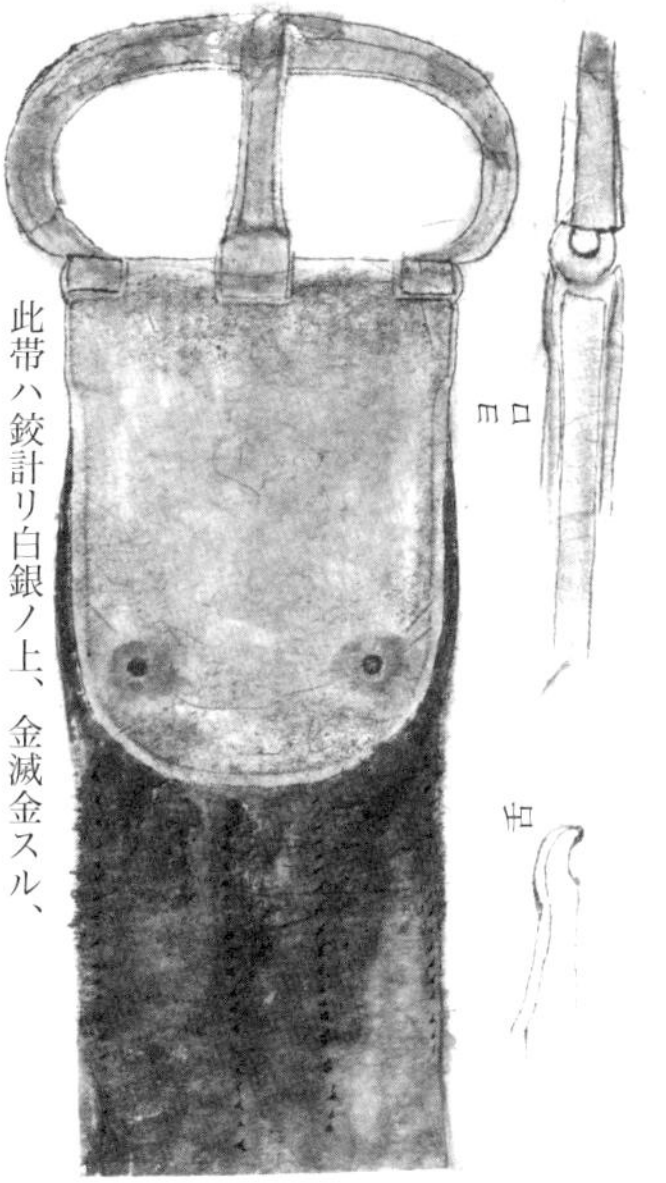

此帯ハ鋏計リ白銀ノ上、金滅金スル、

ニ当レハ、格別ニ大法会ヲ行ナワル、此時ニ用ヒシ幡ナリ、此幡ノ鐸ニ銘有リ、右年号ヲ彫ル、是レヲ以テ法会ニ造ラルコト明証也、曲玉ハ古へ首、手ニ銹レリ、推古帝後ハ唐服ノ佩玉ニモ付ケ、又玉冠ニモ付、又仏具ニモ付ケルコトニ押移レリ、是レモ一証トス、

(43裏)
○延喜〔暦〕六年六月廿六日珍財帳壱ニ

天平宝字八年九月十一日、付安寛法師進　内裏　八十八口

○見二口 置杖刀、

御弓一百張 八十四張梓　六張欟　一張阿恵 八張檀　一張肥美（元の文書の欠損部）

別色　三張 一蘇芳 一小檀 一　、

箭一百具　甲九十九領 十領短甲、八十九領

已上四種亦付同法師進　内裏、

銅鉢四口 元盛沙金今空

花氈六十七枚 天平宝字三年四月廿九日、装束御斎会堂料出、

繍線鞋八両　紫糸結鞋一両

緋糸刺納鞋両（ママ）　銀薫炉一合

銀平脱梳箱一合 盛琴笙琵琶等絃

瑇瑁箸二双　青斑鎮石十廷

金薄綵絵木鞘大刀子一口

(44表)
○弘仁二年九月廿五日資財勘録一巻

斑犀偃鼠皮御帯一腰　　斑貝鞊御帯一条

革三鞘一具〔納小刀子　着赤紫　縚綬帯〕　　唐刀子二柄〔並以金玉錺着　⿰革莫緒〕

雑小刀子四柄〔二犀角　二牙〕

礼服御冠二箇〔一箇皀羅金銀宝珠錺着黒紫組纓　二条、納赤漆八角小辛櫃一合敷白帳〕

一条布帳一条緋地錦覆一条緋綱一条

一箇以銀金鳳幷金銀葛形宝珠荘着白線組緒

二条納赤漆六角小韓櫃一合帛綾褥一枚帛袷覆一

条鉄鑷子二隻

礼服御冠二箇〔礼冠一箇有旒以雑玉錺　凡冠一箇以雑玉錺〕

納赤漆小辛櫃一合敷帛帳一条布張一条緋綱二条居机

帛袷袍一領　　襖子二領〔一絮錦　一袷〕

汗衫一領　　褶一腰〔羅襴〕

袴一腰〔絮錦〕　　御帯一条

(44裏)
袷幞子二条〔各二副〕　　帛綾袷袍一領

単衣一領　　絮錦褶一腰　羅襴

単幞子一条〔二副〕

〔図版11〕魚形ノルリ
細工物、下ヶ物ト見ユ、
大サ如此、色、黄ニ縹色
ニテ、目、口、ヒレノ筋
ハ金ヲ入ル、紐、四角ノ
唐、色白茶、紐ノ結ヒ様
タクミニシテ、長一尺余らせ、古ヘ魚袋トテ、金銀銅ノ魚形ノ袋ニ割符ヲ入レテ、支那ニテハ下ケリ、
又此西方ニテハ魚形ノ銅袋多ク造レリ、　全ク西国風ノ物ト思ワル、

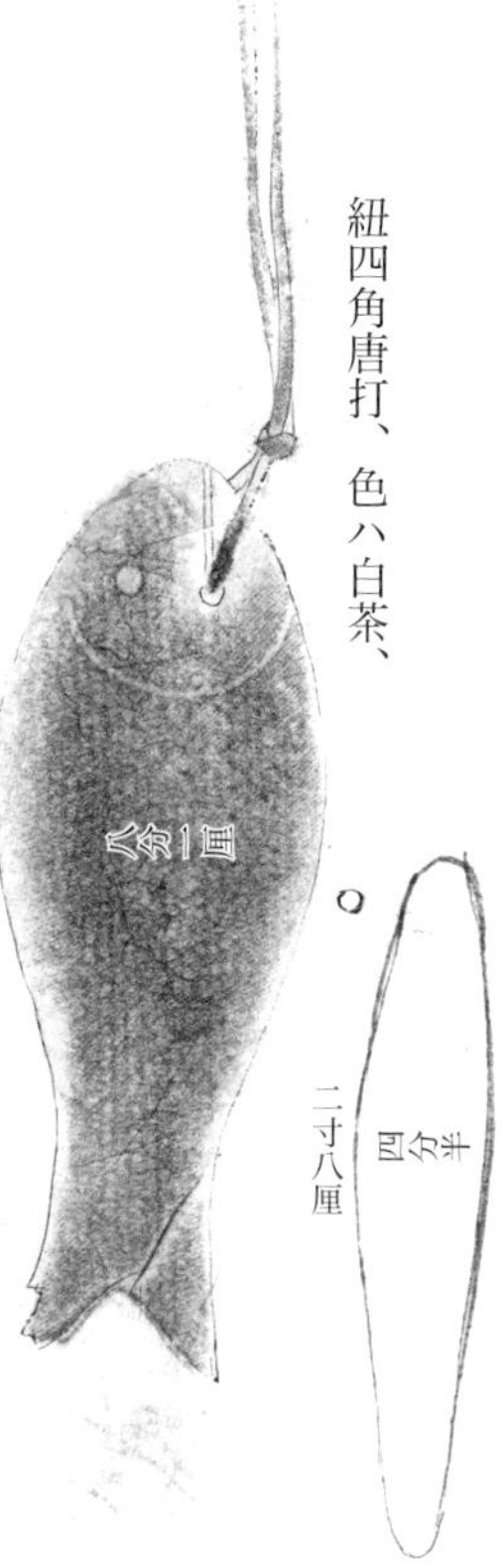

（45表）〔図版12〕斑犀角箱
厚サ、メン下、蓋、及身高、一分七厘ツヽ、紐、白茶、四角ノ唐打チ、図ノ如ク細ニ結フ、

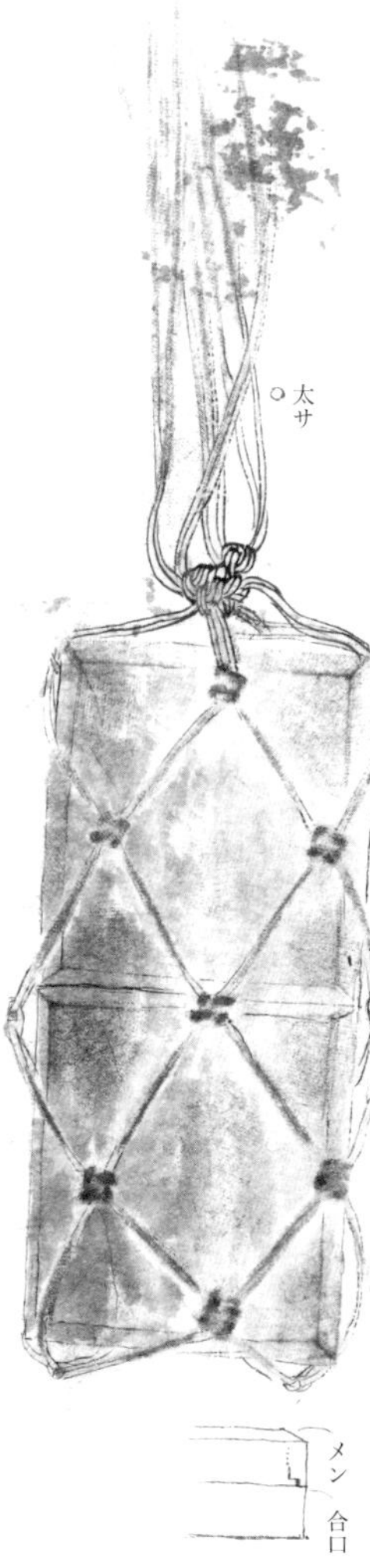

下ケ物ニシタルト見ユ、然レ共御机、帳台ニ懸ル角袋トテ犀角ノ角形ノ下ケ物有リ、是レハ餝抄ニ、

同机、帳台ノ左右懸ルコトナレ共、此品ハ角袋ノ美製トモ思ワル、古ノ奈良ノ御世ニハ加様ノ物ヲ懸ルモ計リ難シ、此箱ノ内ハ何モ無シ、紐ノカラミ込ナレハ角袋也、元来角袋ハ、犀角ニテ邪気ヲハラウト云、古伝説也、

（45裏）〔図版13〕
角袋

全ク角ノ形チニテ、内ヘ角ナリニホリシ、犀角トモ見ユ、又水牛トモ見ユ、色黒シ、内外共刀ノ細工ニテ、蓋、紫檀ノ木ニテ花ノヘタノ如シ、内ニ何モ入ラズ、紐、白茶ノ四角成唐打ニテアリケリ、是レ上古ノ角袋ト見ラル、今時ノ製ノ是レヨリ大ナリ、

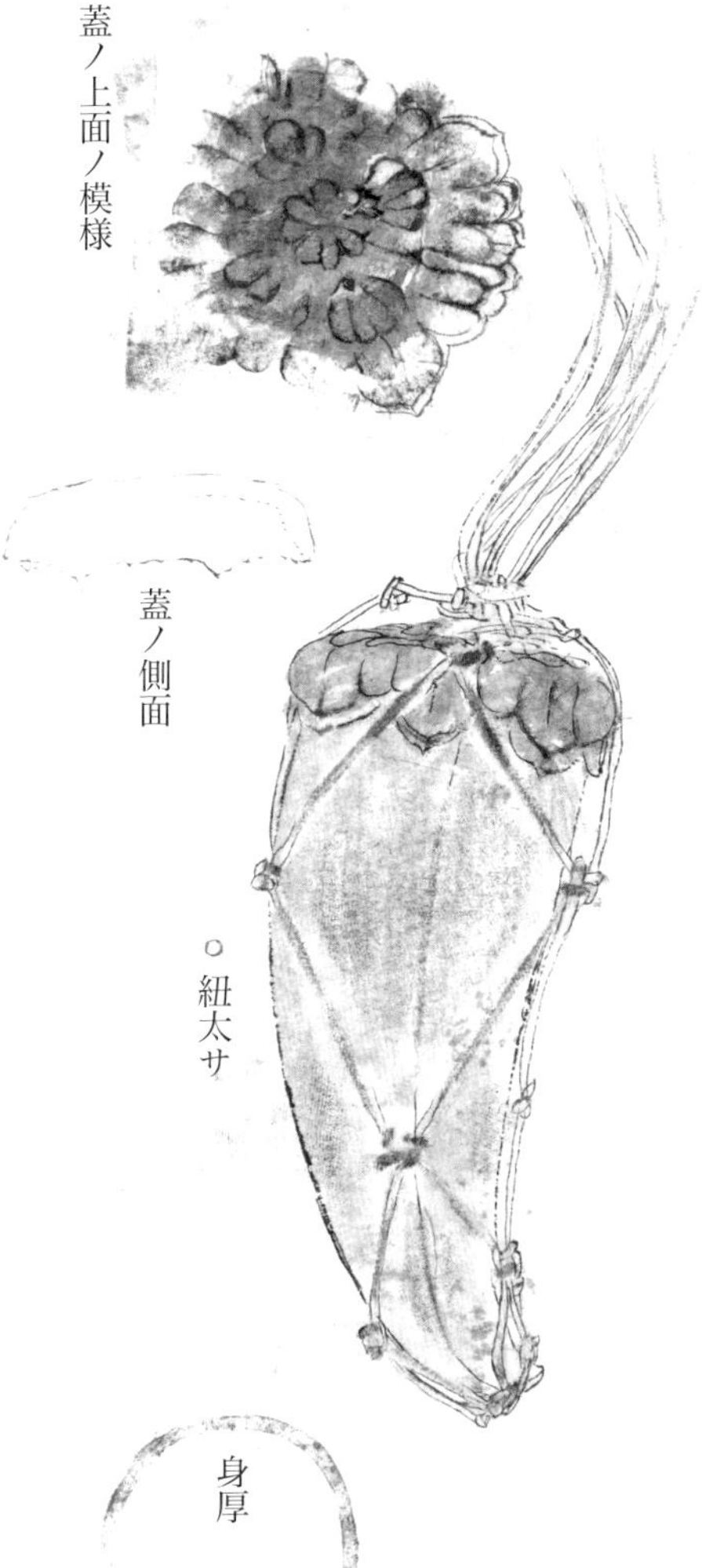

紐付ノ硝子ノ小尺（46表）〔図版14・15〕

色成ハ　　尺ナリ、

色ナルハ令前ノ古尺ト思フ、

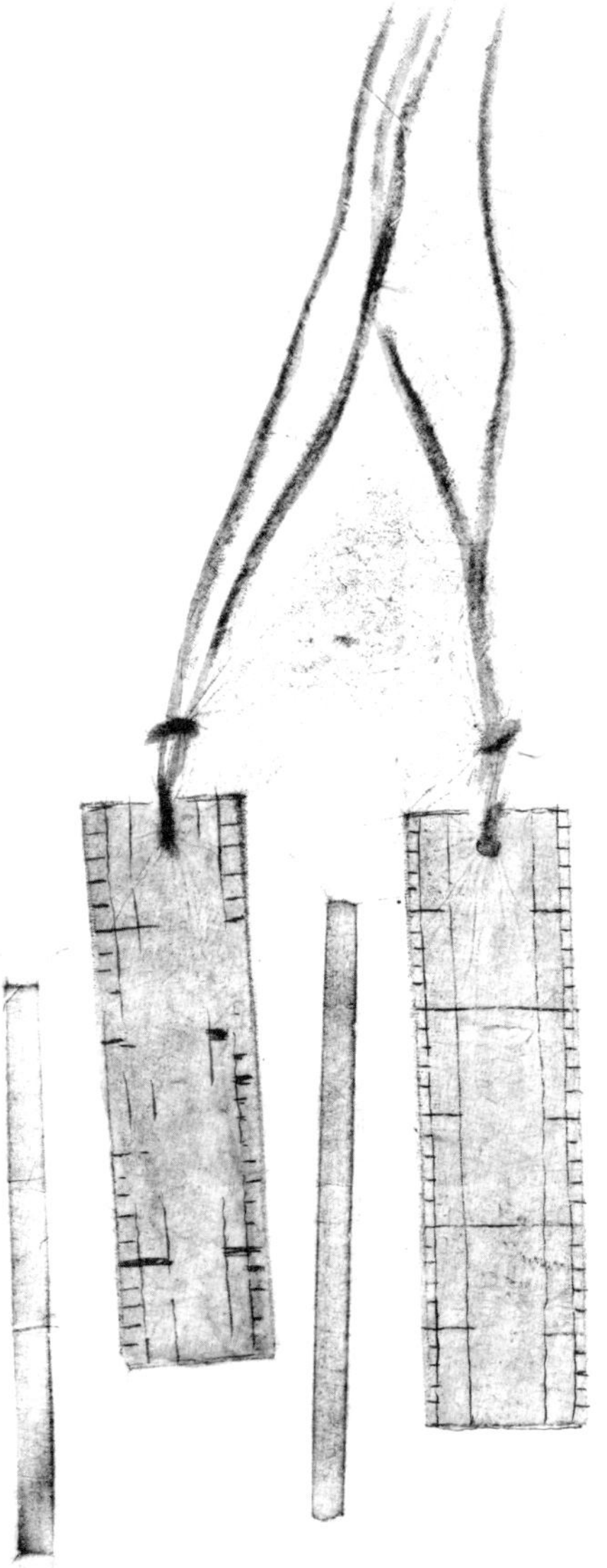

（46裏）十四日、京都府勧業場ノ鈴木登（木ヤ丁二条上ル二十八番）ヨリ書面ヲ以テ、同国尾州関戸内兄、外二名見へ、手元ニ有合セ御物見せ申候、此人々ハ古書家ニ御座候、夕方神主へ参ル、笛ヲ互ニ吹合ス会懸リ、玉置氏、下市へ輪役ニ付見へ申候間、メリ安機ノ本一冊贈ル、又十津川学校両所へ一冊ツ、贈ル也、

十五日、右人へ返書認テ頼置、先日頼置候画帖、追々出来由、且正倉院斎服織立の義〔儀〕問合セ申候、昨年ノ時ニハ、巾二尺、長三丈ニテ、十二円ノ見込、西陣物産会社世話役、竹内作兵衛、武本治兵衛ヨリ、昨八月直〔値〕段書差出し候ニ付、鈴木氏ヨリ受取、此辺ナルヤ、登へ申贈ル也、昼後大仏殿へ参ル処、県令、及参事岡部見へ候テ、同道ニテ正倉院の木柵ノ造リ方、且番人ノ家ノ見込ヲ談ス、此間新田氏ヨリも承り置候ニ付、左ノ図ノ如シ、上段ノ図ハ是迄ノ有形、下ナル処ハ此度見込図、四聖坊ノ向寺地、南ヨリノ央、寺地北ヨリ央ハ上地故ニ、此上地ノ南端ニテ道ヲ作リ、東、寺ノ道トシ、今ノ道ノ処ハ木柵ノ内トス、入リ口ノ南へ番人ノ家ヲ（47表）作ルコトニ決スル也、依木柵ノ積書ヲ以テ、内務省へ可出トノ事ニ仕ル、

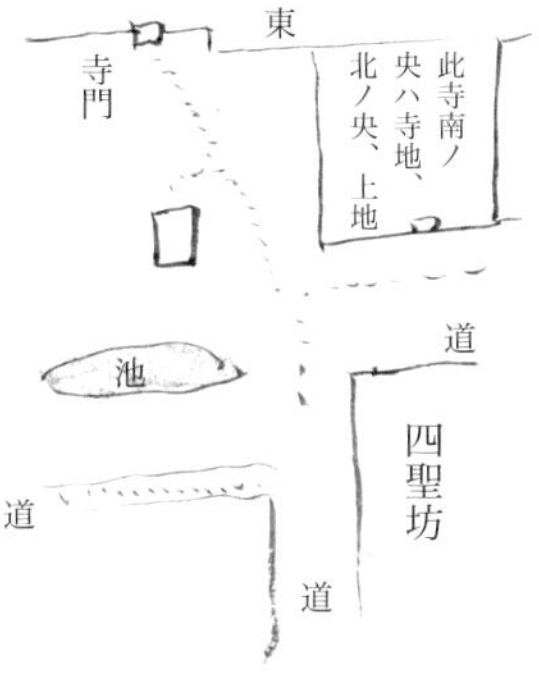

有り形

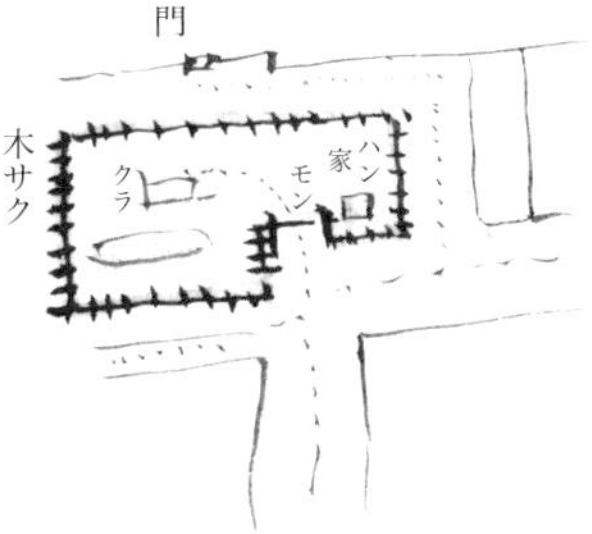

分ノ込見

古ヘノ制度ヲ見ル為メニ、県ニ於テ太刀類、不残模造致し度由、県令申さる、然ル閉（ママ）封迄ハ手ノ懸リ候物ハ不出来、依テ閉封迄出来上ル物製造可致、且太刀三本ニシテ、此余考証ノ有用ノ物作ル方可然、

付テハ改此通リニなれハ、下図造リ可廻様談シ候ハヽ、承知ニテ、夕方倉ノ為ニ藪氏頼ミニ見ヘ申候、管氏内ニテ法隆寺、龍田社、岡本寺、法林寺、薬師寺、招提寺等ヘ見物ニ参リテ、何れ見事ニテ大驚の由也、龍松院、一書一冊大橋ニ渡し呉れ候とて来ル、此間、正観院小水瓶探索(47裏)ニ付、私清聚庵ヨリ贈ラル品、京都宅ヨリ此間取寄申候テ贈ル也、

十六日、右一書渡し《大はしへ》候ハヽ、私ヨリ兼テ尋ニ付来ル書故ニ、直ニ渡申され、依受取り置ク、是れハ元御係図調ヘノ局ヨリ、小河氏を以テ出張ノ時ニ被頼ル依ヘ、県ヘ問合ニ及ひ、其答書也、東大寺ヨリ調ヘ出さル、賀茂別雷神社祢宜戸田保遠、同役一人見ヘ申候、関戸、外一人、是又見ヘ申候、右東大寺ヨリ調ヘ出され候書の内ニ、天正二年三月廿八日織田内府信長公正倉院開封、

・東大寺ヨリ出サル、親王方東大寺ニ御入院ニ相成候取調ヘノ一書、小河一敏ヘ差出ス也、

・正観院ヨリ水瓶ノ礼として、索木ニ面黒塗ノ経箱贈ラル、金物鉄ニテ作ル、凡鎌倉時代ノ物ニテ、東南院庫中ノ箱ト同シ、キヨロリ(ママ)トシテ一向ニ手なれ無し、黒漆ニハ断文出ル也、此箱ニ大小三通(48表)り位ヒ有リ、其中形也、小ノ分ハメン深ク、高サ高サシテ(ママ)、形チ少々無(不)イキ(粋)ナリ、

・東大寺ハ弘安、及南北朝ノ比ヨリ応仁ノ乱有之と云ヘ共、寺ノ盛ンナリシヤ、此年号付ノ経箱、一手ニシテ

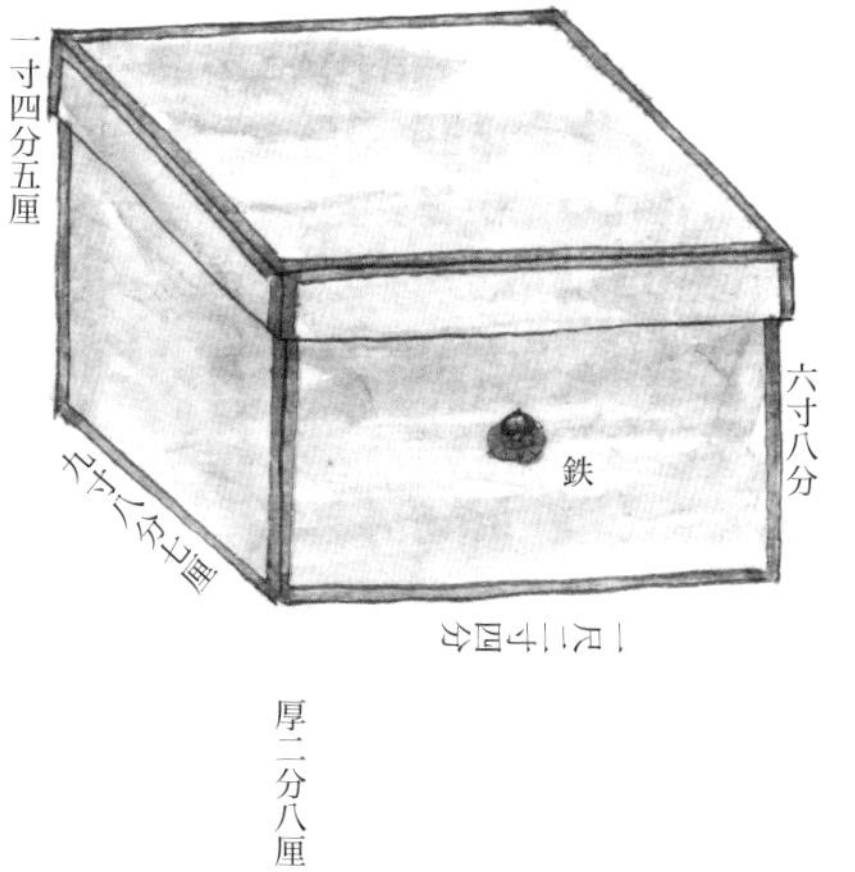

多分造レルヲ見レハ、太平記比も奈良法師ノ名有り、寺ノ盛成ルヲ知ル、
・町田氏注文、庫物模造出来ナリ、
・宅ヨリ状来ル、正倉院中小袋紐織方、相宗へ頼む所、一尺三十五匁ノ由、一日ニ一尺位ひヨリてけさる越〔趣〕き申来ル、○川勝寺、長福寺へ尾州春木ノ娘、尼ニ行きシカ、去ル十日ニ廿才ニテ死去之由申来ル、安井老人ハ芸州へ参れ（ママ）候由承ル、
（48裏）此間、春日へ参り候時、若宮の前ニ有ル石灯籠の一番古き方を問合せ候処、社ノ灯籠の帳面ニ昔ヨリ扣へ有ル由、
○瑠璃灯呂〔炉〕　長暦二年二月
　宇治関白頼通公御寄付
○柚木形　石灯　壱基　無銘
人王七十五代崇徳院天皇御宇、保延三年丁巳六月二日、於春日若宮両殿ト手水谷ノ間、丸柱石灯呂壱基始テ御造立、其比暨所累年天下大飢饉、因茲従殿下九条法性寺忠通公御寄附、則灯料有所領、存于今也、
○元享三年癸亥十一月吉
石灯呂　施主銘無
若宮南宮社前東より五本目
灯呂下柱　丹□□□　梅木□□

（49表）右之書付、大橋氏ヨリ受取リ申候、
江藤氏も再此三ヶ日間写し物ニ見へしか、今日帰ラル、不二、東行由也、
十七日、牙サイ〔賽〕〔図版16〕、
小ナルハ、今西洋有ルサイノ如ク、面六方共替リ
候、五、六ノ目ニ至テハ、尤出兼候様ニ仕懸ケ、一、
二ニ至テハ尤出安ク造レリ、数三ツ有リ、古へモ
バクヱキ〔博奕〕ノ如キコト有リテ用ヒシ物ト思ワル、大ナ
ル方ハ、双六ニ用ユル品ニシテ、小ナル方ヨ〔リ脱〕上等ノ
遊ヒニ用ヒシ物ナリ、ツマリ同シキコトナレ共、遊
ヒ方ノ宜キト悪きト也、
石上神官ニ、不二、昨年堀出セシフツノ御玉ノ御剣
ヲ拝見仕ル事ヲ頼ミ置ク、夕方橋本来ル、上司ヨリ
二鞘三本預リ来ル、
（49裏）十八日、刀子〔図版17〜19〕、
把、犀角、鞘、紅牙撥鏤、模様鳥花、口金々也、身ノ刃、直焼キニ細ク、直ニシテマガリ無ク、手ギ
ワ也、身ノ研方ト云細工ト云、至レリツクセリ、鞘、把、何レモクリヌキナリ、何レモ鞘ニ金物無シ、

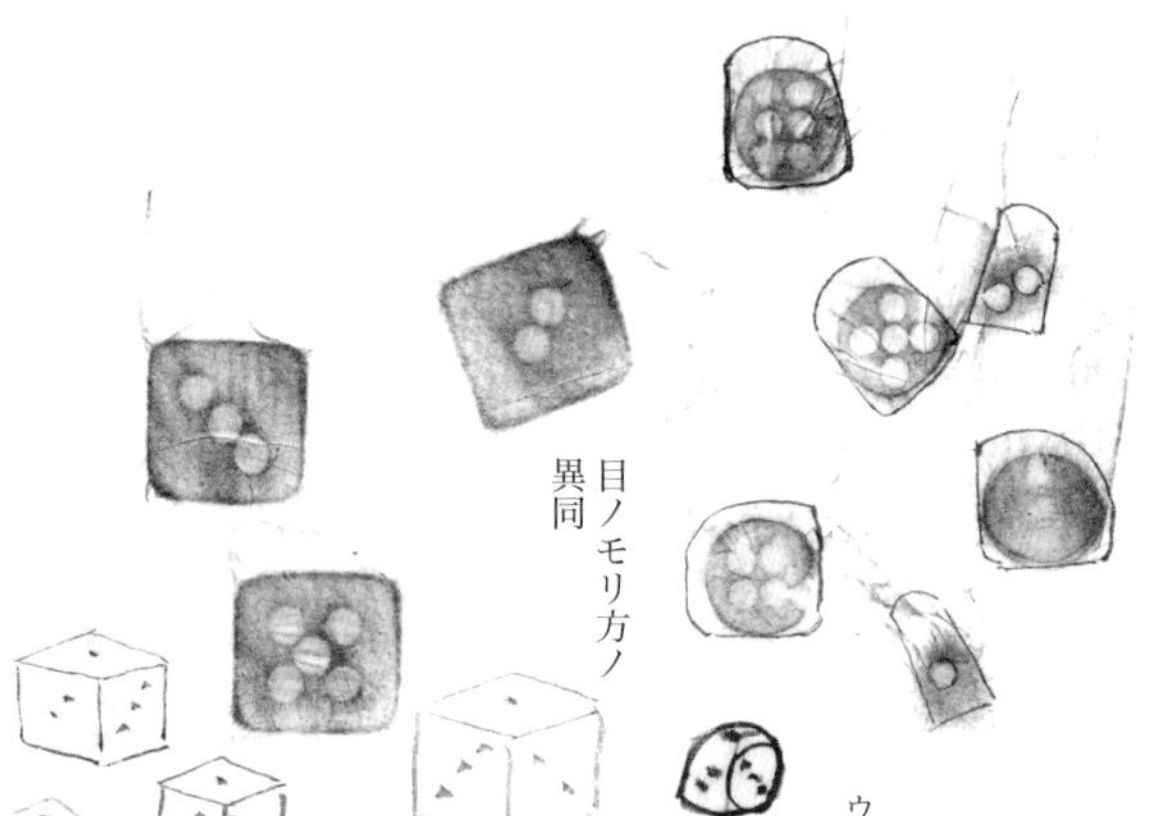

何レモ小刀なれ共、焼刃直く細くシテ匂ヒ有リ、実ニアサヤカニ見ユ、
刃巾三厘、匂ヒ有リ、糸焼刃、誠ニ手きわニ真
直くニしてくるひ無し、地金もつんて細かなり、

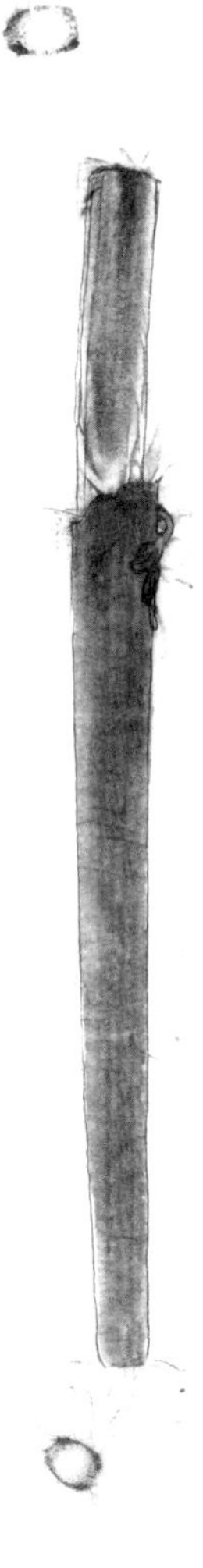

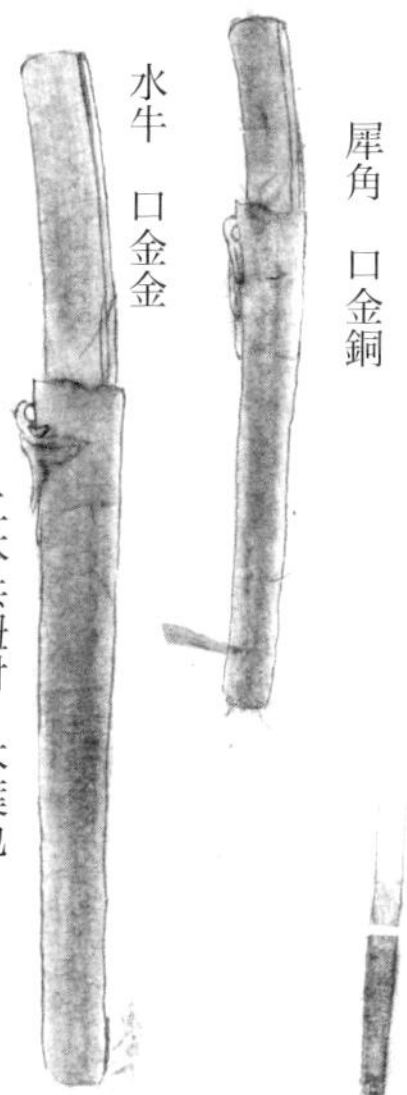

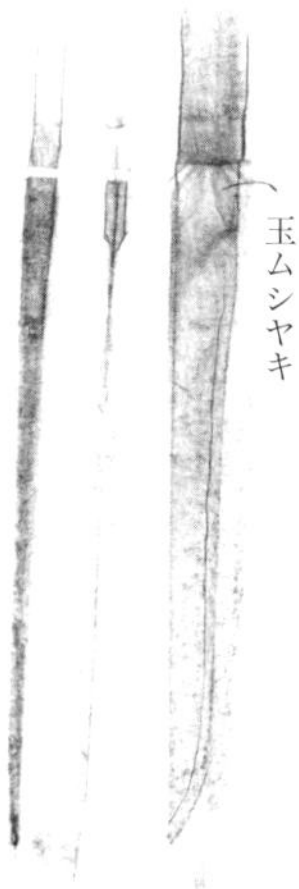

・(50表)藤の平ノ箙二ツ写、白皮ヲ緒(ママ)ヲ付ル、中古平箙ノ蒔画ノ物ノ始メ思ワル、今ノ水口細工ノ如クシテ、
至テタクミ也、此品四ツ有リ、
・白牙櫛至テハ、細ク宜敷キ也、一枚写ス、
・白生絹襪一ツ写、コフン〔胡粉〕ニテ文画有リ、裏、白ノ平絹、全孝謙天皇ノ物也、少々小フリ也、
・前ニ有ル鎮鐸ノ全形二枚写生ス、是レハ数二十計リモ有リ申候、
・大鍋ヨリ堀出ル処ノ土器写ス、又正面打モ仕ル、県ヨリ廻さる物三ツ、

・春日社ニ上ル餢飳、正面打仕ル、団子ヲ正面打仕ルハ古人ニ無キコトニテ、此度申、私致し申候、甚我乍らも異風の事と存、真面目ニ見らる、

・銀ノ長ミ有ル花形ノ足付皿、裏ニ大三斤二両ノ銘有リ、ムクニテ径一尺二、三寸も有りテ見事也、此品二、三枚見る内、一枚正面打仕ル、

・仏光金銅ニテ、丸キ凹ナルセンベイノ如キ物、仏光ノ間ニ下ル、局ニ有ル、白川県ヨリ堀出セルヨウラク（瓔珞）ニ似テ、古ノ印度ノ風ナリト思われ候、又曲玉付ノ金具モ有リ、

・金銅ノ板仏も有リ、仏ノ手厚きヲ思ひ見らる、数四十計りも有ル内、（50裏）一ツ写ス、大サ二寸位ヒ、

・硝子ノ青黄色ノ三寸ノ小尺、二枚又有リ、二枚共写ス、

・〔図版20〕経巻ノ筺一枚写ス、年号天平、亦一枚ハ小横机也、一枚ハ礼服ノ横机也、

・水口細工ノ如ノ長平ノ一尺余リ箱、栗色塗リ、ヘリ黒ヌリ、菱トヘリニ銀泥ニテ文ヲ画ク、是れニ〔図版21〕石帯ヲ入ル、

・シヤボン二ツ写、数多分有り、一斤一両ノ文字見ル、径リ（ママ）三寸五分、厚一寸、今云マンジウシヤケト云草ノ根ヲ、干シテ末ニシテ固メシト替リ無ク見ラル、是レ洗ヒ物ニ昔シモ用ヒシト見ユ、少々火ニ入レ候ハヽ、皆々油トナリテ油クサシ、

・三合鞘刀子、三組有リ、其一ヲ写ス、鞘漆計リ固メ、金銅金具是レニ入ル、刀ノ把ハ、一ハ沈香、一ハ斑犀角、一ハ紫檀、口金銅也、是レ献物帳ニ見ユ、

・緑牙撥鏤刀子写ス、金具金銅、把、鞘ニ花鳥ノ模様彫ル、身ノ元ニ金ノ象眼唐草ヲ入ル、細工モヨク、異ナ好ミ也、

・斑犀角把、牙鞘ノ刀子、一本写ス、紐通シ、花ノ枝彫リ出シ也、

・同、鞘計リ写ス、献物帳ニ有ル品、紐通、彫リ出シノ木ノ葉也、

（51表）・小袋ノ紐失シ物、前ニ図すル物写ス、

［図版22］・筆十本計リ有リ、内二本写ス、斑竹ノ柄ニテ一端ニ牙ノ引物ヲ付ル、実ニタクミニ細数十ノ段ヲ付ル、此太細ノ引物ノ細キ方ニ遊鐶二ツ入ル、細き事、絹針ノ如ク、鞘ノ元ハ、紫檀ノ引物ニ斑ノ細キ竹ヲ植ル事、茶センノ如ク、此竹ノ先ヲ四方ヨリ寄セテ、此先ヘ又小ナル牙ノ引キ物ヲ差シ入ル、此細工ブリ実ニ目ヲ驚シ申候、

「杜園ニテ写ス」

・牙ノ緑色ナル小鳥、大サ一寸位、全ク飾リ物ト思われ、三ツ計リ有ル処、一ツ写ス、

・角袋、硝子ノ小尺紐付、角ノ箱網入、魚、袋等、前ニ図スル物写ス、サイ、是又同シ、

・刀子、銀金具、玉入り、紐付ク物写ス、此紐ニ、當時無之タクミノ織リ方色々有リテ、実ニ手ヲ尽セリ、　杜園ニテ写ス

・銅金具ノ石帯、四ツ五ツモ有、内大形、小形二ツ写ス、石ナル処ノ金具ニ長平ノ透シ有リ、大ナル方ニ東大寺ト云銘有リ、是れ古へ東大寺ニ大法会有ル時ニ、朝庭（廷）ヨリ造り給リシナルカ、此制、古ノ式ニ叶ひテ考証ノ尤取ル可き品なり、（51裏）小ナル帯ノ金具、大サ如此、角ハ四ツ、クシ方夕（形）中央ニ六ツ、此両端の角ニツヅ、有リ、此両端ニ又クシ方一ツヅ、有リ、合テテ十二（ママ）也、裏ニテ鋲ニテトメル、銹ハ前図ノ如シ、

・皮、象ノ黒染ナリ、両端玉フチノ如ク高シ、

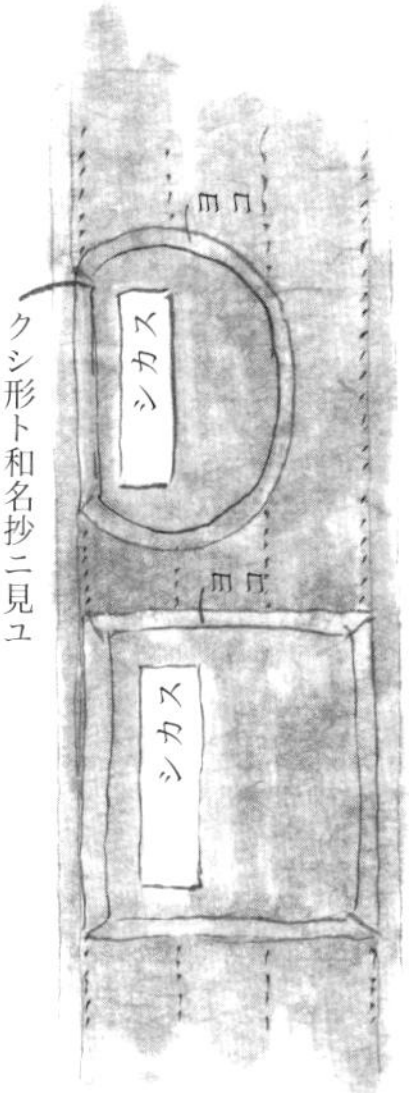

・銀ムクノ丸ノ花形ノ足付皿、径一尺三寸位、裏ニ大三斤八両ノ銘有リ、数四ツ計り有リ、一ツ写ス、
以上、局ノ為メニ私正面打ス、何れも正倉院庫中ノ品ニテ候、
・後太上天皇御書、雑集一巻、洋紙ノ如キ紙ニ認む、径〔罫〕紫ニテ引ク、紙数四十七枚、奥ニ、天平三年九月八日写了、径巾六分六厘、上間一寸四厘、下間一寸三厘、軸紫檀の撥形、献物帳ニ、白麻紙、紫檀軸、紫羅褾、綺帯、
・詩序一巻、紙袖奥ニ、慶雲四年七月廿六日、用紙二十玖帳、五色紙、朱軸、此軸ハ後世付タル物ト見ゆ、此巻、献物帳ニ見へす、光明子筆ニテ見事也、世間(52表)ニ光明子ト云ハ写経風ニテ、何れも右巻を見れハ大へん〔変〕替リテ、一目シテ只ナル筆トハ見へす、其内ニ女の筆とも見ゆる処有り、是れを証トス、
・東南院へ参り候処、支那人来テ書画を認む、兼近付也、五字比ヨリ管、柏木、私三人若宮の前へ行き、此奥ヨリ瀧坂へ参る、道の北ハ春日山ニテ、今ニ木樹茂り藤も大木ニテ、多分数十間上よりなだれ懸りテ花咲リ、今迄此位大木ノ藤、大分見る事無し、次第ニ上れハ道ニ添テ小川有り、此川ニ大石満テ、水小瀧をなす事所々也、道ヨリ南ハ高まと〔円〕山ニテ、道山間を曲りテ、此上へ紅葉青くおゝひて、存外ノなかめ有り、此藤ニ勝る処ハ是れも不見、此辺瀧坂と云、坂ノ三、四分行テ引取る、人家ノ処迄帰りテ見かへれハ、高まと山の上ニ月登れり、
　瀧坂の花ニ見とれテかへるさハ高まと山に月そ登れる
・名ニ高き高まと山も昔しハ一しほ閑かニして、さそ月も宜敷と思われ(52裏)、春日ノ若宮ノうしろ社へ参

れハ、神前おしなめて燈明有り、大木ノ陰ニ火ノ光りを見る、木末ノ間ヨリ少々月ノ光リも見ゆれハ、如何ニ神りうも思ひやる、

・木尺

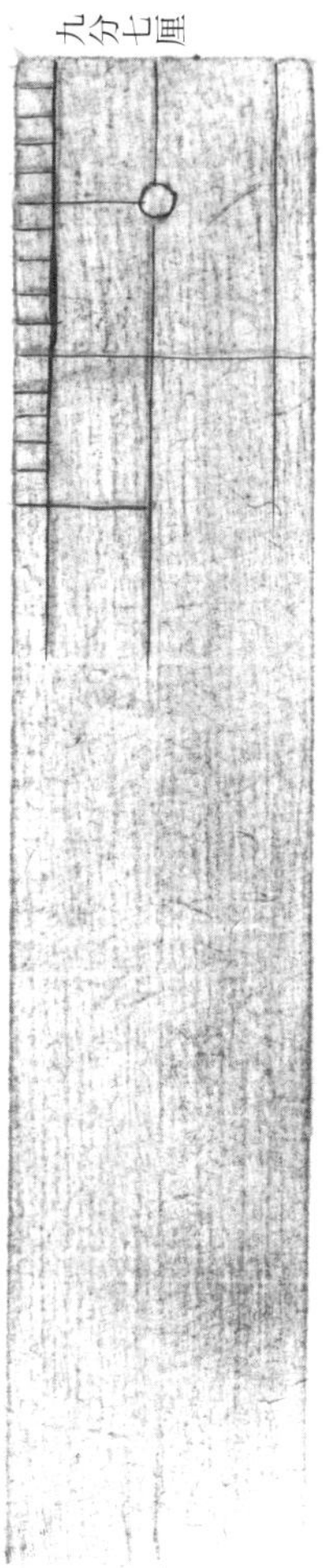

長一尺五寸、三寸おきニ目ヲ左右ニモレリ、木色赤ク梅ノ木ニ見ラル、目、錐ノ先ニテ筋ヲ付タル様ニ思ワル、其目ノ端へ銀デ又目ヲ画ク、今ノ尺ニテ一尺四寸六分七厘也、牙ノ一尺尺二本あり、一ハ目、クリ色ナリ《九寸七分五厘》、一ハ白六入ル《九寸七分六厘》、水牛ノ《目キン》一尺尺有り、長九寸七分一厘、是れらハ年ヲ益テ縮たる物と見ゆ、牙ハ木尺ヨリ尺ニ付二厘短カシ、是れらも縮たると見ゆ、(53表)興福寺ノ校蔵古木二ノ槍ニテ、木尺一本、牙尺一本模ス、柏木目ヲ盛ル、同人も二本、自分用ニ模ス、私も自分用ニ二本模ス、古ヘノ器物を計ルハ此尺ニ限ル也、此木尺ト云へ共、一尺ニ付一厘カ二厘カ縮タルモ計リ難シ、

・紅牙撥鏤撥、及黒色ノ木ノ撥、二本共、町田用ニ右古木ニテ模ス、官(管)ニモ一本造ル、図二枚共私写ス置ク(ママ)、木ノ方ハ栗ノ黒染ノ様ニ見ラル、金銀ノ蒔画有り、牙ノ方ハ染尺ト同シク毛彫シテ、間へ色ヲ加フナリ、

・今日ヨリ平松　　文書ノ目録認られ申候、

・尾嵜氏、庫中ノ剣打上ケテ持来ル、

・〔図版23〕碁笥、誠ニ上工製也、

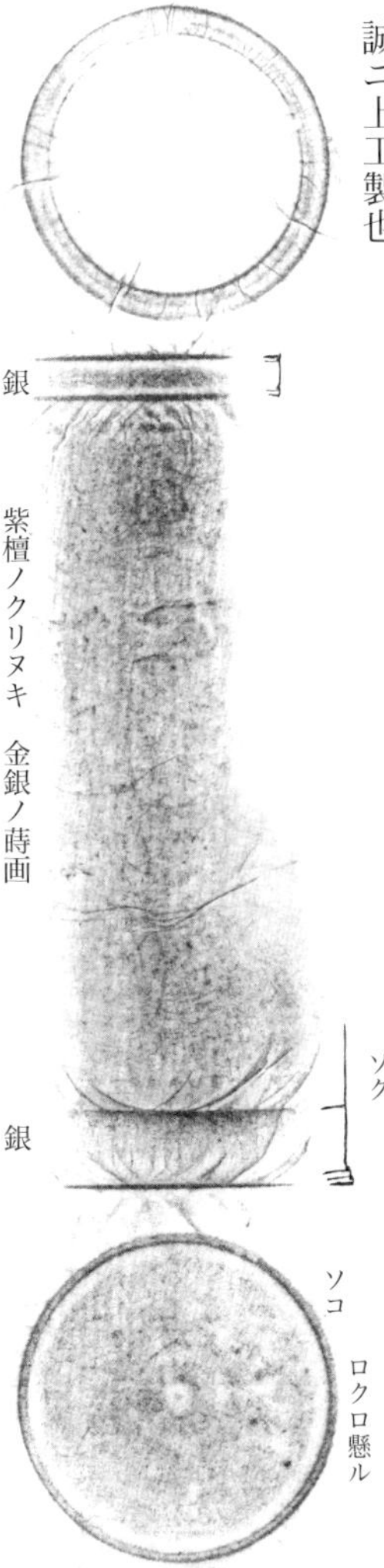

十九日、（53裏）

・〔図版24〕斑犀角把、牙鞘、金具銀、造リ様何レモ同シ、献物ニ見ユル品ナリ、

・〔図版25〕沈香把ノ樺巻ヲスルナリ、把、鞘ノ木地ノ造り様何レモ同シ、鞘ハ斑竹ニテ、角々ニテハケ付タルコト紙ノ如シ、内ニ木ノ内鞘有リ、是レ又紙ノ如ク、此上ヲ樺（ママ）ヲ巻ク、是又薄キコト紙ノ如シ、実ニ手ギワナリ、金具銀、文、詩家ノ拵フ様ニ見ユ、

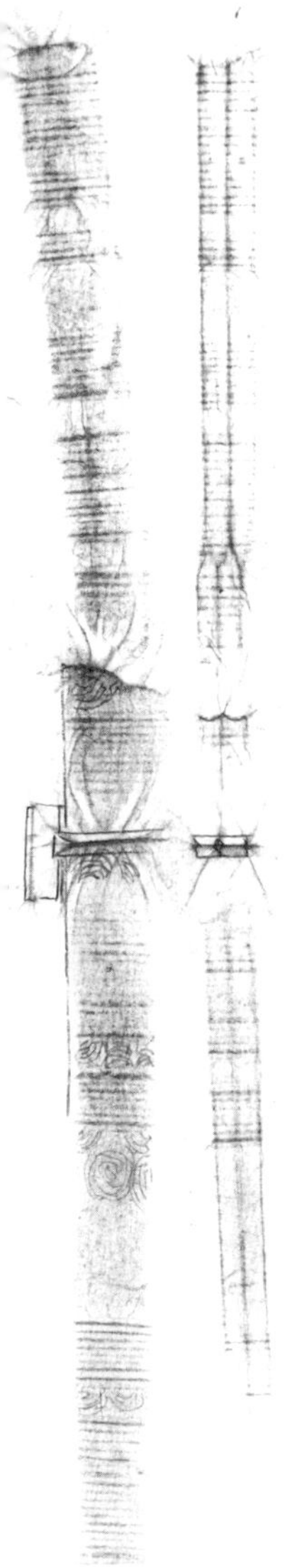

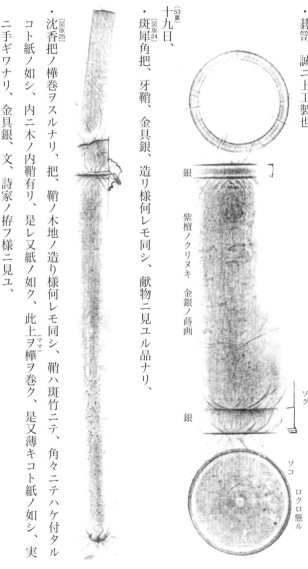

（54表）・把角、〔図版26〕鞘木地見へず、横樺巻、竪樺ノ中皮ニテ籠子ノ如ク網立、付タルナリ、金具銀、鞘木地ノ見ゆる場所ニハ玉虫ノ羽根を張付タリ、把、鞘ノ削様、何れモ同製ナリ、

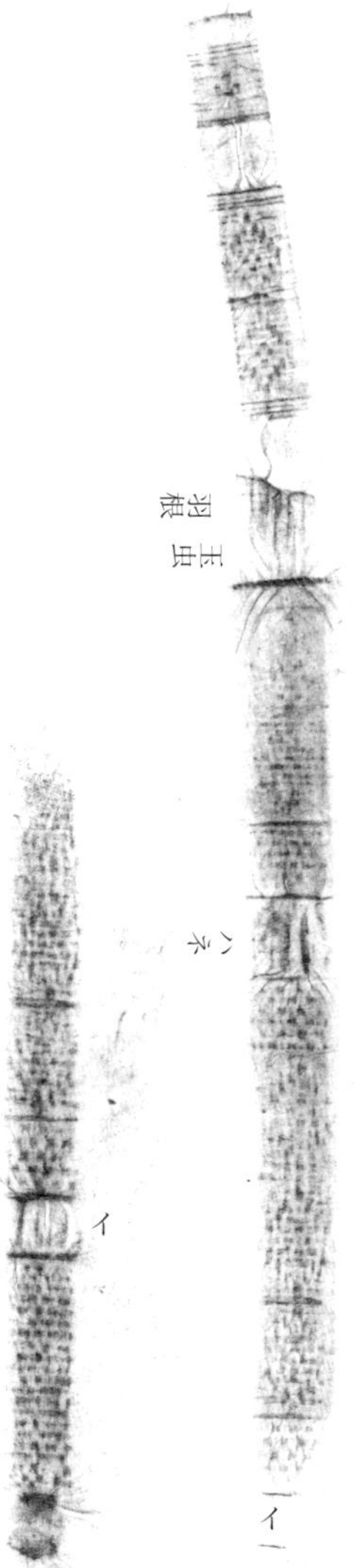

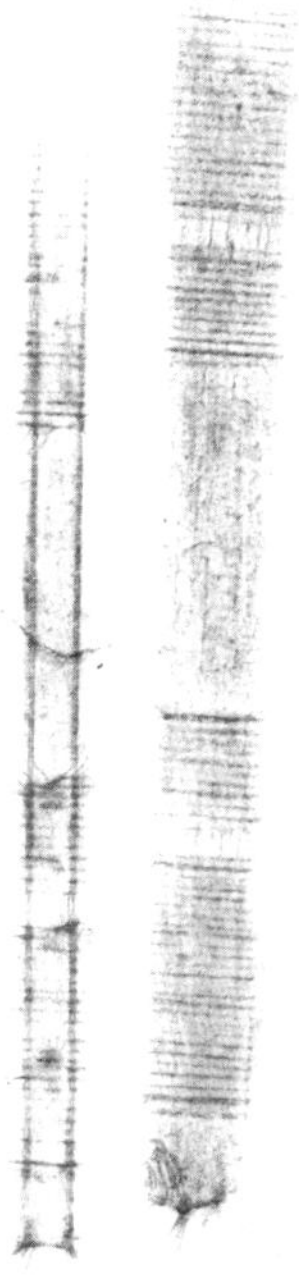

・把犀角、〔図版27〕鞘赤色ノ木ノ上へ銀ノ唐草ノスカシナル金具ヲキセル、処々へアサギ玉ヲ入ルコト図ノ如シ、口金ハ真直ノ輪ト  此ノ如ククリタルト、二色製有り、

（54裏）・左ノ聖武天皇ノ御書ハ、〔図版28〕大ラクニシテ一向ニツクラヒ無ク、実ニ是レヲ以テ御真筆ト思ワル、今世ニ大聖武ト云古経ノ切〔裂〕レ物有り、又小聖武ト云有リ、何レモ写経風也、尤此経ノ紙ハボチ〳〵有リ、

俗ニ、元正天皇ヲ火葬ニシタル灰ヲ紙ニスキ入レタルト云説ナリ、是ハ実ナル可ナリ、サレ共、書、
此天皇ノ御願ニテ多分書タルナル可シト思フ、然手ハ灰入ノ経、数巻共一筆也、

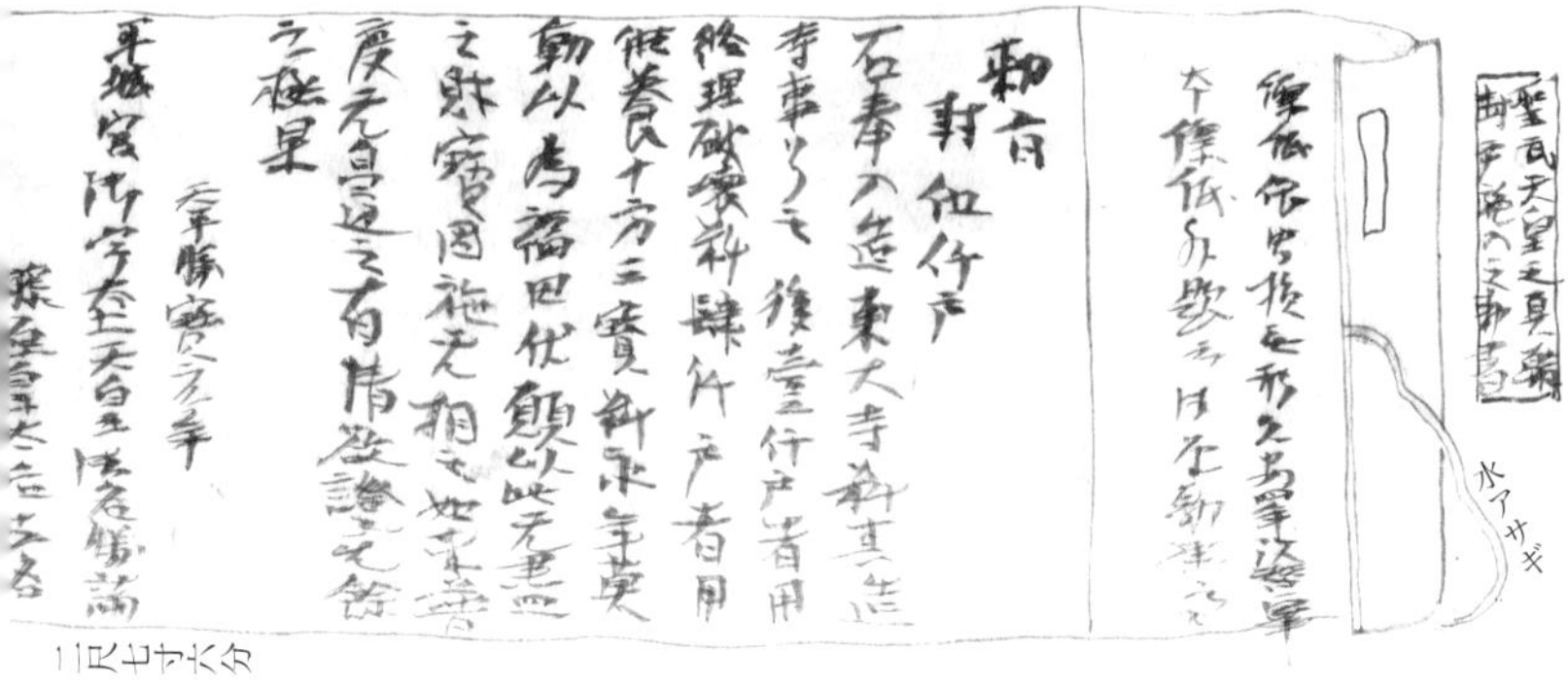

「聖武天皇之真翰
封戸施入之勅書」

「縹紙依虫損無形、久安四年改替畢、
本縹紙外題云、御筆勅書云々、」

「勅旨
封伍仟戸
右、奉入造東大寺料、其造
寺事了之後、壹仟戸者、用
修理破壊料、肆仟戸者、用
供養十方三宝料、永年莫
動、以為福田、伏願以无尽
之財宝、因施无相之如来、普
度无辺之有情、欲証无余
之極果、
天平勝宝元年
平城宮御宇太上天皇法名勝諸

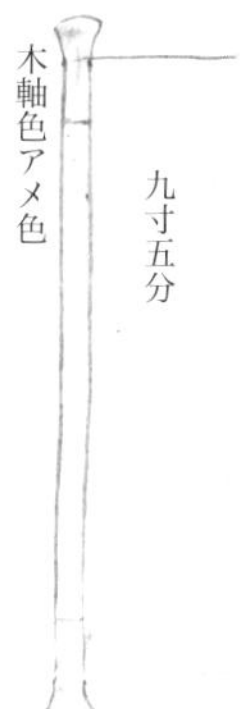

藤原皇太后法名
今帝法名隆基」

(55表)此時代ノ大事ノ物認むるニハ、右ノ寸法ノ紙ニ書テ、奥ニ文字ノ余り有ル共、必ス白くシテアケテ有り、必切らさりし也、

・東京宅岡本十郎殿ヨリ手紙来ル、舟木ヨリ箪笥出来ニテ宅へ来ル由、私出立の時、荷物東京ヨリ廻し候賃銭申来ル、前ニ出ス家税上料金十円来ル、竹敷物、ヘンケーへ渡し候由申来ル、

・伊勢山田、尾嵜許へ同所油紙頼遣し候処、九枚来ル、四十九銭四厘、一枚七銭九厘ヨリ三銭九厘ノ差有り、楠殿も近々来ル由申来ル、

・夕方惣持院へ参ル、世ニ灰入ノ聖武帝御筆と云経、大字小字二通り、キ色紙縹紙、白及丹色ノかな、漆塗共見ユ、軸ハリ、又ハ黄紙ニ同筆と見ゆ、経又麻紙とも見、経物天平十二年ノ年号有り、取り〳〵見ユ、次ニ尊勝院ノ宝庫へ見ニ行く、地つゝき也、三間四方位ひの校倉ニテ、外ノ戸前ノ上ニ聖語　と云横額上ル、文字白シ、此庫ハ聖武帝時代ニ立テシ由ニテ、華厳ノ本山ニテ、古へハ尊勝院盛也、東大寺元此衆門聖空ヨリ(55裏)他衆ヲ交ル由、庫内三方ニ棚九段有り、是れニ古経十巻、廿巻ツヽ、タバネテ棚ニノセル、又巾一尺位、長二尺位、深サ二寸位ノ箱ニ古巻入レテ重ルモ有り、昔ノ侭ニテ手入レモ無ク、取り乱レテ実ニ思ひやラルヽ、此山内も此有様を見テ学者無き事知ラル、此惣持院向、地蔵院等、建物も宜敷なれ共、取クヅシテ払由ニ定ル、然レ共右宝蔵ハ残シ置ク由承る、地蔵院ノ内、小塔ハ近来ノ物なれ共、建方実ニ見事也、

廿日、先日、信州松本河野百寿ヨリ、兼テ頼む（ママ）置竹敷物（昇山家村宮坂頼政製）着ニテ、東京ヨリ手紙計り三月廿六日来ル、敷物二枚ニテ四円五十銭、ちん（賃）十六匁八分、此処へ四匁三分一朱、手紙ニ入レテ差シ出ス也、

・勢州ヨリ来ル油製紙九枚、八幡ヨリ来ル鳩杖四本と、東京築地ヘンケーへ廻ス、

（56表）・眉間寺の堂塔、坊等も取払テ、皆々　聖武天皇の御陵の木柵ノ内へ取リ入レテ、此陵ハ佐保山ノ南陵ト云、已前此寺ニ来リシ時ハ、山陵モ一向ニ手入ラス麁末ナリシカ、今日見ル処いと厳重ニテ、とうとく拝す、此山陵ノ東シノ山ハ、松永ノ城あとニテ松木茂する、此茂リシ辺カ光明ノ陵ト思れしカ、城ヲ築ク時失ひタリシ也、

（56裏）右御陵ノ東を北へ、山間を過る事十四、五町ニしテ、ユーリ山と云山上ニ稲荷小社有り、此鳥井（居）内ニ狐石三ツヲ置ケリ、鳥井の外ニ一ツ有り、内なる大ノ石、左ノ物ノ画、よう見へ候間、四枚摺ル、右ノ大ナル石、少々見へ候間、又四枚摺る、鳥井ノ内外ノ小なる石ニハ一向ニ不見候間、是れハ見合せ申候、此石ハ元より此地ニ有りテ、中古一ツ二ツ外へ見行きしか、たゝるとテ、近比又此地返る由、此前ツ、じの花咲リニ付、白紫紅の濃薄有りテ見事なり、管、柏木、私、小使、四人共サすらひテ見る、南の山間ヨリ奈良町及び院辺、見渡し有リ候へ共、人目少なけれハ一しほふしんの地也、此辺、矢張佐保山の惣名也、二町北へ参れハ、又稲荷小社有リ、是れを東へ（57表）とりて北を見渡セハ、右の向ニ元明天皇

の御陵有り、西の向ニハ元正天皇の御陵有り、続紀ニ、養良ノ峯ニ元明天皇ホウムル《ヨラノ東ノ陵ト云》、兼テ御横〔遺〕言ニテ、火葬ニテ山陵ヲ築く無れと有れハ、只ノ山ノ上ニ灰ヲホウル、此上正ニ碑ヲ立ル、此石此山下ノ谷ニころけ落たるなり、今ハ上ニ上ル、土人此山ヲ養老ノ峯ト云ヲ以テ証トシテ、近比此地ヲ撰フト云、又元正天皇も火葬ニテ、元明天皇ニ習フコトニテ、是レヲヨラノ西陵ト云フ、何レモ証考ヲ以テ陵地撰ラル、

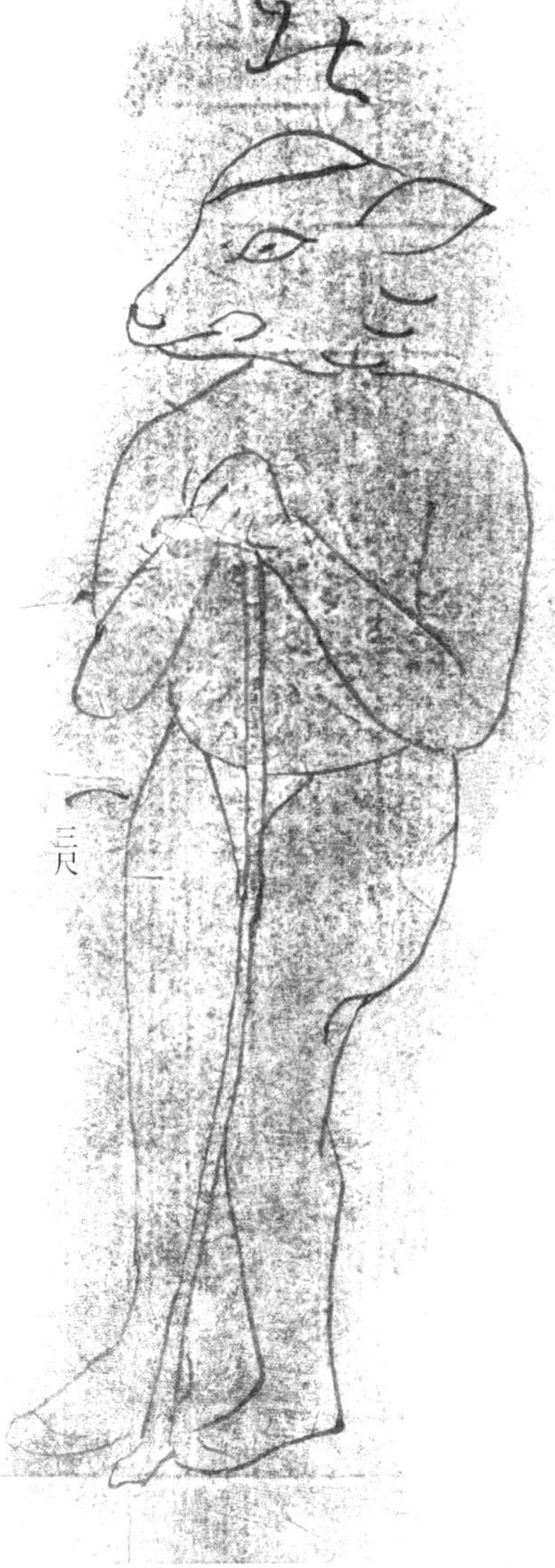

此東〔隼〕人のコトハ、信友ノヒゴバエ〔比古婆衣〕ニクワシ、

此集〔隼〕人石ハ、元明天皇陵ニ用ヒシ石ト云説ト、又光明子ノ外ニ向し石ト云、名高き人同シ佐保ニホウムル由、夫レニ用ヒシト云説ト両様也、右摺物、一ハ局、一ハ私、二ハ管、柏木ニ贈ル、

(57裏)〔図版29〕サジ

銀ニシテ、金減〔滅〕キヲ懸ル、柄ノ裏ニ、重大三両ノ文字アリ、又ハ先真ン丸クシテ、柄ノ裏ニ小ナル紙ヲ張テ、重二分五朱ト認ル、白金ノ物ニハ何レモ目方ヲ彫リ付ケリ、其大一斤ハ、今秤ニテ百八十目、小一斤ハ六十目、大一両ハ十一匁二分五厘也、先年開封時、穂井田ノ考ヘ置シ通リ読ル処目方同ジ、古ノ物ヲ計ル、此目方ノ割也、

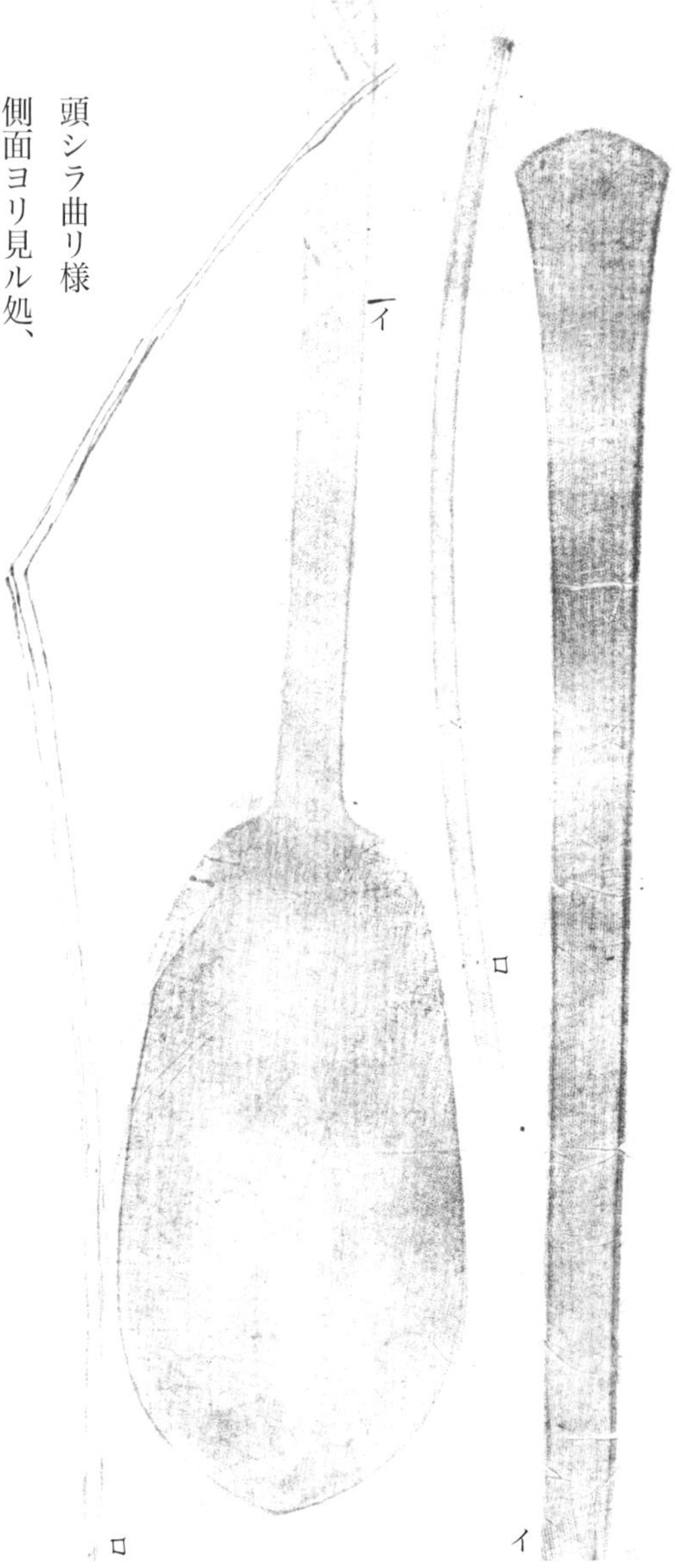

(58表)
廿一日、

・檜木ニテ造ルナリ、裏ニ、天平勝宝四年四月九日、第三櫃ト認ム、〔図版30〕

・檜木ニテ造ル、裏ニ、初帙大乗部ト認ム也、〔図版31〕

・此外、橘夫人奉、又藤原朝臣久米、裏ニ刀自賣献舎那仏、又藤原朝臣百能、

又橘少夫人等ノ文字有ル札も有リケリ、

（58裏）［図版32］

・太刀

惣純金、唐草ノ毛彫リ有リ、鞘黒塗、白蒔画ノ唐草ノ文少々残ル、柄、鮫ヲきせる、身ヌケズ、

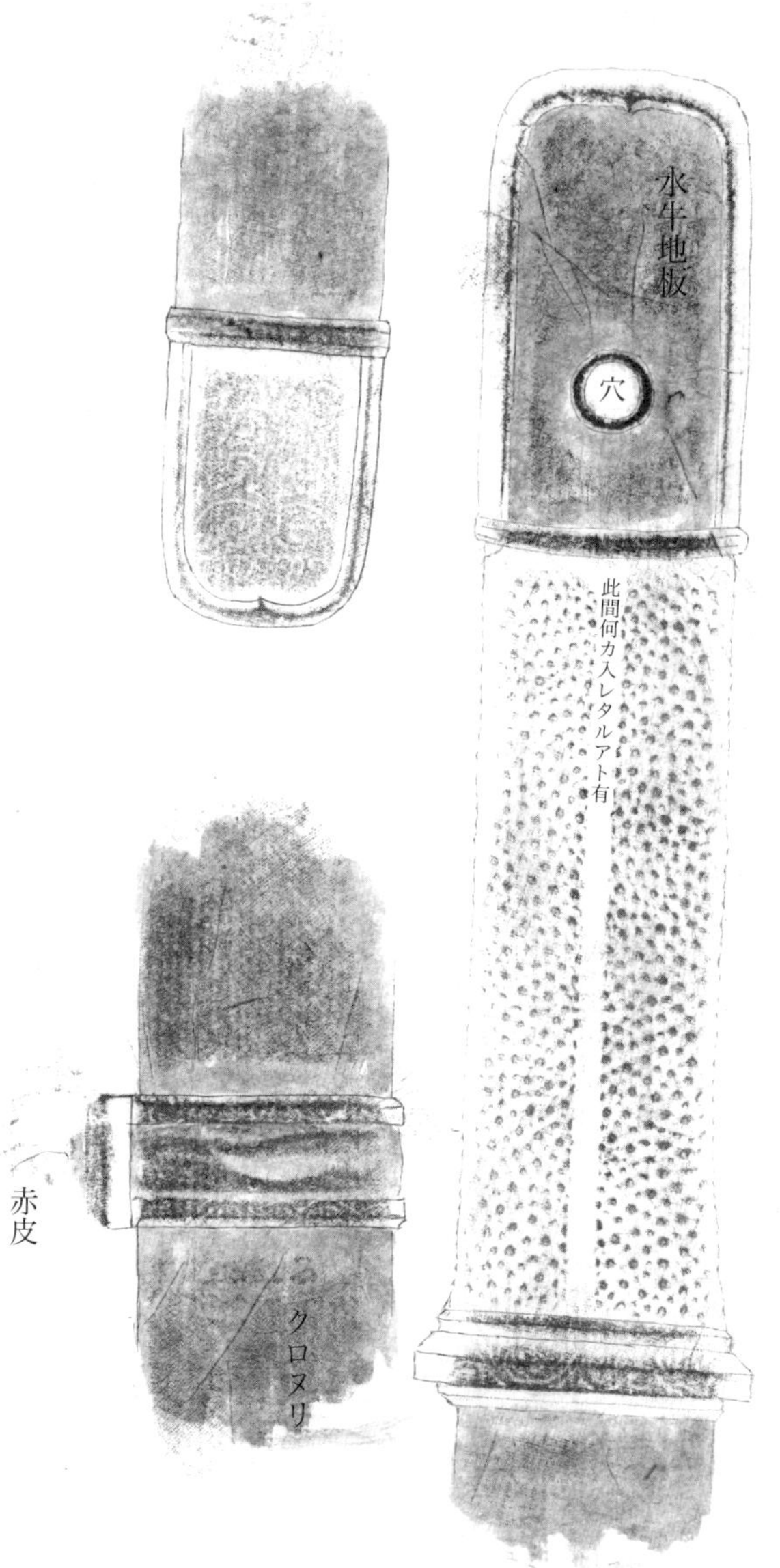

（59表）

・石上大宮寺〔司〕来ル、管《クワン》〔菅〕政友、水戸ノ人ニテ学問有ル也、

・飯後早々、春日の若宮へ御神子〔巫〕舞見ニ行く処、大坂ノ町人等、多人数来リテ甚さあとす、其舞一段有り、私、管、柏〔木脱〕等ハ舞を頼ミテ図取りを仕ルノ処、右の次第故ニ一寸見合す、然るニ、本社ニテ

右舞の手厚式近く有る由申者有リ候間、本社へ三人共参ル、神前ニハ御饌歌始り懸け、のう来殿〔直会〕ヨリ御饌高坏ニ盛リテ、手くり〔繰〕に運さうす〔送〕、神官等揃テ出頭の様見ゆ、何れも神前へ供ヘテ拝す、大坂の町人等数十人、東ノ内廊下の（ママ）ニ居ル、次ニ此人々、のう来殿ノ上ヨリ前ニ移ル、神官等、内廊下ノ外ノゐんニ並ふ、舞殿ニハ四方ニミすを懸け、内ニハ板シキヲ違へ、後左右ニハ座ヲ並ふ、前ニハ小机ニ鈴ヲ置く四ツ、東ノ座ニハ乙女ノ小忌衣、緋袴ニテ、北ノはしニ座して前ニ琴を置く、南ノ次ニハ歌方、次笛、次ハ鼓、何れ男ニテ襟衣也、南ノ座ニハ御神子八名、藤摺ノ絹の小忌衣ニ緋袴、下衣白赤ニテ、頭ら大すべらかしニしテ、前ニ頭挿、藤ノ笄二本さし、後のもと(59裏)ゝりニハ金紙ノ紙ニテ結ふ、神官一人、舞殿ノ前ノ座ニ来リテ、懐中ヨリノツト〔祝詞〕ヲ読む、上手去ル、次ニ笛、琴始テ、つゝゐて八

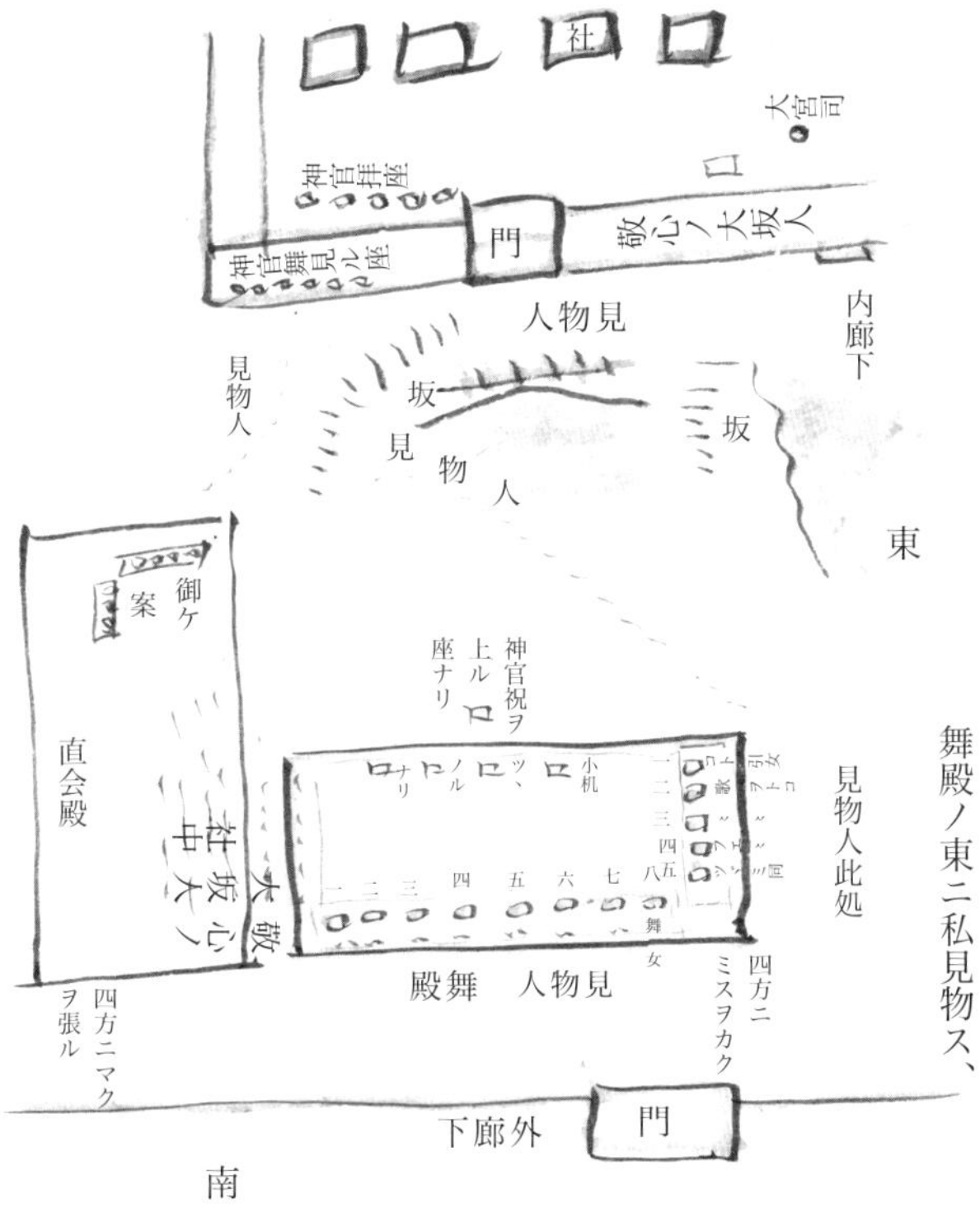

乙女立テ、八乙女の舞有り、次ニ元座ニ付、次ニ第一乙女、一人舞仕ル、次ニ下ノ乙女、四人舞仕ル、次ニ中、四人舞仕ル、次ニ上、四人舞仕リテ終ル、次ニ御饌、元ノ御け殿へ手ぐりニテ下ル也、見物人も数人有り、又乙女舞も事〔殊〕の外宮美〔雅〕ニテ、実ニ神ゆかしき也、此乙女、十才ヨリ廿才位迄也、（60表）諸社ニテか様の事ハ有り度事、ましテ当社ハ大社ト云、地景ト云、自ら備リテ、此舞らも自然ニおちつき、宜敷候事、今日の神事と云ハ、敬心の大坂町人等申合、宝計りノ唐金ノ鹿ノ細工物奉納ス、此金、凡二百円モ懸ルト思フ、此社中ヨリ六十人計り来ル、此人々へコワ飯ヲ一社ヨリ出サル入費ト、此神事ノ入用と承ル処、大橋の咄シニハ十円位ト申さる、此入費ハ、一社ヨリ致し置候ハヽ、此後何カ頼ム都合宜敷とて社費ニセラル由、官サイナレハ、二百円もかゝる位ヒニ見ユ、若宮そばの八藤咲ニテ、外の花ヨリ十日位おそく御座候、八重ノ藤花ニテ、大木ノ杉ノ木末ヨリ咲きなだれて、何方と云へ共此様ニ藤の大木ニテ多分有るハ無し、今日ハミかんこ〔御巫子〕舞頼ミニ行きしか、思わぬハ神事ニゆきあひて一しほ目をなくさめ申候、次ニ若草山前、三条ト申刀屋ニ尾寄同居す、是れへよる、頼ミ置刀子身、細工中也、○錺虎ヨリ状来ル、

（60裏）ミカン子舞の姿

春日神社燈籠数
・石灯籠　大略　千七百余
・銅灯籠　六基
・木灯籠　八基
・銅釣灯籠　千九十釣
・木釣灯籠　廿一釣

（61表）大仏殿ノ古門内、博（覧脱）会中の景、往来人多く有れ共、皆往来シ人ニテ動く故ニうつらす候、此度の会ニ付新建、多分也、

伊勢大神宮旧神主尾嵜、楠、及江川約之、久志本常幸来リテ、昨年山田博覧会ノ咄し有り、又当地ノ咄も有ル、何れも古物家なり、当地ノ会も此十日前ヨリ二千、三千人ノ入リニテ人少々落ル、兼テ頼ミ置候煙草入、地紙九枚、代四十九銭四厘、尾嵜へ渡シ申候事、

（61裏）二十三日

明治五年、東京聖堂ノ博物局ニテ古器物ヲ画クニ、タトヘハ□及花生ノ中央切断の図ヲ写スルニ、写シ兼申候、其時ニ荒方写生スル機ヲ見込シカ、ハキトシタル工風モ無シ、然ルニ今朝ふと工風付テ、

形ヲ好ムコト図ノ如シ、㋑ノ台へ㋬ヲ立テ、左右へ㋭ヲ付ケレハ、㋬ノ刃台ノ中央ニ直立スルナリ、此刃ノ下ニ針ヲ植ル、先ノ出ルコト一、二厘ナリ、　写生スル時ニハ、机ノ上ニ紙ヲ敷キ、其上へ写生スき〔へ脱〕花生ヲ横ニ置キ、一端細ケレハ枕ヲカウヘシ、

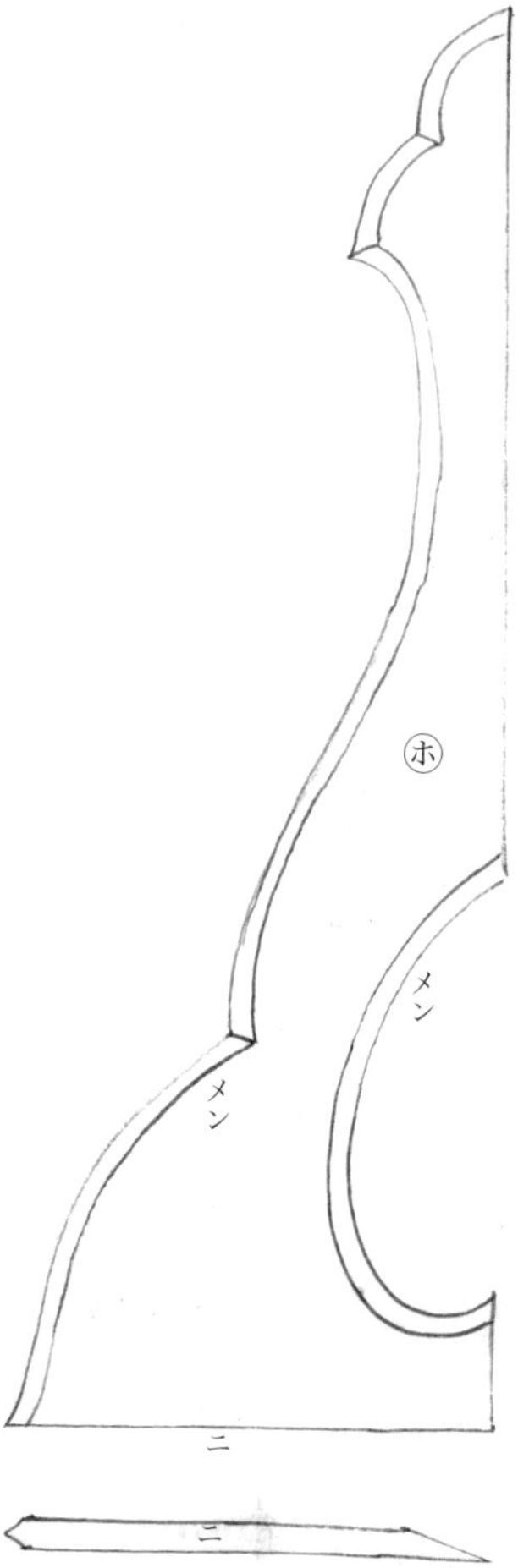

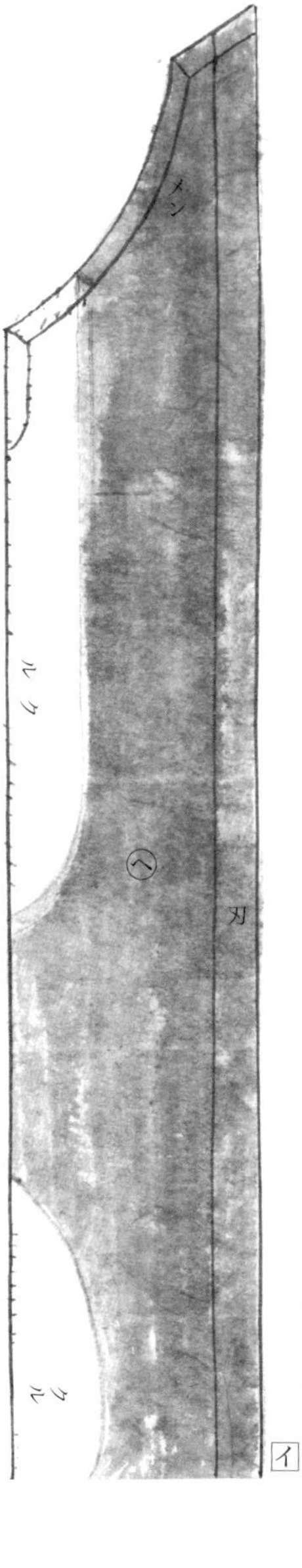

（62表）両端ノ心、水平ヲ好ム、動ぬ様ニ左手ニテをさ江、右ノ手ニテ左右ノ㋭ヲ握る、㋬ノ刃ヲ写ス可き器物ニ付テ、少シモ離サズシテ器物ノ太ト細ニ習ひテ、一周スレハ、㋬ノ刃ノ下ナル針ノ頭ニテ、紙ニ白筋付クナリ、是ニテ其器ノ中央ノ切断ノ形ヲ得ル、次ニ筆ニテ其白筋ノ通リニ黒ニテ画クヘシ、此

器ノユキトヾカヌ処アレハ、筆ニテヲキ〔補〕ノウヘシ、大法形ヲ得レハ、尤筆ニテ加へ、全備ノ図ヲ得ル、此器ノ形チ悪シケレハトテ色々ニ好テ、漸ク細工人ニ命スルナリ、何レモ興福寺校倉ニ用ル古木ニテ造ル、㋬ハ黒柿ヲ用ル、

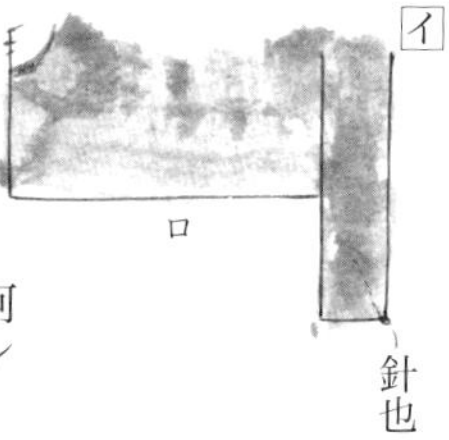

何レモ大サ図ノ如シナリ

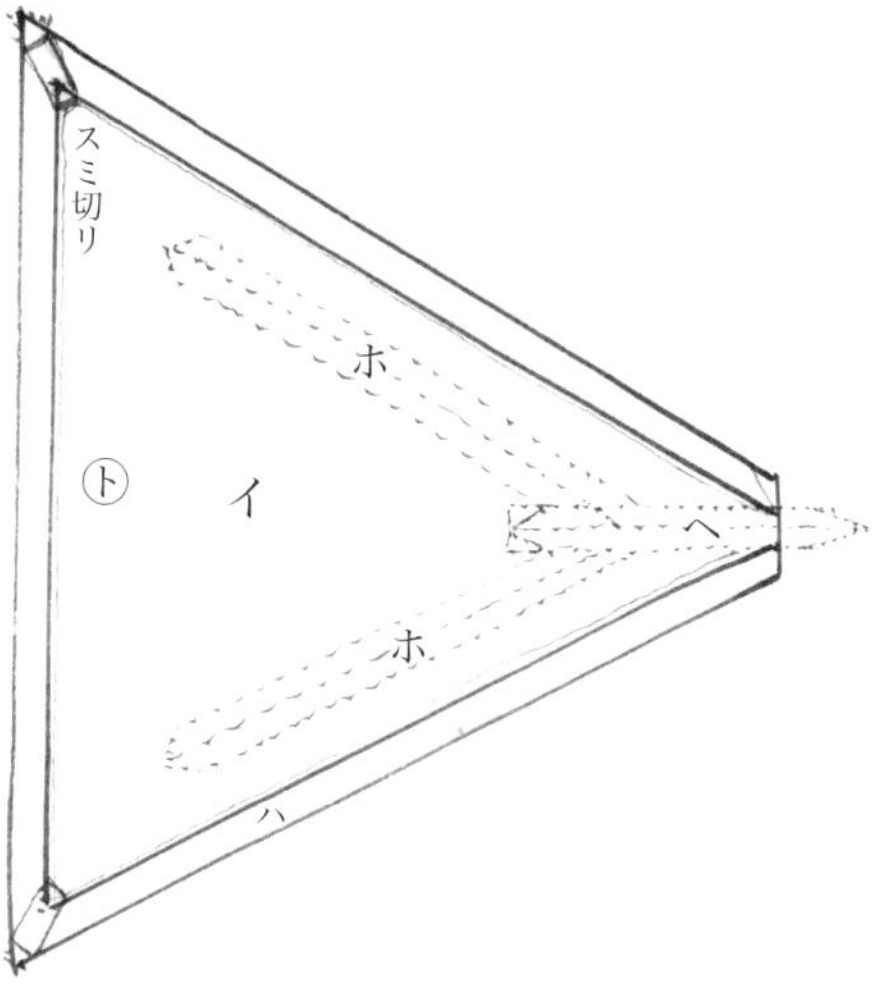

(62裏)此間ヨリ古器物ノ寸法ヲ取ルニ、鋏ミ尺甚有用ニテ、尤合口ノ尖リタル方宜敷申候、然ルニ通俗有ル品、形、甚品等悪きニ付、正倉院庫中、山形造リノ山形ヲ種トシテ、大法形チヲ好ムコト図ノ如シ、物ヲ挾ンテ其寸法ヲ紙ニ移スニハ、合口ヲ紙ニアテ、ヲセハ、必カタ付キテ筆ヲ取ルニ弁〔便〕ス、又狭キ処へ差シ入レテハサミ計ルニモ、合口ノ尖リタルハ弁ス、㋩ハ指ヲ入レテ持ツ故ニ合口ノ開閉ニ弁ス、㋑ハ尺ノ目也、是レヲ黒柿ニ造テ、我座有〔右〕ノ用ニ備フ見込、

(63表)前ニ図スル物ヲ組ミ立テタル図也、

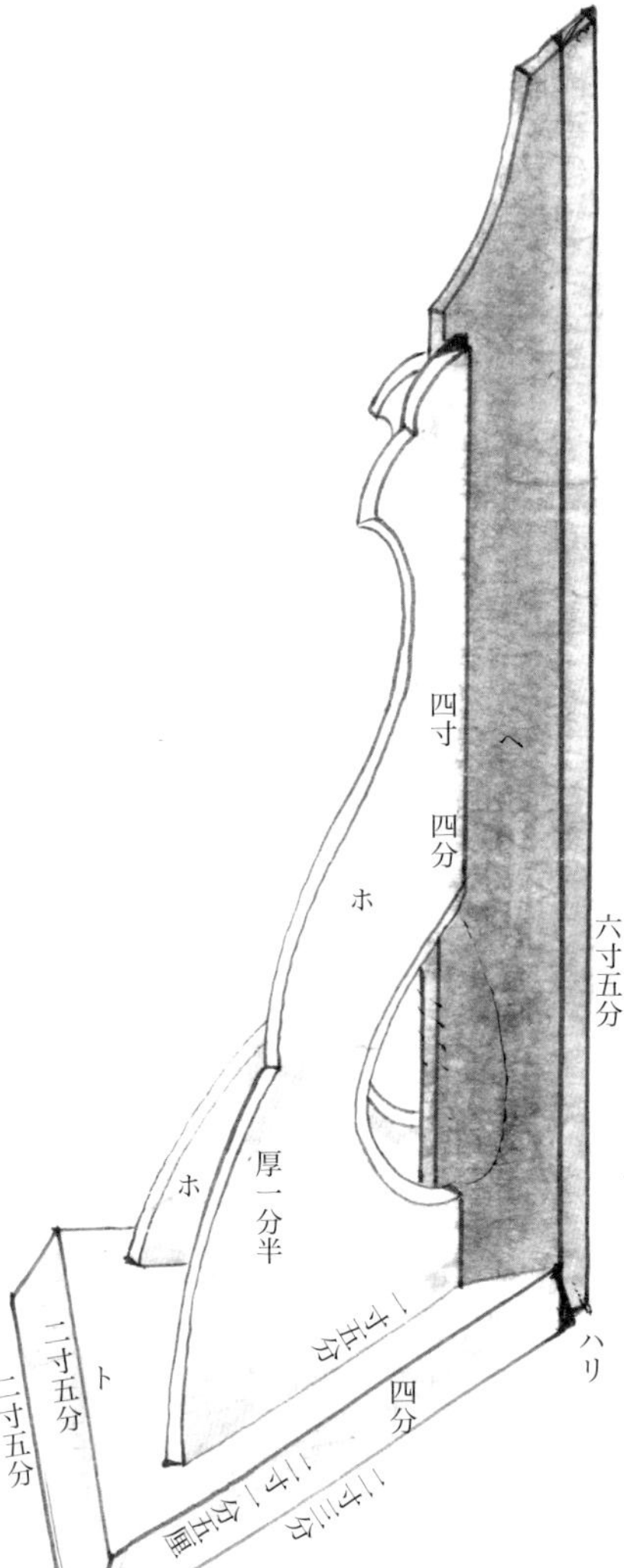

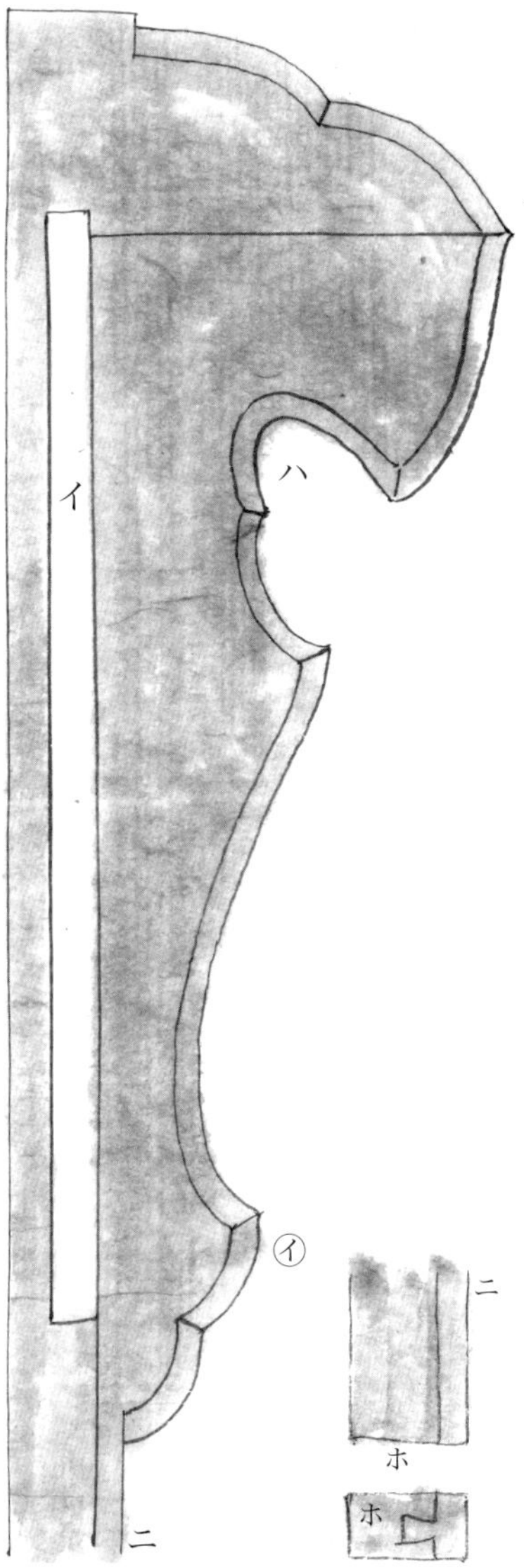

此器ノ形チヲ好メ共、未タ其実用ヲミズ、不日出来ノ上、用ヒ方ヲ心ミ《〔試〕》テ、宜敷ハ東京ニ帰リ候上、文部省画学所ニ出シテ、此道ヲ世ニ弘メテ人々ノ弁用ヲ助ケ《〔公脱〕》コトヲ望メリ、十ニ九ツハ必ス宜敷と存シラル、

六月三日、上ノ端形少々直し申候、如下、

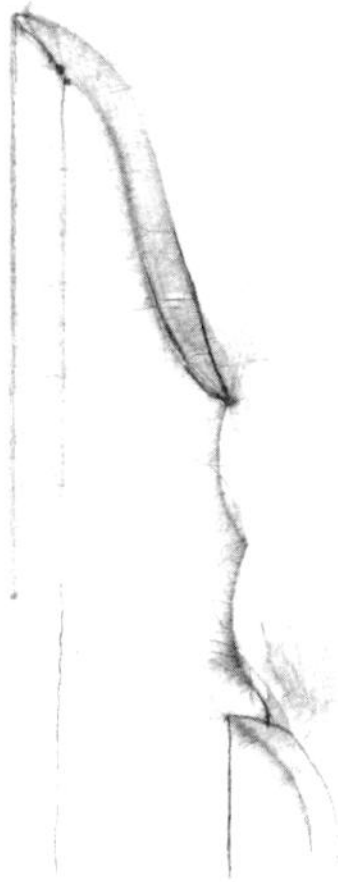

(63裏)・尾嵜、楠、外二人来ル、小使ニ大仏へ案内させ、坪ノ内へ入レサス、

・夕方、龍松院ニ案内を頼、戒壇堂へ参り四天王仏ヲ見ル、高、当身位、木ノシンヲ入レテ其上へ土ヲ付、此上ヲ朱色スル、一千有余年前ノ物ニミラル、何レモ細工尤宜敷、三月堂の仏ト同シ勢込ニテ、実ニ見事也、管、柏木も大きニ感シラル、誠ニ上工ノ物ナリ、法隆寺ノ仏ハ、是レヨリ一段古キ故ニ、下手ニテヘンナ姿ナリ、

・尾嵜ニ先日頼ミ置正倉院庫中ノ刀ノ模造出来シテ持来、来代《(ママ)》四円払、五円ノ処一円引ク、天王寺ノ太子ノ剣ト云有、溝二本有リ、身姿ト云、長ト云、全ク同シ、下剣装ノ刀ハ太ク、重ネモ有リテ、先ヲチ《〔落〕》ス、又柄子も長シ、上等装、身ハ先落チテ中子短ク、身巾モ細シ、唐様造リノ刀ハ、少々ウツブキシ様ニ見エ、日本装ノ刀ハ鍔本ニテ、少々ソルキミヤ《〔気味合〕》ヒナリ、今日出来シハ日本作りノ姿ニ兼テ頼ミ置ク、

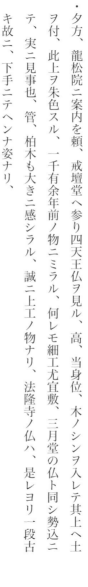

（64表）正倉院　庫中刀模造　直刃ノ焼

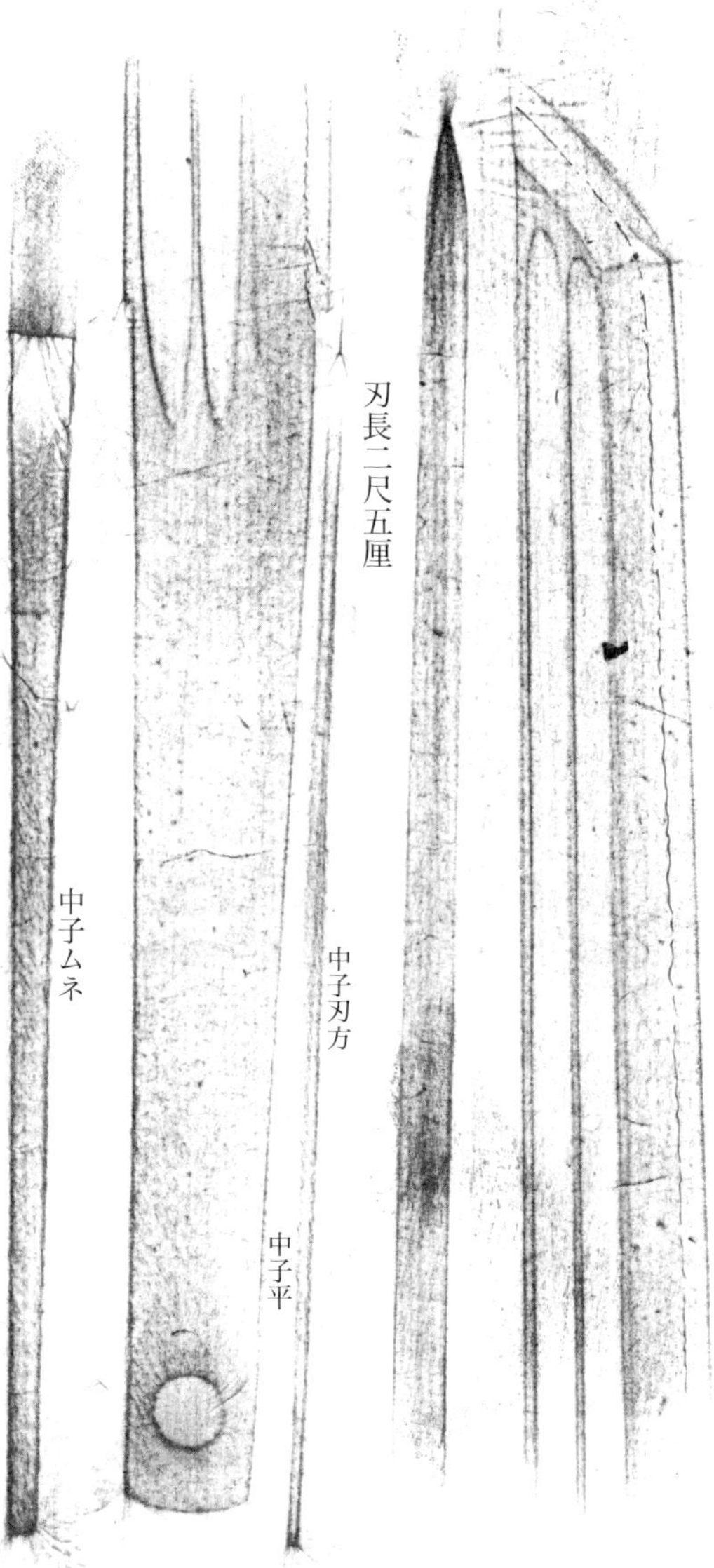

尾嵜正隆摸　国生京北烏丸住　才

（64裏）・去ル十八日、瀧坂へ参ル時、古門外ニテ廿才計ノ尼二人つれなる者にゆきあふ、一人ハ美ニシテ、紫小袖りんずニテ、上ノ衣を肩ニかけ、甚ゐきなり、管、柏木も大きニ勧〔観〕望す、よく日朝、しきりニ何れの者とて大き心をよせしに、昼後、私大仏殿中ニて一見して帰り、是れを咄し仕れハ、柏木早々見ニ行く、よく朝大仏へ行く時、此院内ニ入リ来リテ堂へ参ルを、又私見ル、此咄し仕れハ両人共失望ス、小使外ニテ承りしか、法華寺の尼と申、今夕おし重ニテ管聞来りしハ、宮川〔水谷〕氏ノ娘ニテ、近衛殿ノ娘の由ニテ、管、柏木も望ミを失なへり、此度の奇談なり、此前ノ巡回の時ニハ有明寺の尼ノ奇談有りしか、何も乍ら奇妙なり、

・管、柏木、私へ、先日正観院ヨリ贈ル経箱、三人江一ツ、龍松院ヨリ贈ラル、

(65表)廿三日、柏木ハ古印、人名、古文書計りの写し方致され、四十五枚計り写し申候内、木札、尺等、図五枚計リ有リ候也、

・局経〔罫〕紙、七帖来ル、内務省の文字有り、

・東京宅岡本氏ヨリ状来ル、借屋賃取立、及留守仕払来ル、次ニ竹川御払下煉瓦也、一坪六十五円廿三銭二厘五毛ハ、残金五百一円六十五銭二厘、当八月ヨリ年財上納之処、内入分、金三百十二円六十銭、分割金上納之分、但三十六分之利足付、右之通達ニ付、四月、岡本代理ニテ書付被出候由、中来ル、

・大橋氏ハ春日社小宮司兼勤故ニ、献供ノ饍飪ノ、旧式ノ通りニ造リ方頼ミ置候処、今日相廻ル、左ノ如シ、

廿四日

(65裏)餢飳ノ図　正面打

明治元年前ハ、数七ツヲ高坏ニ盛ル、今ハ五ツヲ盛ル由、

ブトハ、唐菓子ニテ、古ヘハ此団子ノ中ヘ、何カ薬味又ハ、今云アンノ如キ物ヲ入レテ、油上ゲシタリシト思フ、此内ニ入ル物、油上ケニスル時、ハミ出デサル様ニ、端ヲ捻リ返シタルと存ス、此中ニ(66表)入ル物ハ不伝申候、

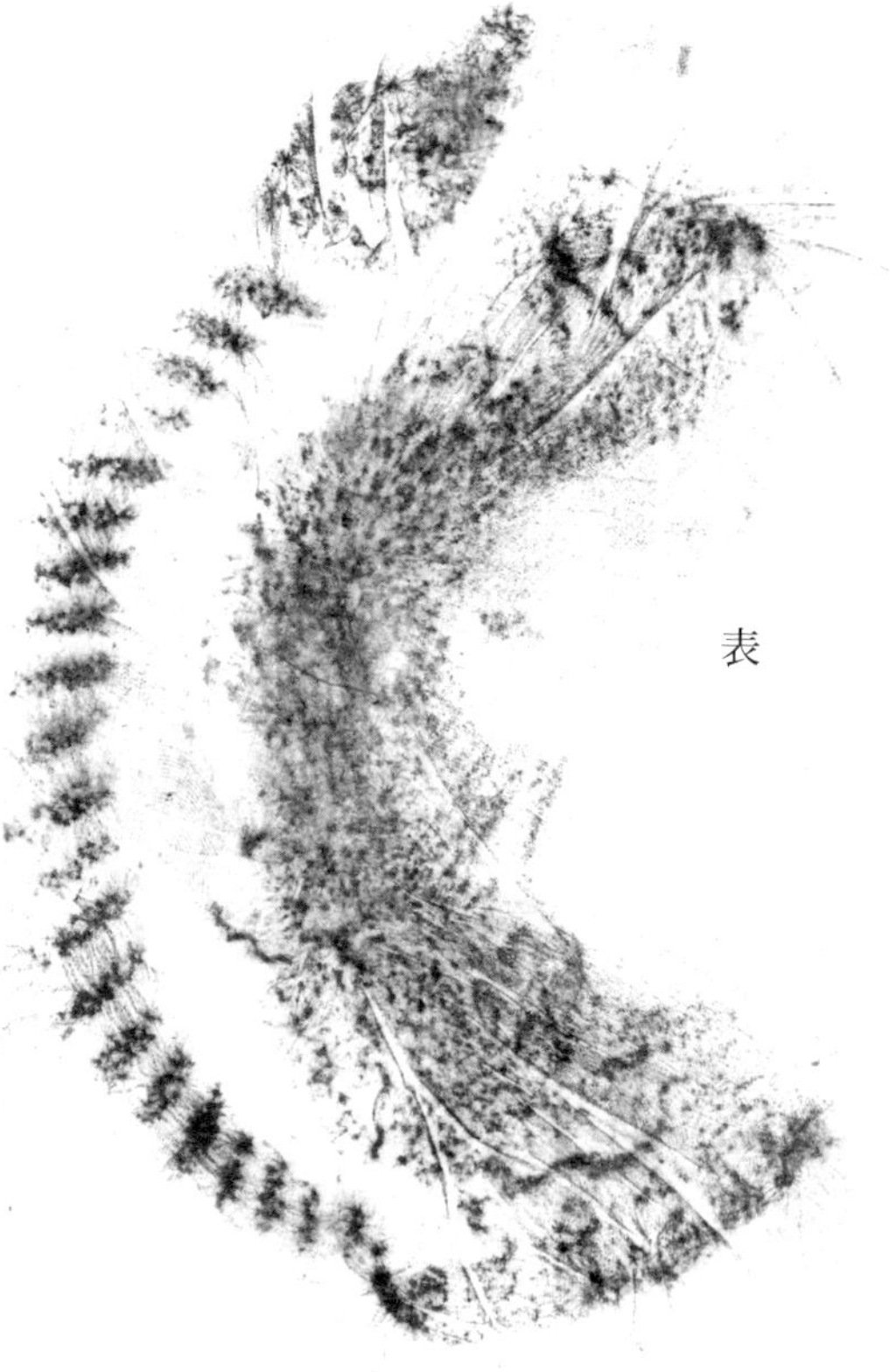

是レ迄、物ノ写生ハ、
次第ニ情切ニナレ共、
此様ニ団子ヲ正面打
ニ取ルコトニ（ママ）、未タ
古人ニ聞カズ、此度
ふと序の発明ニ候也、

裏

（66裏）

フトノ正面

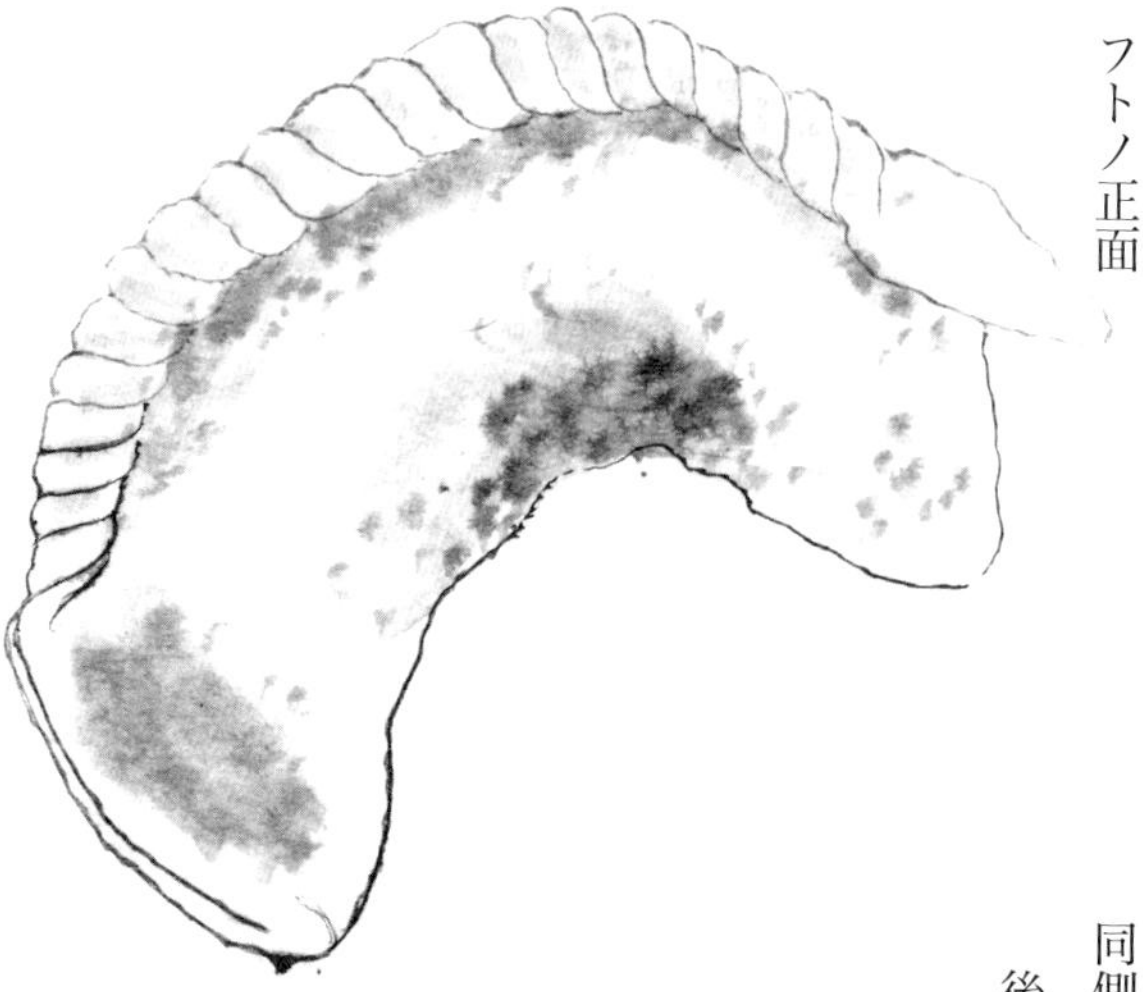

同側面
後ノ方

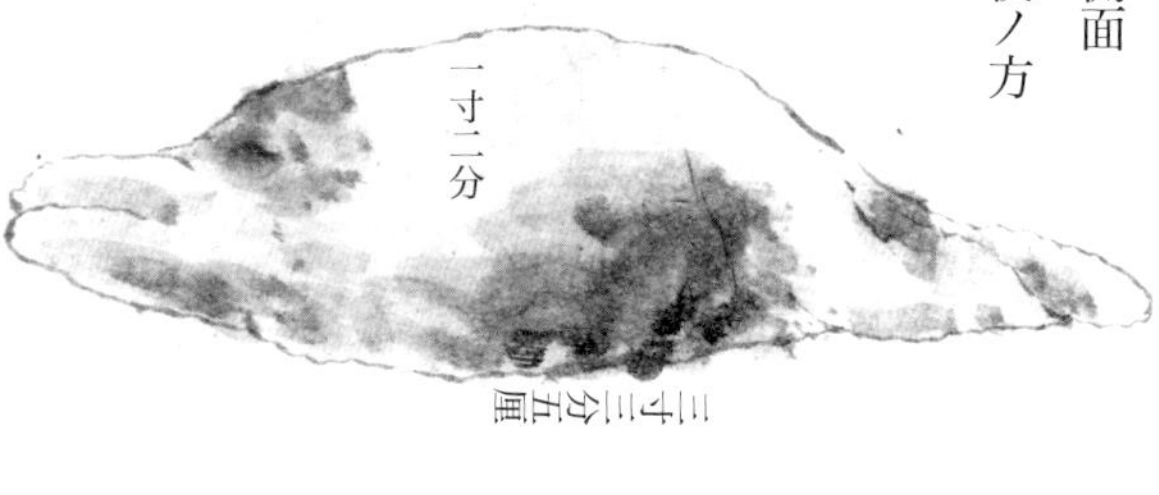

左
上面

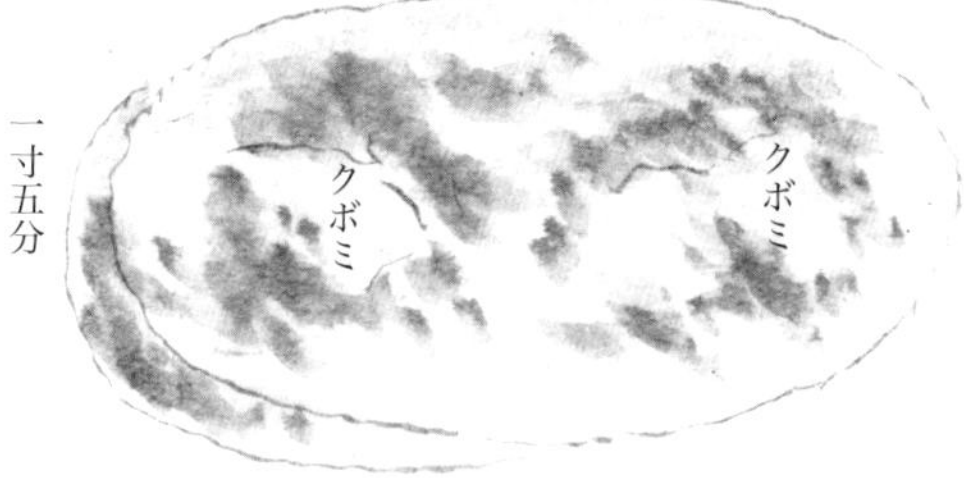

（67表）

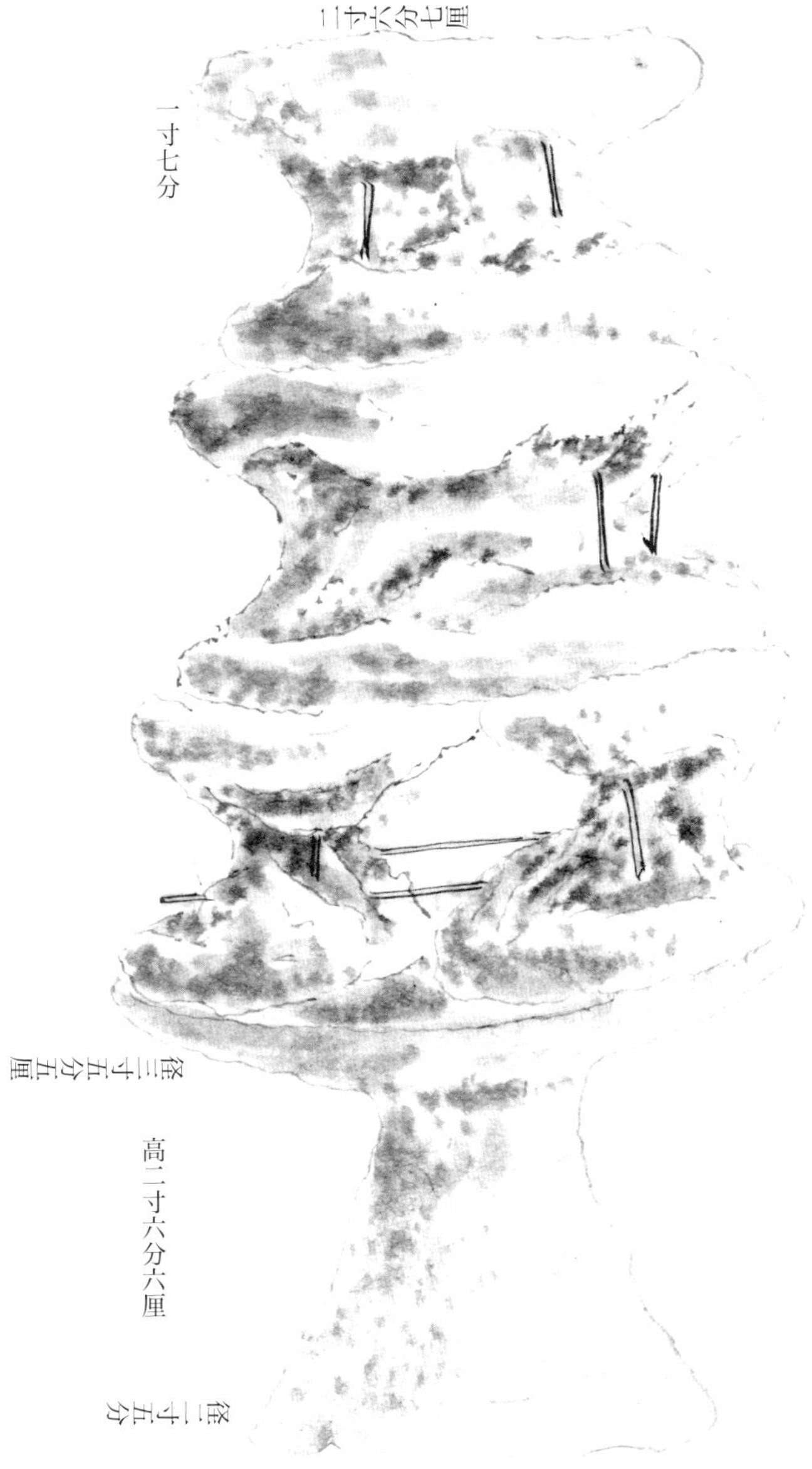

（67裏）

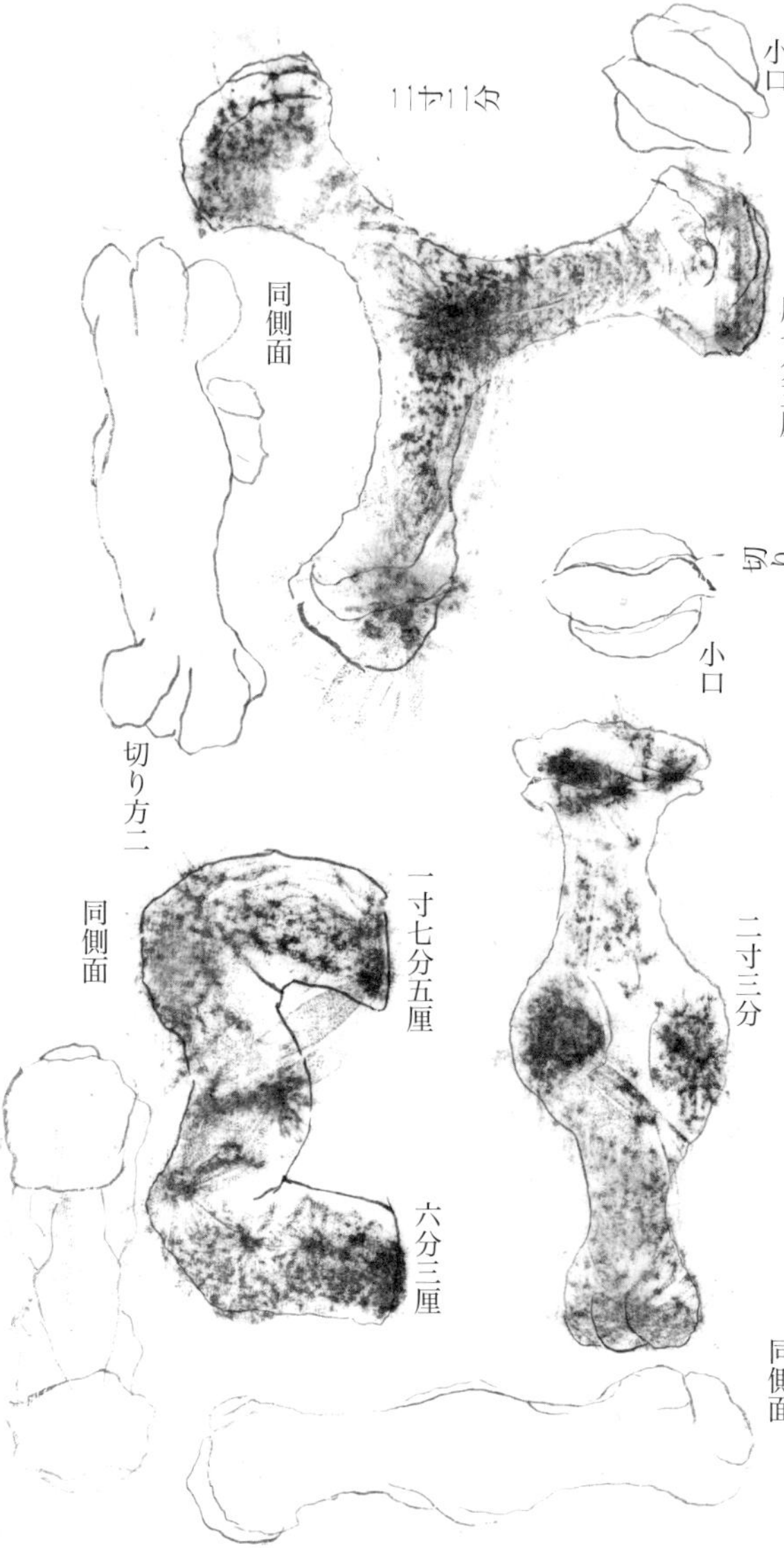
三梅枝　正面
小口
三寸三分
厚七分五厘
同側面
切り形二
小口
二梅枝　正面
二寸三分
一寸七分五厘
六分三厘
同側面
切り方二
同側面

（68表）・四字、宇田渕、及桂宮役人合六名来ル、大仏殿へ同道ニテ行、又後刻被寄候テ、色々取リ出シ置候品物見せ申候、
・夜分上司見へ、笛を合し申候、
・今朝、尺ノ模造自ラ仕ル、天平尺ハ今ノ尺ヨリ凡一分七、八厘短シ、

廿五日、水茎忰、磐樟親状以テ来ル、
・局、此間経〔罫〕紙落手と月給前借と申遣ス、
・夕方、龍松院案内ヲ頼テ知足院へ参リ、次ニ此上ノ天神山へ行く、見はらしよく且風情有ル地也、倉ノ東ノ山上ニテ、此東しハ谷ニテ、春先なとハ必よろしくと思、

（68裏）五月十一日、出来上リ、独乙人用ル勲〔動〕物写生器ヲ凡ニ模造セシカ、用ヒ方、及形少々アシケレハトテ、当又、形チ好ム台ハ唐木ノ如ク重キ木ニテ造ル、余ハ何ニテモ然ヘシ、

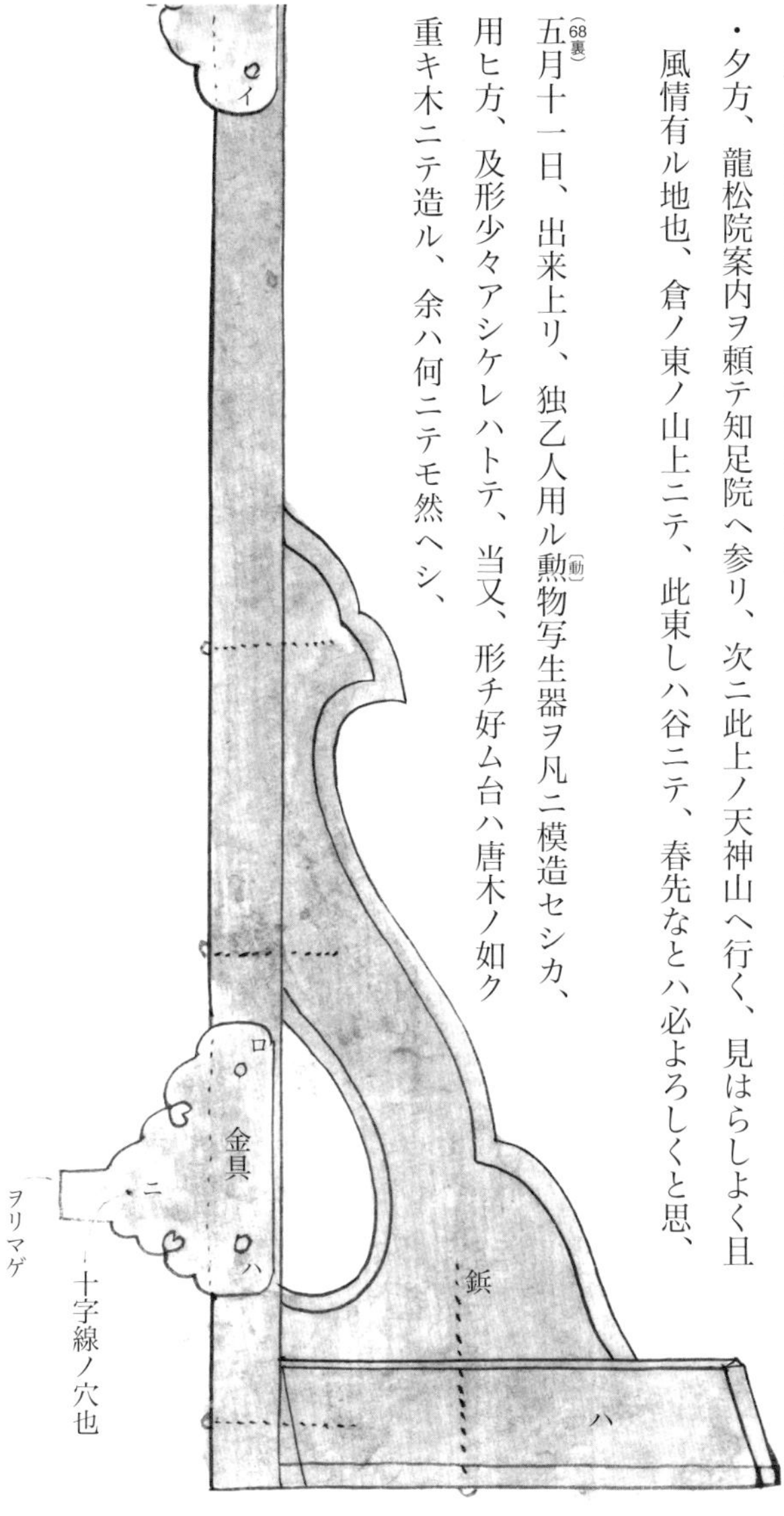

此器ヲガラス机ノ上ニノセテ、上方ナル穴ヨリ机下ニ置処ノ物品ヲ見テ、物品ノ形ニ随テ、此器ヲノソキ乍ラ巡ラシテ、ピイント先キヲ此器ノ下ノ十字線ニアテテ、筆及此器ヲ巡らして硝上ニ認ムヘシ、物品ノ前、クラキ処アラハ、鏡ニテ日ノ光ヲ返照シテ、認メ出来上リシカハ、（69表）硝面ニイキヲ多分懸ケ、直此上ヘ紙ヲノセ、ナテ候ハ、、紙ニ面写（ママ）リ取ラル也、

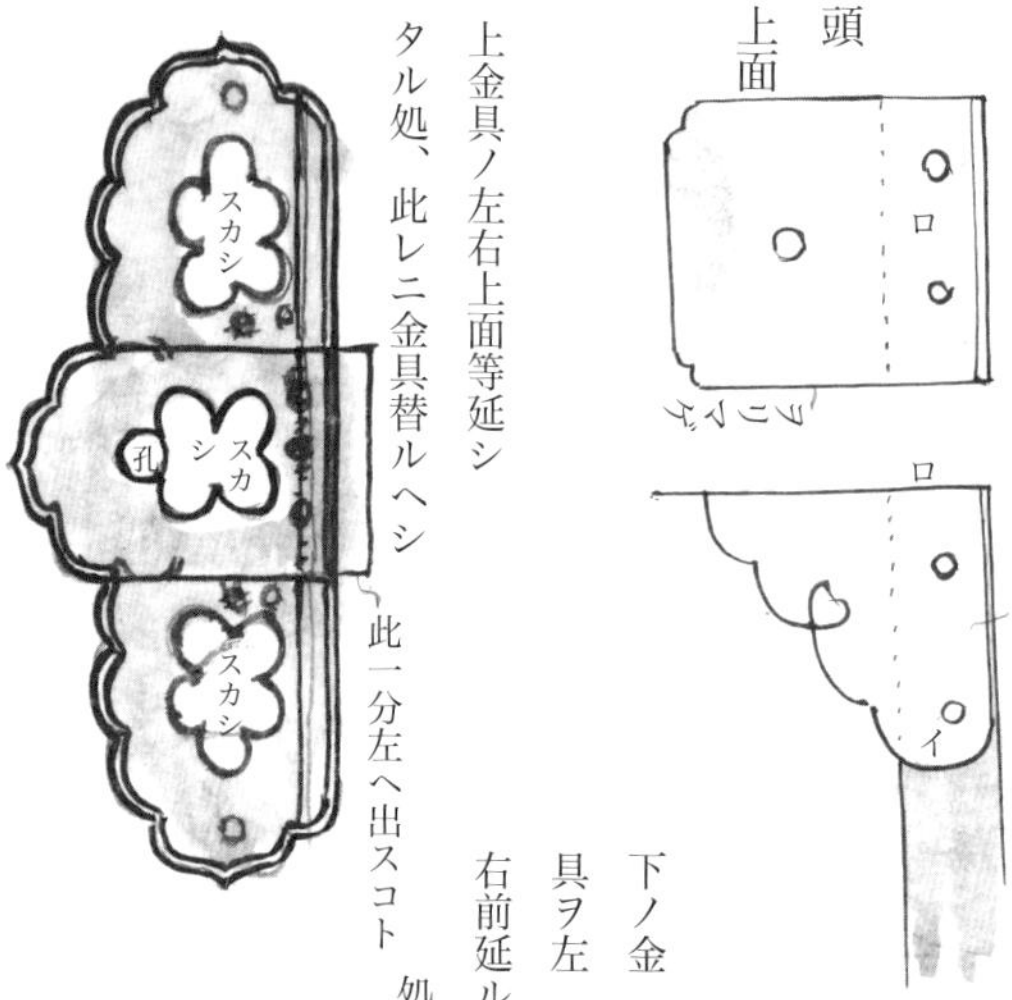

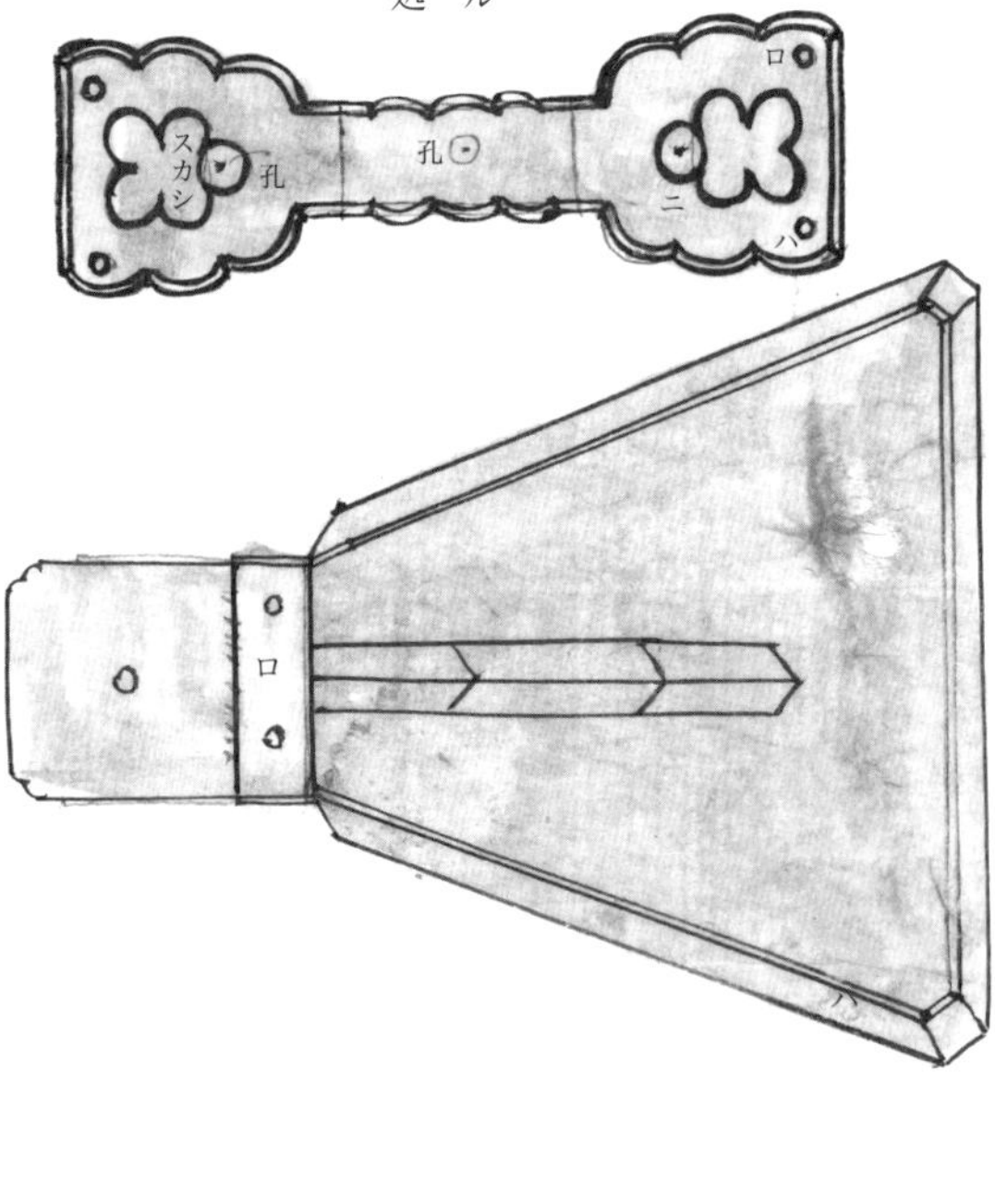

(69裏)廿六日、指物師へ参リ、鏡三面ノ正面打、張付ル様申付ル、此間申付置シ油画ノ額縁二ツ、興福寺勧善堂ノ桧の古木ニテ造ル、代一円也、元興福寺前十三児観音へ一見ニより、次ニ氷室社へ参リ、此裏ヨリ晒屋へぬける、意外多分晒ヲ致し申候、

・此、桜井村岡本氏蔵由、森川咄しニ付、十市郡《八木田原本ノ間多村》多神社神武帝木像ノ写し、遣し呉れ候様頼ミしか、今日使来ル、此帝ノ木像の画、前後二枚　神字額図一枚、図ノ如シ、此品博(万)国博覧会ノ為事務局へ出し候由、県員咄しの処、此間岡本ノ咄しニハ未タ返ラス由、兼テ局へ県ヨリ被出候書付ニハ、此額ノコト不来由、県員ニ申候処、此比吟味中なり、此写し一枚、三輪額ノ神字写し、合シテ四枚ノ写し料一円五十銭の段申来ル、依テ代料渡し申候、右帝ノ画ハ髪上けシテ、後一(70表)大スベラカシニセリ、衣法領ニテ、袖中寸、ヒジニ仏像ノ如クヒダノ有ル物見ユ、全クハ仏法の渡リシ後ノ物ト見ラル、

・宇田氏、多峯近辺見物シテ、今日帰られテよらる、明日帰京の由、

・京都府十三等出仕伊東惇と、織工用懸来れり、鈴木登氏ノ書面以テ被渡、此間私ヨリ以書面、斎服ノ地、麻ニテ巾二尺五寸、長二丈織立の義、頼ミ遣し候処、此両人、地合及万端談し有ルニ付、色々見込申置く、何れも承知也、凡代十四、五円由申さる、

・此間、相宗へ頼ミ遣し候品出来ニテ来ル処、かすり織り少々太ク相成リ、白ノ緒ノ見本通ニテ、長三尺ニテ、一円と五匁ノ由申来ル也、

・此間、琴政ニ琴ノ模製仕ル為、当地へ参り呉れ候様、錺虎へ向け申遣ス処、右人近頃細工如何ヤト存シテ、今出川新町、琴茂同道ニテ錺虎来ル、依テ大仏〔殿脱〕へ申遣ス処、稲生氏来リテ、同道ニテ、模スヘキ正倉院ノ和琴見セニ大仏殿へ参らる、当地ニ来リテ細工仕ル様ノ談ニ決シ、二人共当院へ帰られ、私同道ニテ、三人つれニて（70裏）武蔵野ニテ酒ヲ出す、代料一円二分、次ニ私ハ当院へ帰リ、二人ハ宿せられ申候、

・京都御幸丁通仏光寺上ル、俣野真龍、三ノ笛師、左ノ如シ、京手ノ一人也、

廿七日、琴茂、錺虎、早朝来ル、琴茂ハ道具取リニ帰京す、錺虎ヲ同道ニテ大仏殿へ参ル、同人持参、たま子〔卵〕見の器三ツ、茶、合十出品ス、私ハ当地博覧所入り口ノ油画、亀井氏一ヶ月余リ懸リテ認シ者出品ス、琴茂持来リシ神楽笛、二管預リ置ク、先日錺虎へ頼ミシ神楽笛ノ三ツ折ナル物、三ノ笛師ニ頼ミ呉れ候様申置く処、出来ニテ持参ル、代一円五十銭ノ由也、錺虎、昼比又来ル、三月堂及春日社辺を見度ニ付、亀井氏案内ニ付けやる也、

・玉置高郎ヨリ吉野川のあひ〔ゆ〕廿計り贈らる、長六寸位、巾一寸也、（71表）あし〔味〕よくして管、柏木も驚かる也、

・夕方武蔵野へ行、錺虎酒出され、笛をふき、舞うらる、

・去ル廿二日申付ケシ図引器出来ス、代一分二朱、姿甚宜敷、図ノ引方も誠ニ妙也、

廿八日、朝、錺虎来ル、今朝帰京ス、

・東京両国元丁回向院前通、嶋屋一　ヨリ状来ル、此間油画具廻し呉れ候様申遣ス処、六品飛脚へ

出シ候様申来ル、代四円二十二銭五厘由、
・県ノ為メニ、太刀写シ方ニ、今日ヨリ、
・尾嵜ヨリ、刀子身三本出来上リ来ル、元東大寺薬師院来ル、
廿九日、朝、指物師へ参ル、次ニ錺虎へ庫中箱図面贈ル、又岡本へ状出ス、
・局ノ多田ヨリ状来ル、別紙通リ奈良県へ書付相廻候間、私ヨリも口上ノ伝達仕ル様との事ニ候、(71裏)

陸軍中将西郷従道
米国費掟特費博覧会事務副総裁被仰付候事、
内務省四等出仕町田久成
米国博覧会事務局長被免候事
右之通本日御達相成候間、為御心得此段申入候也、
明治八年五月廿二日　　史官
内務大少丞御中
其地、東大寺正倉院境内之坪数幷三倉閉(周)囲建物等之距離間数等、見合之為メ入用之儀有之、詳細承知致シ度候間、御手数なから御取調御廻シ相成度、若既図出来有之候ハヽ、右江坪数其外、地所管轄区別等御書入之上、御廻シ被下度候、此段御依頼申上候也、

（72表）
八年五月廿五日　博物館町田久成

奈良県権令藤井千尋殿

・夕方、上司殿来ル、

三十日、右書付一条、稲生氏へ早う相送リ候様申達シ置く、

・白絹ノ袷ニテ、内ニ綿ヲ入レル事、今ノ衣ノ厚サノ如シ、敷物や、又夜具や計リ難、計寸法、如下、誠ニ見珍敷候事、

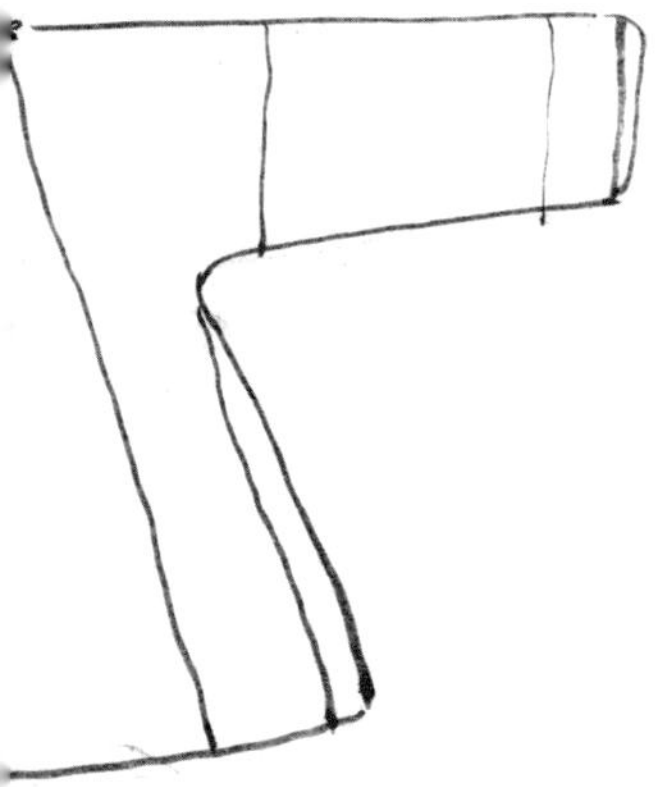

（72裏）今日切れ〔裂〕類ひの中より此衣を見付、〔図版33〕見る処、左袵ニテ実ニ異様也、色橡色ニテ絹也、縫目細かニテ今ノ西洋ヌイノ如シ、何れも珍なりと大さわき、地合細く、思ひの外損シズ、

少々つよく存せり、此服ハ養老二年前左袵ノ制、下着計り存シテ、天平時代ニハ行ナワレシヤ、又古風を好む人計り致セシヤ、何共計り難シ、

（73表）此服ヨリ、〔図版34〕弓ニ画ク人物ノ画を見ルニ左袵有リ、又下着計是れと同シ左袵有り、左だかニ裳付ル有リ、又半臂付ル有リ、筒袖ノ上ニ褌衣着ル有リ、括袴有リ、深沓有、石帯有リ、法領ノ衣有ルヲ、細ニ一蚪見ラル、　○又銅簫ノ彫リノ人物ヲ見ルニ、是又朝鮮人の左袵也、　○是れニ付テ思ひ見るニ、法隆寺ノ土偶人ノ内、女か左袵ニテ袖付細く、袖口広き服を着せりも心付き申候、　○右服ノ首紙ハ上前結ひ、下帯法領ノ如クシテ、袵先ニ紐ヲ付テ結フ様ニセリ、此時ノ法領ハ今ノ様ニ袵先下リ長からす、甚短シ、故ニ首ヨリ斜ニ横へ来レリ、此袵先ニ紐又結ひ必す有リケリ、

（73裏）三十一日、廿九日鎊虎へ庫中ノ器物図出ス、同人ヨリ状来ル、又岡本十郎方へ状出ス、三十一日京都ヨリ姉来ル、武蔵野ニ宿す、私参ル、同家蜷川右衛門方の家、天保四年家屋敷取くすし、地面寺中へ売るニ付、此義〔儀〕、府ヨリ取調へ出す様申来ルニより、早々出す可き様申置く、又寺中丁宮野邸地ハ、八条村の名簿ニ相違無之ニより、連印可仕申来りしかとも、何々と申次第、私本人不知候事ニ付、私上京迄延引の段申談シ置く、是れも村方迄書付出し候様ニ申置く、亀井氏用弁の為ニ遣シ置也、姉方へ、

六月一日、早朝ヨリ、姉おとき殿と亀井ト見物ニ、在原寺、柿本人古社、永久寺、三輪社、初瀬寺、当麻寺、だるま寺、龍田社、法隆寺等へ出懸る也、酒屋へ二円七十五銭払フ、

（74表）二日、夕方ニ右箇所見物しテ姉帰らる、私一寸参ル、今日又鎊虎へ器物ノ図廻す也、榎木氏、今早朝来リテ私ニ東京へつれ呉れ候様申さる処、差懸り何人も世話仕リ居り候ニ付断る、尚考へ置クと申置く、夕方又見へ申候事、

・山高寺来ル、色々咄し仕ル、

・局ヨリ佐保山円晋殿献品ノ経巻二巻ノ証書、及摺物二十枚計来ル也、五月十五日出也、

三日、奈良県ヨリ伺出書面之写、局ヨリ来ル、

今般当県下奈良東大寺大仏殿内ニテ博覧会取行、（74裏）正倉院宝庫御物拝見為致候義、御許可相成候ニ付而ハ、右御物写真、於博覧会社売揃（ママ）仕度旨願出候条、不苦義（儀）ニ候ハヽ、至急御聞届被下度、此段御指令相願候也、

明治八年五月九日

本省ヨリ同県へ指令、左之通り、

書面之趣聞届候、尤数千載を経候御物ニ而、其質脆く候間、取扱尤入念可申ハ勿論、梅雨之時節ニも相成、損傷之憂不少ニ付、其辺をも厚く注意致し、当節出張被出候博物館員江も打合可取計

候事、
右之通リニ付、呉々も御物写真の節ハ、貴殿部ニ於テモ能々御注意厚ク御取扱可有之旨、科長ヨリ
小生迄被申渡候間、御伝達仕候也、
五月三十日　　考証科　　多田
(75表)
蜷川　管　柏木殿
従五位　町田久成
第六局《博物館ノ事也》長可相心得事、
明治八年五月三十日　　内務省

・山本正夫、米国御用懸り被仰付候事、五月廿七日、
・澳国事務、内務へ引渡し、正院ヨリ達しニ相成候由、
・亀井、姉同道ニテ、朝招提寺、薬師寺へ、四大寺へ参られ、次ニ博覧会一見候テ、昼後春日社へ参らる、夕方私参り、京ヨリ来リシ夏衣、其外受取りテ、冬服等持帰リノ段頼置、
・榎木ハ今日帰京の由、老人ハ追々宜敷由、内ハ甚六ヶ敷様承ル、
・私四聖坊へ参ル、古経廿巻余リ一見す、何れも天平時代六百年位ひの者(ママ)も見る、尊勝院ノ文書也、山高寺来ル処、私留守中也、今日上司来リテ、庫中ノ横笛、尺八の律ヲ調ヘ申候処、何れも今と同し、律管ハ私秘蔵、恩徳院笒芸ノ作ノ物ヲ以テ合ス、

（75裏）

全図

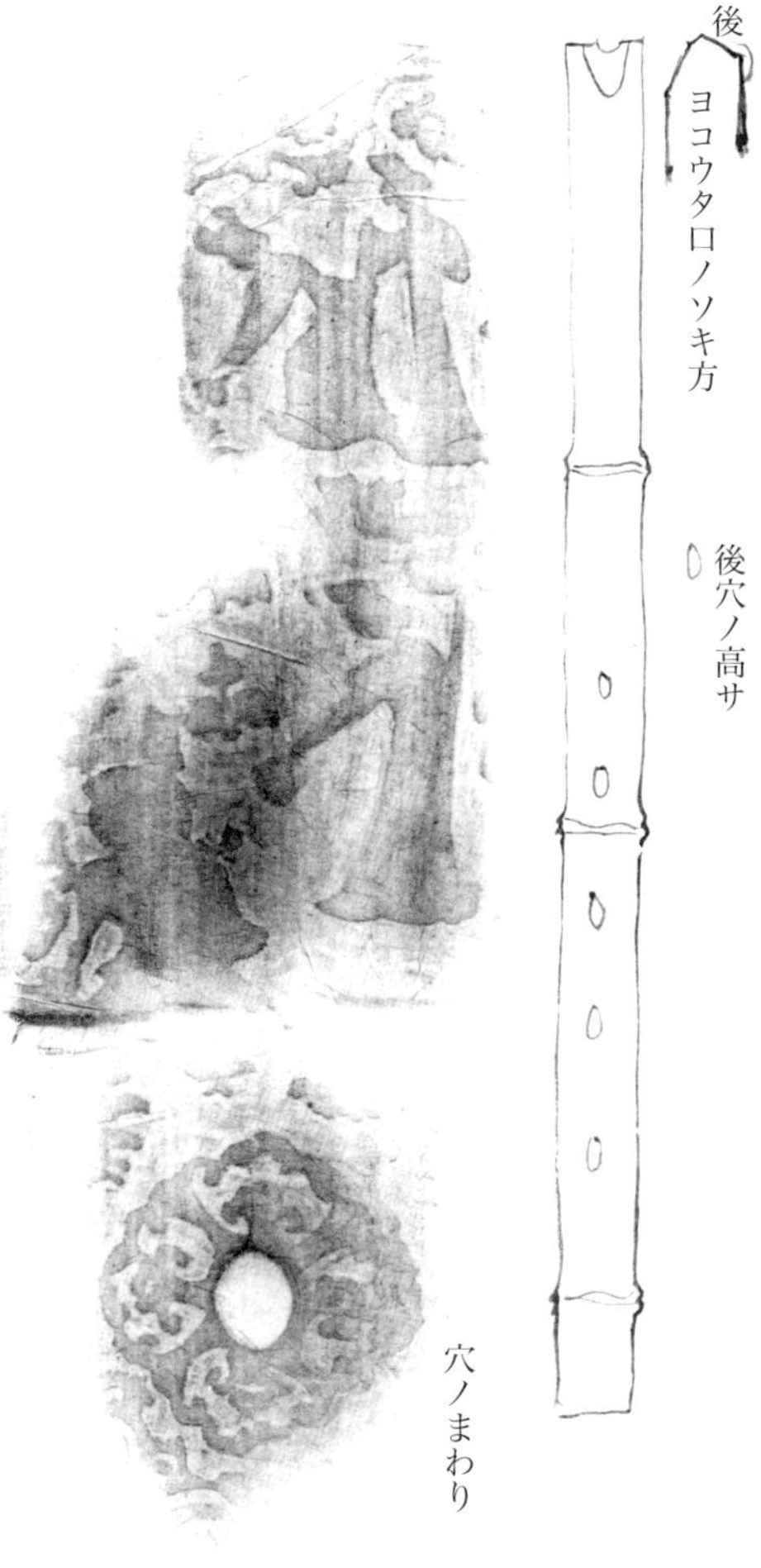

〔図版35〕銅簫ハ、新羅国王義慈ヨリ内大臣ニ贈ルト献物帳ニ見ゆる物、竹ニテ彫リ有り、右ノ如シ、女ノ人物、左衽ノ筒袖、昔と云へ共甚細ニテ、模様ヲ彫りつめたり、

（76表）四日、姉、朝帰宅ス、又山高寺来ル、近く大坂へ向け参らるよし也、局ヨリ状来ル、来ル六日ニハ正倉院開封仕ル由、稲生氏ニ申通シ置ク、

・局ヨリ来ル証書《先日献品ノ》及摺物、惣持院へ以テ参ル、同人大慶由被申候、

五日、奈良県ヨリ書状来、如左、

正倉院宝庫御物中、古文書謄写之義ニ付、修史局長長松幹ヨリ別紙写之通申来候間、委細博覧会係之者より御打合可申心得共御心（ママ）得迄此（ママ）迄申入候也、

明治八年六月五日

奈良県参事　　印

内務省八等出仕

蜷川式胤殿

東大寺正倉院宝庫御物中、大税帳、戸籍帳、其他天平年間之古文書類、許多有之候間、史誌編輯之材料ニ可（76裏）相立分、拝覧謄写之義、申出之通悉皆謄写可被差出候、乍併至重御物之事故、該県へ御貸渡ニハ難相成候条、主任官員博覧場へ出願、拝覧之上、謄写可被致、尤是迄宮内省へ申通、同省ヨリ博物館へ通達致置候筈ニ有之候条、該地出張之博物館員へ懸合可然取計被致度、此段及御回答候也、

明治八年五月三十日

修史局長　　長松幹

奈良県権令

藤井千尋殿

間も無く右一条ニ付、懸リノ人来ル、如左、則写し方ノ談有り、
奈良県史誌懸十二等出仕　幸嶋操蔵
真田彦太
(77表)・琴茂、夕方着セラル、錺虎ヨリ酒代及御座代一両三分、琴茂ヨリ受取り申候、〇龍松院、惣持院来ル、正面打油摺ガラス写シ、伝習仕ル、
・松浦武四郎来ル、此間ヨリ上京ノ様承ル、
・夕方三人共道具やへ一見ニ行く、
六日、早朝、松浦来ル、直くニ大仏殿へ参らる、琴茂、今日より和琴細工ニ取リ懸リ申ス、
・十字頃、塵芥ノ記号有ル櫃ヨリ、局へ持帰ル切レ〔裂〕類仕わけの為メニ、正倉院開封十字頃ニ仕ル、岡部参事も立合ニ参ラル、東大寺列〔例〕ノ通リ錠ヲアケル、南ノ倉ノ戸ヲ開キ、右記ノ箱次第ニ開ク、此箱ノ中ヨリ石帯、及竹帙、並ニ色々ノ物見出ス、十合余皆〳〵一覧ス、献物帳ニ見ゆる新羅琴二面出し申候、昨年此倉ノ建画引セ候大工呼よせ候て、倉内ノ寸法取せ申候事、
(77裏)・夕方、大槻修二見へ候処、留守也、柏木と私、又道具屋へ一見ニ行、  赤塗ノ壺《ネコロ》五ツ、一分二朱、表赤、裏黒、菓《ノト》子器七枚、二朱ニテ求ム、如上、
七日、正倉院中戸開封ス、岡部ノ代、藪氏見へ申候、朝、松浦及大槻親子見へ、三人共同道ニテ庫へ

行、戸ノ外ヨリ見せ置く、昨日ノ通り、色々塵芥記号ノ箱ノ内ヨリ珍敷物出ル也、次ニ大仏殿ノ上屋根ノ出口迄登リ見ル、柏木其外、他人数来ル、大槻、松浦、大坂方角へ向テ出立ス、
夕方ヨリ高橋由一筆三笠山ノ油画、惣持院へ以テ行き、此品弘安年号ノ櫃ノ贈らる礼ニ贈ル処、恐縮之由被申候、

八日、庫へ取調へ参ル可クノ処、雨天ニ付見合ス、東大寺惣持院二人来ル、（78表）
・古梅園、墨ノ模造ニ来ル也、
・松浦武四郎の手紙以テ、友ノ人、京都柳馬場五条上ル鏡や〔屋〕来ル也、
・内務省ヨリ書状、県ヨリ届来ル、如左、

正院御物写真之義、奈良県より別紙之通伺出候ニ付、朱書之通御指令相成候条、自然同県より打合有之候節、取扱方等厚注意いたし、不都合無之様可取計、此旨相達候事、

八年五月廿九日　内務大少丞

奈良県滞在

蜷川式胤殿

(78裏)奈良ノ朝ノ物ハ、箱ノ足及机ノ足ニ至ル迄、左ノ如き形チノ物多シ、広狭高卑有ル共、皆此ク候方ナリ、

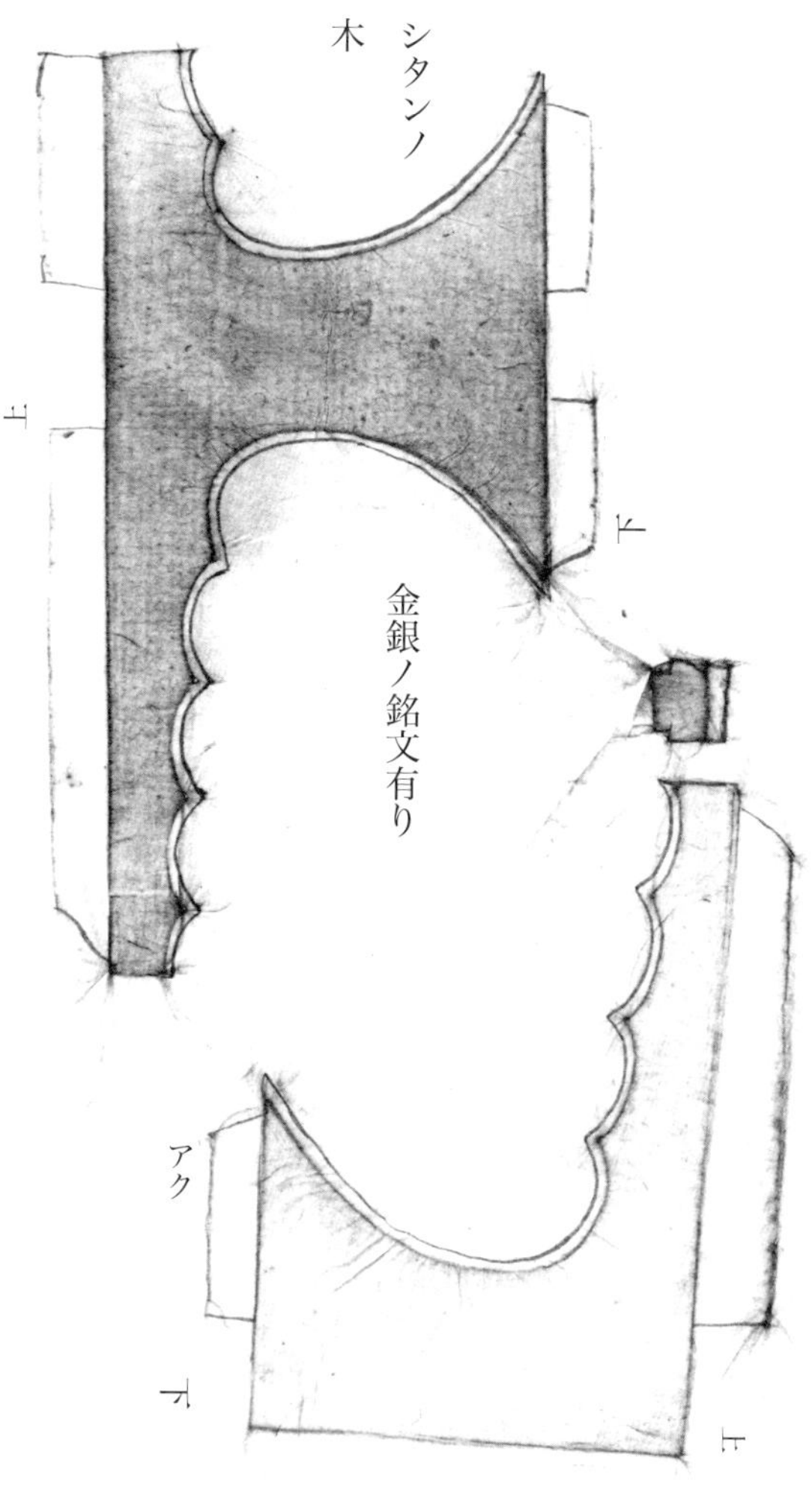

(79表)上ナルハ、ヒワ〔枇杷〕ノ木ノ如シ、〔図版36〕新羅琴ノ柱ニテ、琴と同しく細金ノ文有リ、下ナルハ箏〔図版37〕ノ柱ニテ桐ノ木ニテ、上ノ方クロ色、下ノ方赤染ノ上ヲ金泥ニテ雲ヲ画ケリ、

（79裏）九日、雨天ニテ、庫中へ参ルコト見合セ申候、

・夜、県へ宮内省ヨリ電信機ニテ、当地博覧会日延有無、問合ニ来リ申候由承ル、必ス閉封ニ出向ニ
可相成候義と存らる、

・昨日も今日も、笛及銅簫ノ律ヲ見ル為メニ、律管、所持ノ詮芸作、及東大寺等ノ物ヲ以テ調ル、吹合ノ合〔相〕手ニ、上司及稲生氏、並ニ東大寺ヲ頼ム、笛毎ニ律違ひ申候、始ノ穴勝全ナルあり、又平調

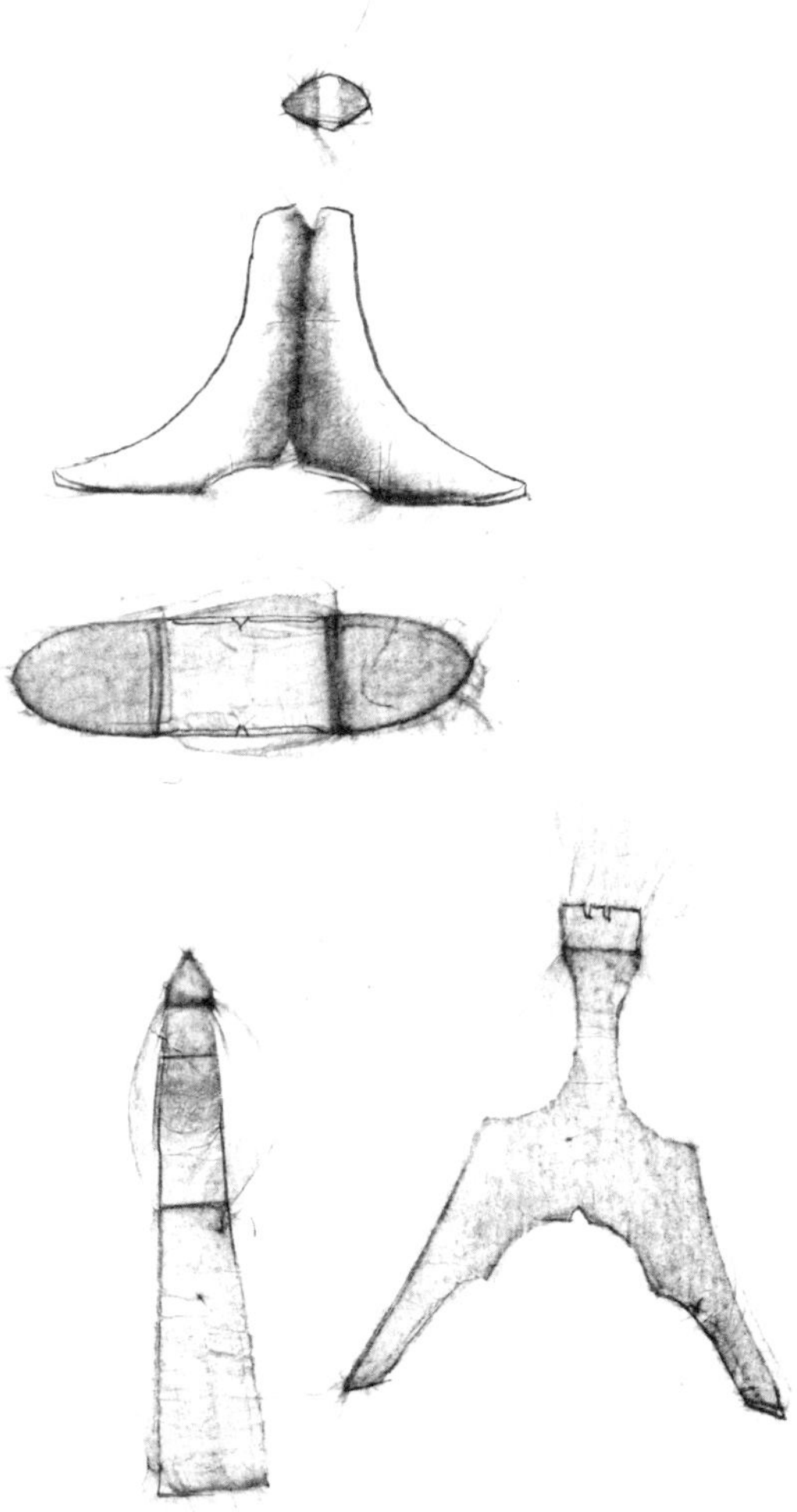

ナル有り、マチ〳〵也、

・岸、多田氏ヨリ状来ル、月給前借不出来ニ付、両人へも申置く、全くハ庫中ノ模造品多造り度故なり、

・局へも内務省へも返事出し置く、局へ持帰ル切〔裂〕レノ多少ヲ問ひニ遣し申候事、

(80表)十日、中倉へ取調へニ参ル、天平時代ノ衣服数多出ル也、此服類ハ柏木少々模造仕ル、浄布ニテ製す、

・大和神官井上治竹来ル、此人元東京ノ人ニテ、尺八上手ナル由ニ付、庫中ノ尺八模造ノ義咄シ仕ル、依テ模制ヲ申置ク、

十一日、北ノ倉ヲ開キテ塵芥ヲ取調ル也、井上氏来リテ尺八ヲ吹ク、上手也、然ルニ笛ヲ撰フコトハ不案内ニテ、少々見込申候事、

・東京嶋屋ヨリ油画具着スル也、

十二日、井上治竹、尺八模ニ来ル、局へも一本頼ム、

・北ノ庫へ塵芥取調へニ行ク、上古ノ案、大床、和琴並ニ椅子等有りテ、甚珍敷御座候事、今日ニテ塵芥ノ調へ(80裏)相済申候、

・龍松院案内ニテ新造屋ノ蔵へ参り、古物少々見せられ、天平ノ古切れ〔裂〕一見仕り、内極少なる物呉れられ申候、

一ハ、鳥毛ノ屏風、緑色、紫地ニ黄色文有ル錦、

一八、薄緑地ニ黄ノ色ノ錦、

一八、

・（81表）南都菊屋製、別紙ノ如ク少々つゝ取、のミ〔飲〕心見〔試〕申候、

三笠山	一升	十二銭五厘	延命	三十五銭
相生		十四銭五厘	保命	三十五銭
玉川		〃	鶴の子	四十銭
山の井		〃	千代つる	〃
末広		十五銭	八僊	〃
祝井川		〃	菊の花	〃
不二見		〃	梅	四十五銭
佐保ノ井		十六銭	三年	〃
玉ノ井		〃	五年	六十銭
花ノ井		〃	七年	八十銭
菊ノつゆ		十七銭	九年	一円
若緑		十九銭	深緑	十九銭
博多		廿銭	八重桜	十九銭

(81裏)
・法隆寺ノ宝物、水瓶ハ銅ニテ鋳鍍銀也、龍首と銅ノ馬ノ画トハ金鍍也、此馬ニ羽根有リ、先年独乙人ヘーレン氏ハ、アジヤ、トルコノ国ハ、必ス馬ニ羽根有る画を昔より付ケル由申セリ、龍ノ目ニハ吹玉ヲ入レリ、水瓶中ノ第一也、

・同寺宝物、聖賢ノ瓢ハ、生スル時模様ヲ形ニホリテ、瓢ノ大キ成ルニ従ヒ、形ニ入リシ物とや見らル、甚奇ナリ、

(82表)
・錞ハ随分古き物也、鈴ノ類ひ、
・西大寺ノ卣ハ古銅ノ第一品ニテ有リケリ、色青ミテ光沢有り、さひ薄シ、又赤斑文も有り、紺青さひも有り、黒色ノさひも有り、内田ノ蔵ノ卣ハさひ青ク厚けれハ、銀金分少シ、依〔仍〕二等下ル、此品ノ黒きハ金分、青き薄さひハ銀分ニテ、尤古銅ノ上等ノ物也、依文もあさやか也、

(82裏)
・法隆寺ノ土偶人ノ大ナルハ女ニテ、筒袖ヲ着シ、此上ヘ下ハ裳ヲ付、上ハ半臂ニテ、則唐衣ナリ、左衽小ナル人形ハ男ニテ、ムネニ釦ヲ付、筒袖ニテ、古ノ我朝ノ風俗ヲ見ルニ為ル、我朝ノ人タルコト、ヒザヲ折レルニテ知ラル、

・同寺金銅仏ハ、是れも奈良ノ朝ノ物ニテ、其金色ノ美ナルコト、実ニ金鐶ノ如シ、

(83表)
・同寺宝物、斑竹ノタンスハ、金物鉄ニテ、其造リ形チ、昔ト云ヘ共其様ノカシコキコト、今ノ物ノ如シ、

・鉄鋳風芦〔炉〕、是又同寺ノ物ニテ尤古シ、形も宜敷申候、

（83裏）十三日、東京回向院前嶋屋一竹ヨリ来ル、油画具外、四円六十二銭五厘、東京宅ニテ受取呉れ候様申
遣ス也、
・四月廿三日相済候代料ノ小わけ　小山重次郎ニテ、
興福寺勧善堂のまとノ子廿本　一朱　額ニ用ル見込、
春日西屋重サン戸両面二枚　同重サン内井ツ、グミ二円五十銭　西京ノ玄関ニ用ル見込、
大重サン戸四枚、同間中一枚　三円一分　東京ノ宅ニ用ル見込、
カ、ミ戸、一条院ニ用ヒシ古物一枚　七十五銭　以上、
一重戸、一条院ニ用ヒシ物、中古シ、三枚二円　西京宅ニ用ル、
春日西屋小卓　一円七十五銭　以上、
〆　十円三十一銭二厘五毛　四月求之、
小玉和七
・五月三十日ニ、
石版がく二枚、　一円八十銭、
油画がく二枚、　九十三銭七厘五毛、　右勧善堂ノマトノ子ニテ古木ヲ見セテ造ル也、
（84表）三十七銭五厘、
・新発明図取り機、古木ト黒柿トニテ造ル、
・夕方、三人つれニテおし重へ参リ、又戸三枚求ム、一条院ニ元有リし物ニテ、画あり、一両二分二
朱也、三条通道具屋ニテ根比ノつぼ五ツ、のと細工物と見ニ行く、

・五月三十日、払ひニ、

刀子ノ金具ノ白銀三両三分　代五貫百五十文、

銅代二朱、石帯ノ地金、鋲代七銭五厘、

帯ノ手間七人、刀子身三本直し一人、刀子金具六日、道具直し壱人、一人手間一分一朱也、

右之処へ五円遣ス、

（84裏）十四日、六月分月給、三人共手形ニテ局ヨリ廻リ申候、

・昨日、龍松院よりさそわれテ衆議所へ参ル、惣持院へも参リ、蔵ら《ママ》れる古文書取り〱見せられ申候、内一、二枚と往来呉らる也、如左、

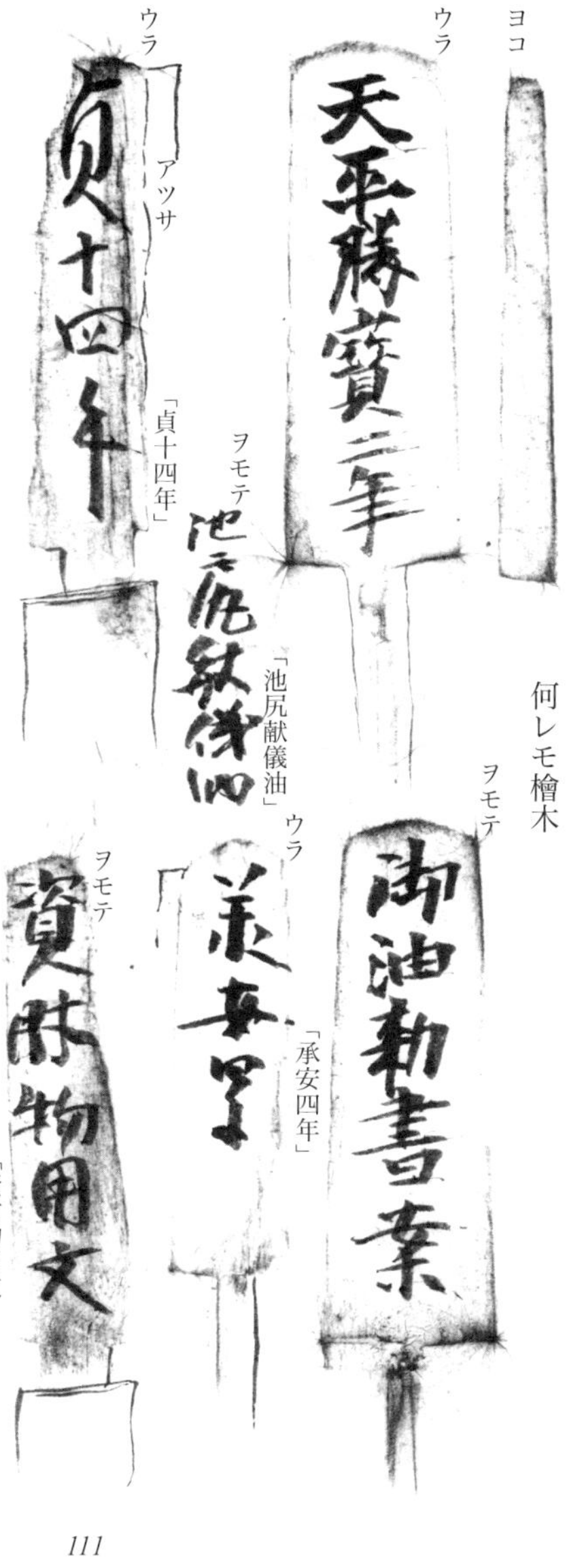

（85表）

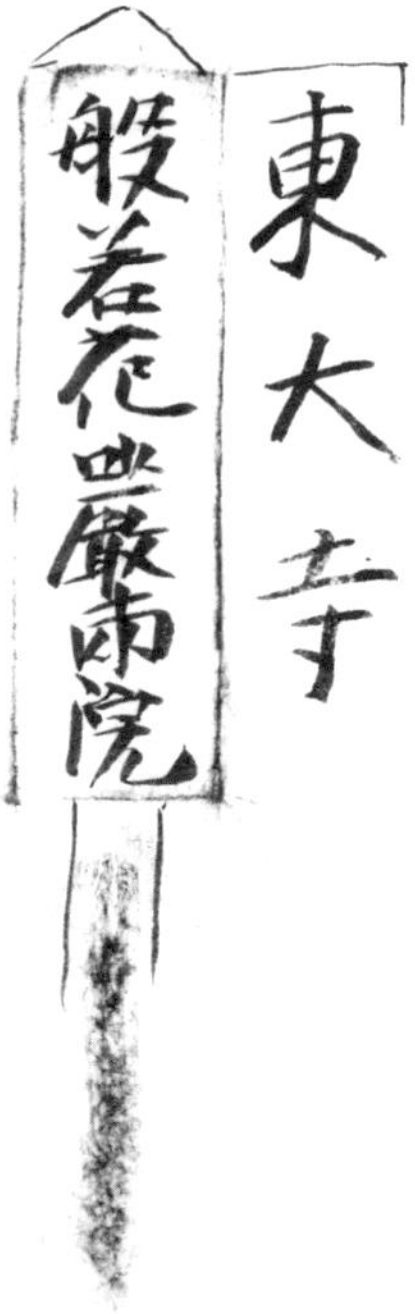

「近ノセ新田」

「はやカハのひこわ
うとの〻うハ」

ヲモテ

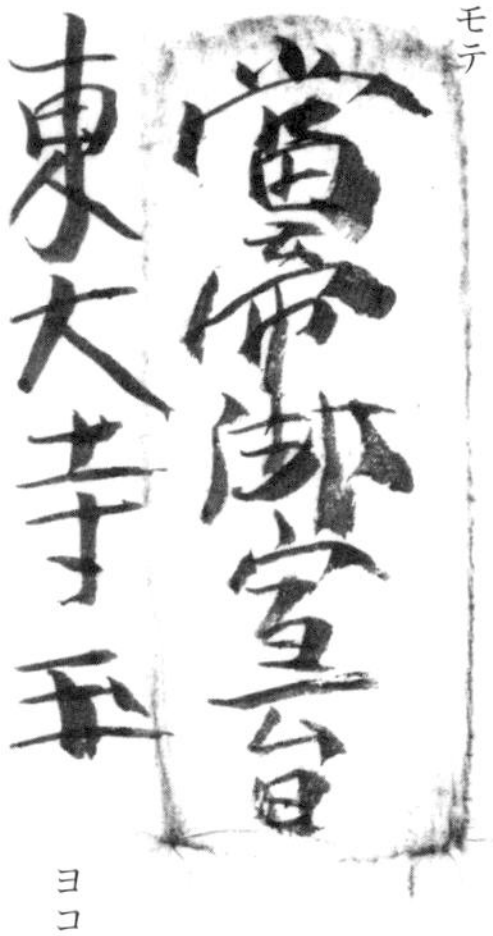

ヨコ

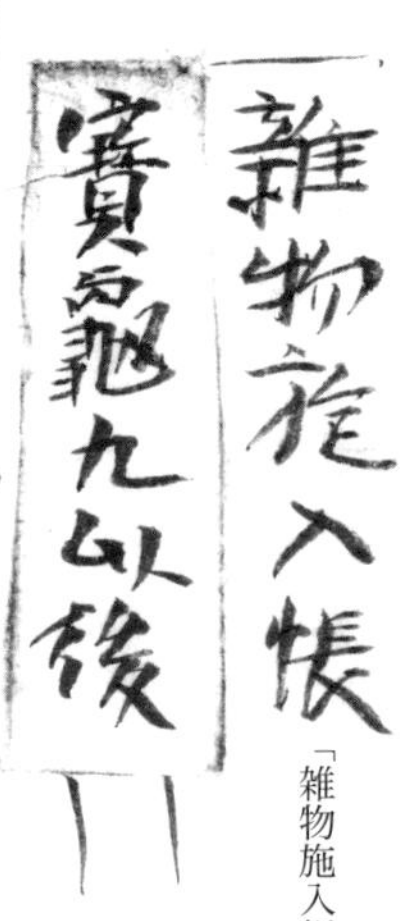

「雑物施入帳」

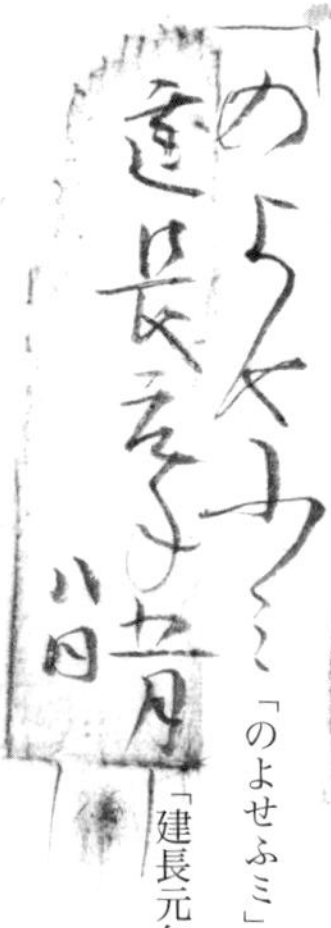

「のよせふミ」

「建長元年五月
八日」

「井御庄公験」

ウラ

コメル

ヨコ

一、（85裏）東大寺阿波国新嶋庄券第三寺解複弘仁田図承和十二年
一、府牒　観世音寺　保安元年六月廿八日ノ文書
一、観音寺三綱等解　永徳二年四月一日
一、天満宮安楽寺留守所牒　府政所衙　永長二年六月廿八日
　保安元年六月廿八日　古文書
一、黒田庄工夫等解申進申文事　天喜四年三月廿七日文書

右ハ惣持院、龍松院ヨリ贈らる、右両人も数々持帰らる、又ハ大はし、稲生、其外人々ニも、龍松院贈られ申候事、此姿ニテハ心無き者ニ贈られ候ニ付、追々器物も無くなり、又ハ心無き者ハ、玉を玉とせす、石ノ如シ、依心有ル物ハ、望て大切ニ存するも世の宝とハなれり、全体公役中事故ニ、受ぬか至当なれ共、世ノ中ノ宝とせんハ、持帰ル方可然候事、
（86表）菊治ノ名酒類、先日ヨリのみ心見〔試〕しか、又残りの分を心見ニ取り申候、左ノ如シ、

佐保川　十九銭　菊　廿五銭
古菊　三十銭　南蛮　三十銭
三千歳　三十銭　亀齢　三十銭
友つる　廿五銭　桑　三十五銭
ミカン　三十五銭　蝉雨　十六銭
太正　廿五銭　志たら　三十五銭

酸　本直し　廿五銭
冬雨　霙　廿五銭

霰　廿五銭
初霜ハ手ニ不入候、二十五〔銭脱〕也、

（86丁裏から87丁表は空白）

（87裏）
・元興福寺西金堂ニ有リしか、当時ハ春日社ノ宝物とハなれり、其作奇ニシテ、春日灯籠ニ似たる物持てり、凡六百年間（ママ）ノ物ニ見らる、何方ノ人と云へ共、是れを見テほめぬハ無シ、

（88表）
・同しく対ノ物ニテ同作なり、色、俗ニ云、伽藍さびと云ニ同し色、ふるめきて尤もうふノ物也、高三尺余り、

（88裏）十五日、昨日ノ手形引替へニゆう役（ママ）所へ参リテ金子受取、両人渡し申候、おし重ノ店へより、根比ノなます皿五枚、一分二朱ニテ求ム、縁と底と黒、余ハ朱也、薄作ニテ古く上品ニ候事、

・正倉院閉封、山岡氏出張由、県ヨリ別紙之通申来ル也、

其県下博覧会閉場ニ付、勅封閉緘之為、宮内大丞山岡鉄次郎、其県へ被差遣候、各此段為心得相達候也、

明治八年六月十日　　宮内卿徳大寺実則

奈良県令藤井千尋殿

拙者義、今般御県出張被命、来ル十九日当地乗艦、廿二日御県到着之筈ニ候間、此段御案内申入候、就而ハ今般閉場ニ付、諸方ヨリ陳列之諸品、到着迄（89表）其侭ニ御差置相成度、此段及御依頼候也、

八年六月十日　　山岡宮内大丞

奈良県令参事　御中

十六日、局ヨリ来状、四、五両月の仕払、至急ニ差出ス様ニ申来ル、秘魯国ノ公使　　ヨリ手札ノ一封来ル、

・尾嵜と申刀鍛冶、此間ヨリ稲生氏彼是申ニ付、帰宅仕リ候間、此間県へよひ寄セ呉れ候様、県へ手紙出し候処、京都府へ懸合ニ相成リ候テ、一昨日ヨリ来ルニ付、先日出来ノ刀、及刀子ニ、銘ヲ彫

リ呉れ候様申付ル、如左、此身ノ下ヲシ、一分一朱渡スルコト、

(89裏)

「明治八年尾嵜正隆」

「東大寺庫中ノ刀子ヲ模ス」

大和国東大寺正倉院庫中ノ太刀ヲ
尾嵜正隆ニ命シテ模スル也　ト銘ス

「明治八年六月」

「蜷川式胤」

・此間ヨリ、森川杜園狂言上手ノ由承ルニヨリ、何カ見度段申候処、今夕一字比ヨリ四、五人申合セ、大仏殿前ニテもようすニ付、何れも一見ニ参リ呉れ候様ニ申来ル、依テ一字比ヨリ参ル処、見物人多分待ち居り申候事、今日ハ夫故ニ来館人多シ、土間ニ舞台とせり、

(90表)
一　末廣　　森川和蔵　　服部佐一郎　　堀池道太郎

二　武悪　　堀池道太郎　森川杜園　服部佐一郎
三　鎌腹　　森川和蔵　森川杜園　福森庄松
四　柿売　　森川杜園　森川和蔵
五　止動方角　服部佐一郎　堀池道太郎　森川和蔵　福森庄松
何レモ思ノ外見事也、三人共かんじ申候、

・元一条院ノ殿中ニ用ル処ノ古戸ヲ押重ニテ求メ、東京へ廻シ方、
菊治ニ頼ム、如左、

送状之事　運賃相済

一、戸六枚入　　一ヶ　〆此代金五円

右之通、正ニ積入申候間、着之砌御改受取被下候、以上、

明治八年六月十七日　奈良大仏殿博覧会社ニテ　蜷川式胤
東京裳〔竜〕ノ口道三丁第二番地　蜷川式胤宅江

下ケ札ニ　大坂長堀井池角米浪安太郎、此方江送リ状御出し被
下候、

(90裏) 興《ナラ》福寺ノ塔を東ノ方ヨリ見る所の景、油画ニすれハ宜敷、又此場
所ノ夜景ニ月ノ出ルモ甚宜シ、先年モ此地ニ有りしか、当年も此

辺ノ月を見て、昔しを思ひ、又ハ古ヘノ奈良法師ノ盛ナルモ、世が替れハ、かくなりて此塔も何かたおれん事も思ひやり申候間、月もいとゝ寒きニ見らる、

(91表)前ノ文中ニ張(貼)る可き写真も取り落したれハ、此奥へ張り置く也、

(91裏)明治七年以下

下《京》賀茂ノ社へ参レハ、何も乍ら心ハセイ〳〵トシテ、神りよう(ママ)もとう〳〵く思われ、景も都さひて神〳〵しくなり、平安ノ大社なる事、一目々よせんと心ニかんし候也、何国ノ人と云へ共語らぬハ無し、折りしも大雨ニテ、いとゝしすかニしテ、心を洗ふ心ちす、

(92表)白川《山しろ》村ヨリ帰り道ニ二条帝ノ御陵を拝ス、何も乍ら東山ハゆたかニ、比ゑの山を斜ニ見、御陵ハ吉田ノ里ノ野中ニ物さひしく、松計り立すミて、古へ天子と云へ共、幸不幸有りて、此御陵ノ少〔小〕さきを見れハ、あわれとそ拝す、

(92裏)帰省中、京ノ名所旧跡ノ写真求めニ行く処、何れの写真屋ニも此女ノ図有り、何故とや分り難シ、尋ル処、京中第一等ノ女ニテ、日本全国ノ一人とも語れり、剣術家の江良氏ノ一人娘ニテ、近比芸妓ニ出セリ、年十五、六計りニ承ル、是れも世ノ中ノ道具ニテ、旧ノ正月なれは一枚求め、此冊ニ加フ、

(93表)写真屋へ旧跡ノ写真を求めニ行く序ニ、祇《京》園祭ノ山有り、是れも都のニギワイケレバ、甚俗ナ形ナレ共、一枚求テ是れニ加フ、此山鉾と云も、足利義政比ヨリ一段盛ンニナリ、此先文永ニも寛大ニセルコト見ユ、

(93裏)伏見《山しろ》ノ稲荷ノ神社ハ我氏神ニテ、帰省中も参詣仕リ、先年ハ此山へ刀鍛治宮本氏、山上ニ籠りて刀剣ヲ打、此義ニ付、度々此山上ニ来りしか、早世ニナリテ、同人ノ作リシ、持レ所ノ刀ヲ見テモ思出し候也、キワメテ同人ノ作々ノ中ニモ見事ニテ、本阿〔弥脱〕等、皆々大ヒニかんじ候テ研ケリシナリ、

（94表）宇治《ママ》平等院ハ、嵯峨天皇王子、河原左大臣源融公ノ別業ニ賜テ、后、陽成院、及宇多院領シ給ヒ、此後円融院左大臣藤〔源〕雅信ニ賜、藤朝〔臣脱〕道長ニ譲、又頼通ニ譲、此後永承六年春三月、改別業寺と為、号平等院、○鳳凰堂者、漢ノ例ヲ移シ、両格ヲ翅（ママ）トシ、後廊ヲ尾トセリ、堂ノ棟ニ唐金作鳳凰形、雌雄居ル風ニ辺舞、実ニ絶景絶堂ニテ、是ヲ見テ驚カヌハ無シ、

（94裏）大坂高麗橋も御一新後直、鉄ノ外国風ノはしとなり、大きニ目を新くシテ人々見ニ行きし也、東京ノはしと比すれハ、一段宜敷候事、往来多き道筋なれハ、すそ弁理〔便利〕ニも有り、人々労ヲハブき候、

（95表）右のはしと比すれハ昔ノまゝにて、是又宮美〔雅〕ニして、いとゝしすかニ見らる、宮城又神前ニハか様ニ有リ度也、今ノ人気を以て見れハ、長く存する事も計りかたし、

（95裏）東海道原、吉原宿ノ間ニ当りて、川合はしと云処なり、不二ノ山ノ景、是れニ勝ル処ハなかりしと思フ、はしと云松と云、甚取合宜シ、此地ニ来リテハ、見るニ夫程ニハ思われ〔ず脱〕、され共写真ニすれハ見事、

以下、明治八年取候処、
（96表）名ニ高き〔近脱〕江瀬田ノ長橋長〳〵と、ようやくことし始て渡り初しか、向ノ山ハ鏡山ニて、右ノ方ハ石部ノ山ニ有リケリ、此はしの近辺何と無く松宜敷、京都、〔播〕はん州の松とも替りて、古へ古戦所ノ事も思ひ乍ら、急き京都へ趣きニける、

（96裏）大和ノ唐昭提寺の金堂ハ、奈良ノ都ノ朝集殿ノ其侭ニテ有りしか、古器物も多分ニ有ルかと思へハ、此位ノ校倉ニテ、堂と比すれハ甚少〔小〕也、

(97表)

奈良ノ町ノ西ノ方ニ開化天皇ノ御陵有リ、西ノ開化ハ三カン〔韓〕ノ為メニ開化セリ、此天皇ノ開化ノ号有ルモ、開化ヲ導かせ給ヒケレハ、号ヲ付シナリ、此御宇ヨリ開化始マレり、推古天皇ハ仁徳帝ノ開化ノ次ナレハ、唐国ノ開化も文武帝ノ比行ワレ、今又西洋ノ開化ニ当レリ、開化ト云ハ、何モ外国ノ為メニ我国ノ開ケルコトトハナレリ、

(97裏)

三輪ノ社ハ、昔ヨリ山ヲ神たるとセリ、此一ノ鳥井〔居〕ニハ、已前神代文字と云字ニテ書ケル額懸リシカ、今ハ無シ、此文字ハ新羅文字と思わる、此文字ヲ我国ニ移シテ後、字ヲ益シテ五十音ニセシ物と思フ、真ノ字ハ全新羅風ニテ今も同シ、草字ハ全ク日本風ト思われ、新羅ニハ見へす、日本ノ好ニテ形チノ替リシト思フ、

（98表）

春日社

朝御饌　平常御饌

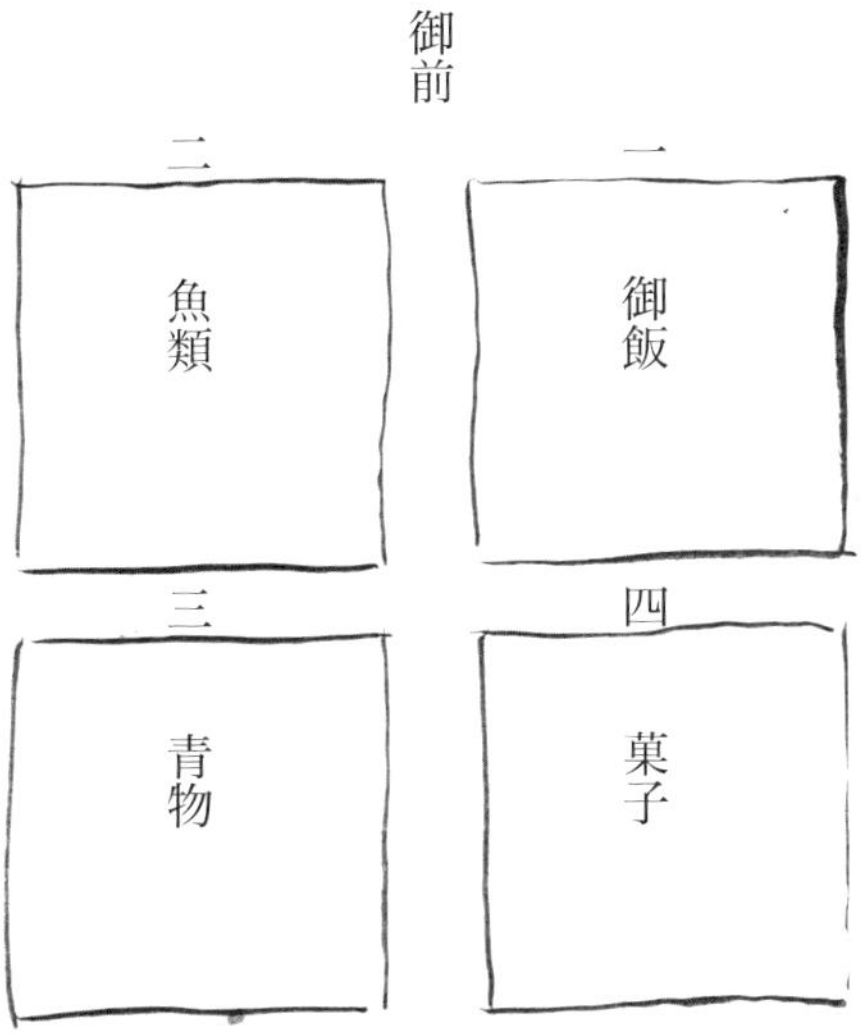

夕御饌

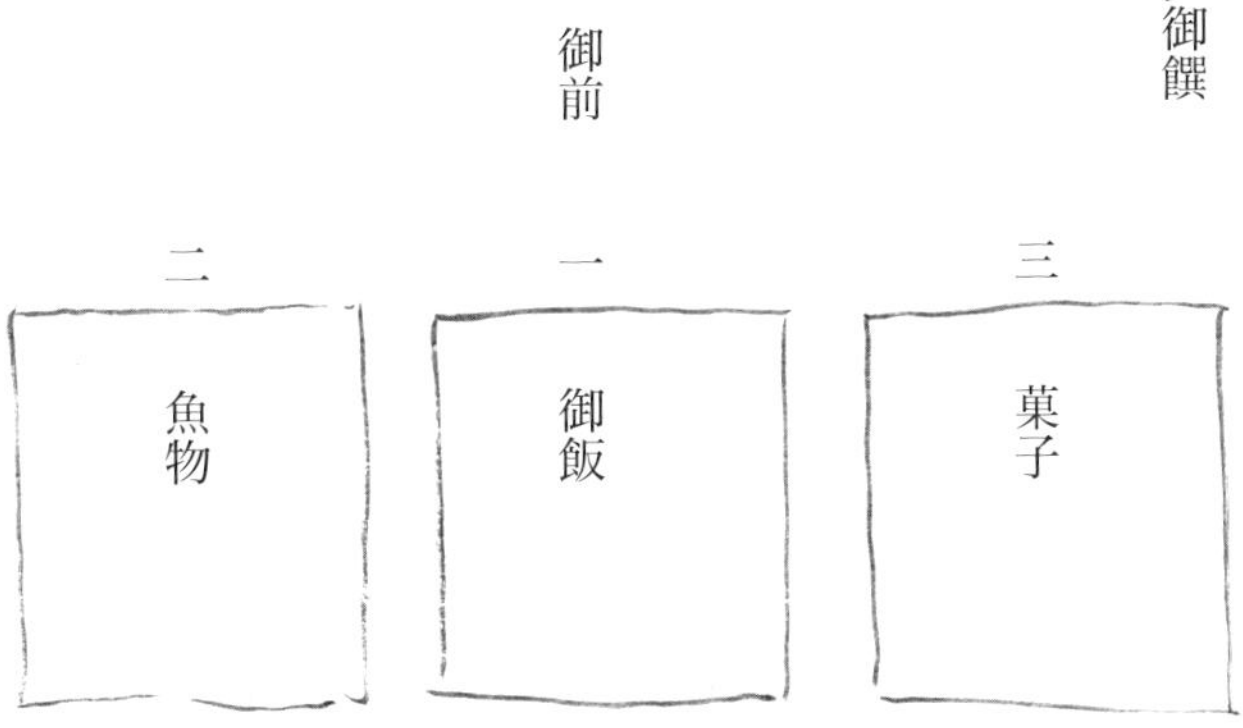

（98裏）

一日ノ御ケ

御前

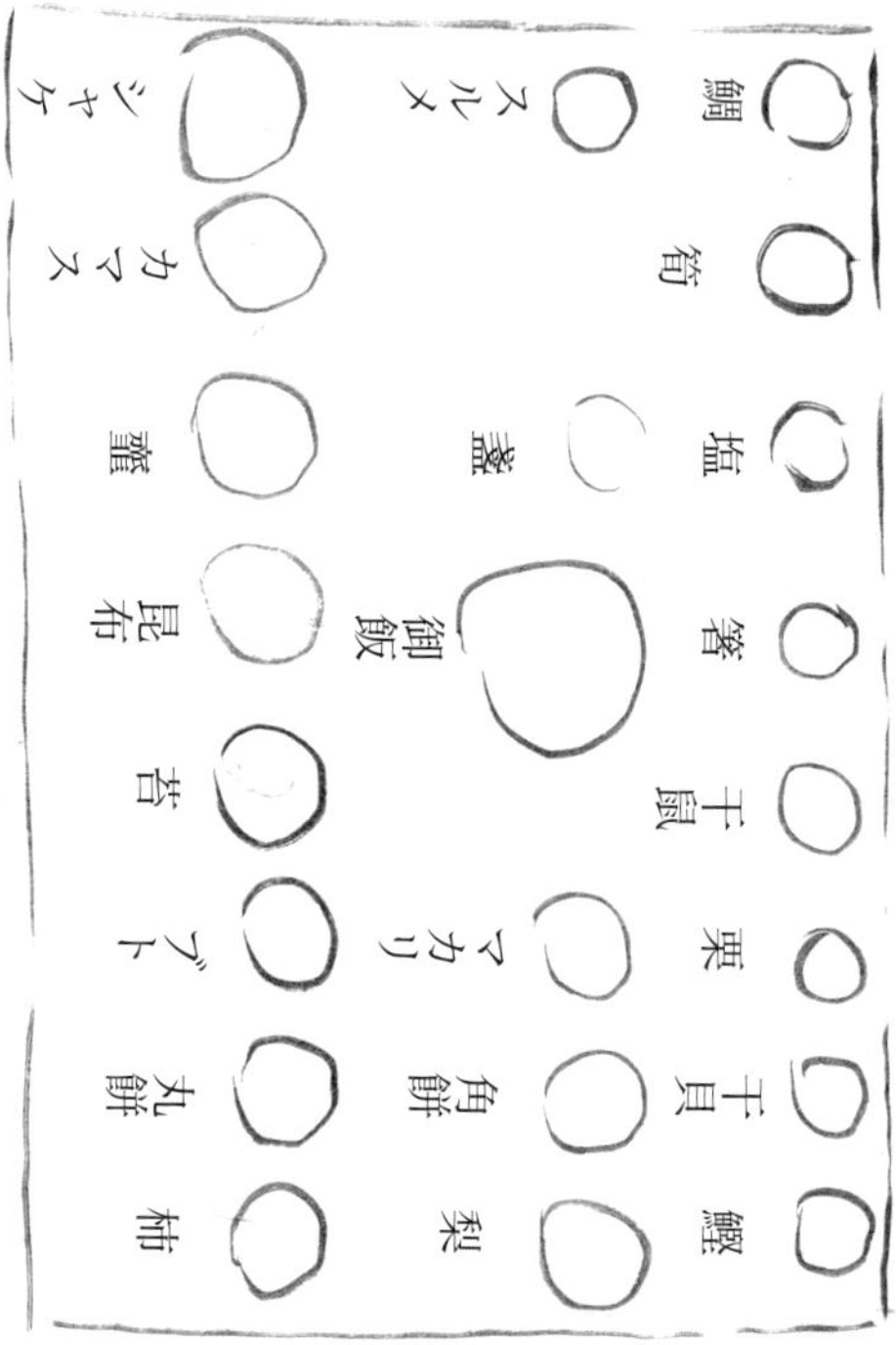

旬　神　饌

五月廿四日、
大橋氏ヨリ調ヘテ
廻され申候事、

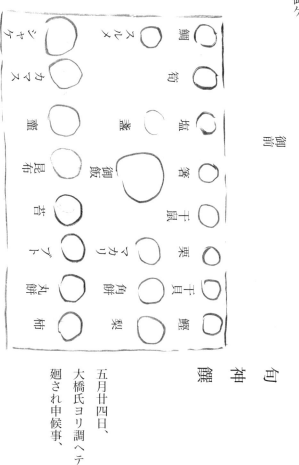

第弐巻

（表紙）明治八年六月十八日より十一月廿日迄

明治八年七月廿九日東京着後ノ記

（朱方印）「蜷川蔵印」

（朱方印）「□□式胤」

八重之残花

弐

（1表）明治八年六月
十八日、古文書写取之義ニ付、県ヨリ修史局へ伺候処、別紙之〔儀脱〕ニ付、其懸りヨリ見せられ候テ、談し有り候事、

東大寺正倉院宝庫中諸記録類謄写之儀、近々御着手相成候処、本月十九日限博覧〔会脱〕閉場ニ付、卒業ニ差支候間、如何致可然哉之旨、御問合致承知候、然ルニ十九日閉場ニ候得共、勅封之為メ宮内官員派出ハ二十日東京発途ニテ、着県両三日ハ猶予相成候様、本局ヨリ同省へ及依頼置候間、閉場後モ八、九日之時間ハ可有之候条、其時間中可成丈委員増額致シ、謄写被致度、乍併、其時間中迚モ卒業之見込無之候ハヽ、書籍目録ヲ作リ、其書ノ太〔大〕意ノミ付記シ被置度、両様ニ同便宜御処置相成度、此段及御回答候也、

明治八年六月十三日　修史局長　長松幹

奈良県参事岡部綱紀殿

（1裏）右ニ付、古文書ノ櫃ヲ取出シテ、凡ノ見込ヲ可付様申おく也、

○藍鼠色ヲ含ム玉ノ把ノ刀子、全支那と見ユ、玉甚見事ニテ、細工モ宜敷候テ、鞘無シ、

一、〔図版38〕紅牙撥鏤撥、献物帳琵琶ニ見ユル物ニテ、紅染ノ牙ニ、細ニ草花鳥等ヲ毛彫セシ物ニテ、見事なり、甚赤シ、

一、栗ノ木ノ染撥ト見ユル物、金銀画有リ、泥書ト見らる、

一、紅牙撥鏤小刀子、右同様ニテ甚風ゐん〔韻〕有リ、形も宜シ、

一、犀角及水牛小刀子、長一寸ヨリ二寸、甚面白き、小也、

一、緑牙撥鏤刀子、右紅同様、甚宜シき作也、

一、鞘銀ノ刀子、銀銅ノ中ニ、又木ノ極薄き鞘重ル、

一、斑竹鞘ニ樺巻キノ刀子、

一、樺ニテ竪横籠子ノ如クキセテ、断々（ママ）ニ玉虫ノ羽根ヲ張付ル刀子、

一、紫檀双六ノ筐、

（2表）一、赤染ノ鞘ノ上ニ、銀銅ノ彫リ透シノ金具きせて作れる刀子、

一、銀及銅ノサジ、文字付ク、

一、手向山八幡宮蔵二鞘二合、楽舞ニ用ヒシ物ナレ共、作リ付ケタルナレ共、昔ノ真ノ形見ラル、上司氏ヨリかる、

一、銅ニテ造れる鉸子、昔シ蝋燭ノしんきりたると思われ、蝋付ケリ、

一、犀角ノ盃二ツ、クリ貫キニテ細長ク、側円也、献物帳ニ見ユ、

一、錦ノ浅沓、礼服ノ時、殿上ニテ用ヒシ物と見ユ、法隆寺ノ太子ノ像ノ沓ノ通りなれり、甚古風なり、

一、昔シノ角袋、小なれ共、緒ノ細ニ入ル、身犀角、蓋紫たん（檀）也、

一、古ヘ料理物ニ用ヒシヤ、細長キ刀有リ、十本位有リ、甚麁也、

一、皮《クロ》ノ鼻高沓、向ニ白ニテ唐草ヲ画ク、令ニ見ユル□ニ近シ、

一、犀角鞘刀子、緒、金糸入ノ角打、矢筈ヲ織ル、甚面白シ、

一、銀足付鉢、形チヲ写書ス、

（2裏）和琴ノ裏板ノすかし也、献物帳ニ出ルハ檜木作リ也、采〔彩〕色画有リ、此物も采色有り、甲ニハ金銀ノ画有リ、撥あたりノ処ニハ、今ノ和琴ハ尾ノ方ニ錦ヲ張れ共、此琴ニハ撥受ノ処ニ受ケノ黒柿ノ板ヲ張レリ、か様ニ有リ度事、琵琶ノ撥皮ノ如シ、同例也、琴と云物ハ、元唐の品を見て和琴作りし也、我国ノ物ニ和ノ字ヲ付ケリ、全ク後作ノ証也、又戸ハ戸と云、唐国ノ戸ビラハ唐戸と云、是れハ我国ニ戸ノ有ル上へ唐国ノ戸ヲ作りし故ニ、外国ノ戸ニ其国ノ名ヲおゝわせしと見ゆ、此上文字ニテ物ノ前後知らる、

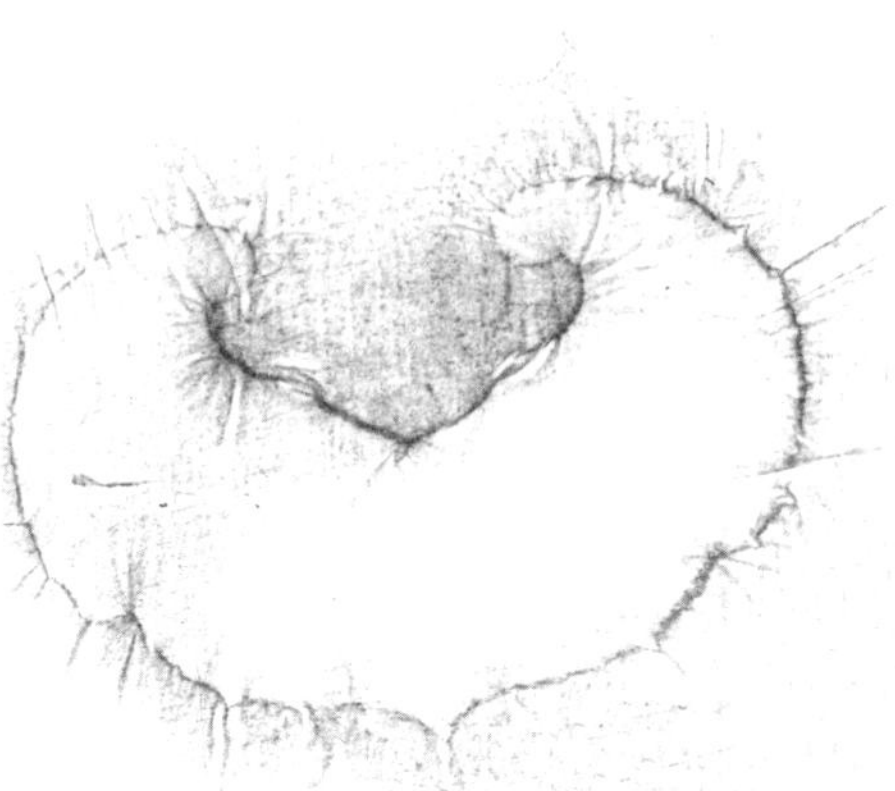

（3表）〔図版39〕矢ノ根、鉄直刃、地斗リニ全漆ヒケリ、鏑、青染牙、竹ミガキ、

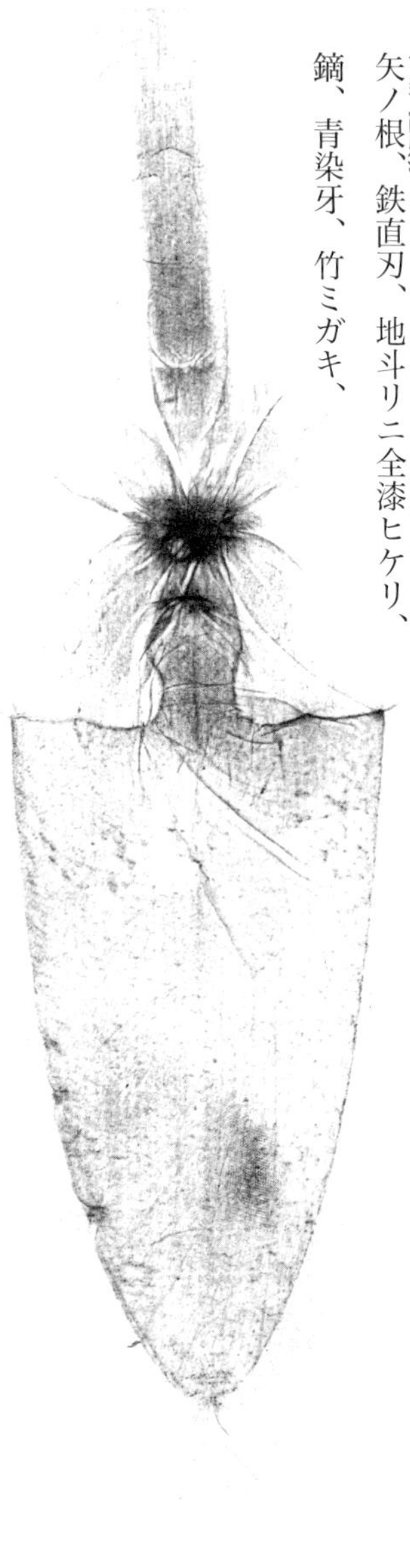

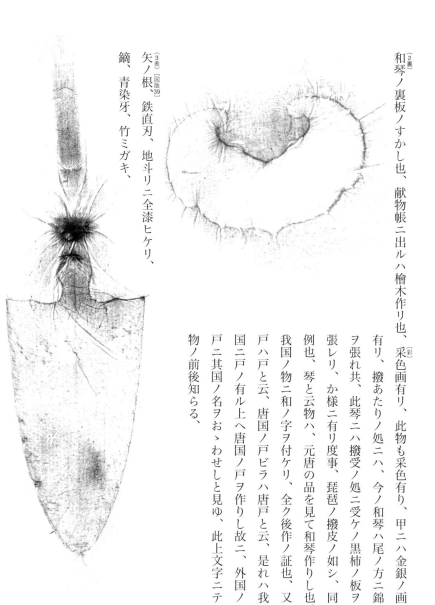

根竹ニテ作ル、全義〔儀〕式ニ用ル物と思フ、

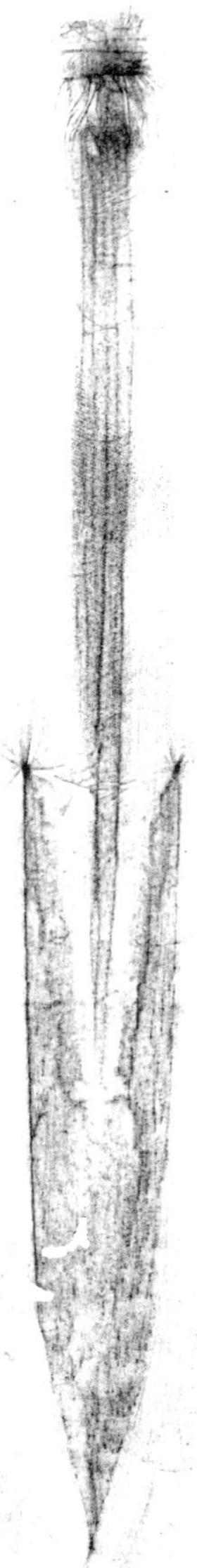

（3裏）〔図版40〕
此二本ノ矢根、角カ、又骨かとも見ゆ、白シ、是らも義式物也、上古、銅鉄ノ無き世ナレハ、武器ニ用ユルナルヘシ、

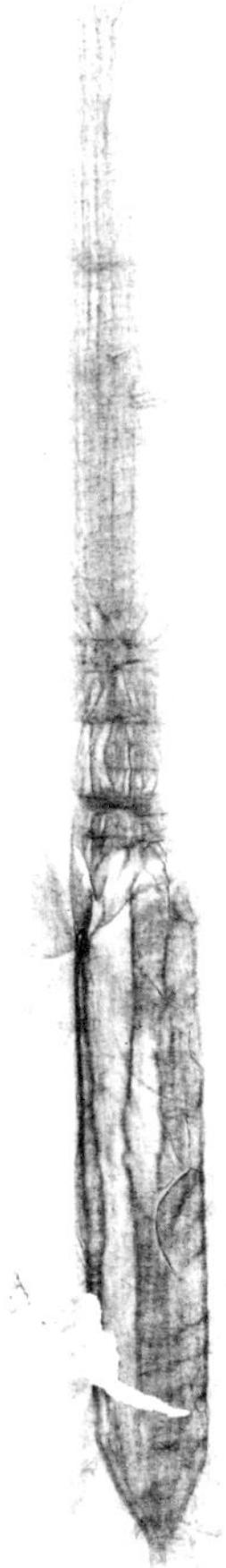

根、鉄也、形種〳〵ニテ十八様有リ、

（4表）
・局ヨリ状来ル、局へ持帰ル裂類ハ、多少三通リニ申遣し候処、何の答へ無く、只箱ハ新き箱造りテ入れる様、切レ〔裂〕ノ裏打ハ東京ノ見込、屏風ノまくりも少々持帰ル様との事ニ候也、

十九日、此間《八日》香川へ、博覧会も延日無之ニ付、早々殿方なり共閉封ニ参られ候様、且若止メなれハ、大臣殿へ申立候テ、博物館ノ火難無之建物出来候迄、御封被付候様建言有り度段申贈〔送〕り候、返事来ル、○十九日、山岡大丞出立ニテ、廿二日ニハ奈良へ着ニ相成候間、夫迄ハ陳列品其侭致し呉れ候様申来ル、付テハ元老院幷地方会議ノ大芝居相始リ、大騒き由申来ル、

（4裏）
廿日、当地博物館、五月廿五日会社ヨリ願出ての処、六月十日東京ニテ相済候ニ付、御卿追テ申上ルとの事、今日承ル也、

・今日、楽器ノ写真少々出来申候、

廿一日、元林遊女等、大仏殿前ニテ舞仕ル、

第一　白拍子　万玉楼　こう
「〔朱書〕春栄　知嘉　三代松　君歌　小滝　小里加」

第二　汐汲　〻　三代鶴
「〔朱書〕義つる　小里か　小常　小米　小文　知嘉　春栄」

第三　千代　八酔楼　きタ
「〔朱書〕竹吉　小福　小米　小文　繁松　小津留　小里嘉」

第四　園梅　錦　福尾

第五　浅妻　万玉　梅つる

「〔朱書〕君つる　君歌　政栄　千代つる　幾松」　「〔朱書〕てい　義つる　千代つる　小津留　小常　小米」

第六　鉄輪　春日野　小勝

「〔朱書〕竹吉　小福　千代つる　床〔常カ〕つる　君つる　幾松　繁松　小リカ」

手踊

「〔朱書〕竹吉　小福　喜多　千代つる　梅つる

三代つる　小滝　小里か　繁松　幾

松　政栄　福尾」

千穐万歳楽

・今日も舞ノ為メ入リ多シ、京師ノ舞子トハおとり狂言ヨリ位無シ、

・今日、写真又少々出来申候、何れも正倉院物斗リ也、

〔5表〕廿二日、修史局江県ニテ正倉院庫中文書、写し方出来スル也、右局ヨリ考証ノ為メニ、右古文書原本、宮内省出張官員持チ帰らせ候趣き達しニ相成リ、則真田氏へ達書一見仕リ申候事、

○入ル

二十三日、廿二日夕方ニ、当地江山岡氏着ニテ、廿二日県へ届け有りし由、藪氏ヨリ書付一覧す、然ルニ稲生ヨリ香川氏手紙、及山岡氏手紙落手仕り申候也、昨夕着ノ趣手紙ニ見ユ、夕方、管〔菅〕氏と私と武蔵野山岡氏へ尋る、在宿ニテ面会ス、田辺新七も見へ申候、明朝一覧候テ色々承り度候由被申、両

人共引取テ、亀井氏も同道故ニ春日社へ行く、鳥井〔居〕筋より帰ル、ことの外大きほたる飛事多シ、実ニ
森中ノ暗きニ見事なり、

○先日、元明天皇ノ山陵碑摺立之義申候処、局ヨリ左ノ通り申来ル、

（5裏）元明天皇山陵之辺ニ有之碑文摺立之儀ニ付、御懸合之趣致了承候、於当省差支無之、則其旨該県へ達
置候条、直ニ県官へ御打合有之度候、尤右碑文ハ当方ニも備置度品ニ候間、御序ヲ以、一本増加摺立
方御依頼致度候、仍而此段御廻答義及御掛合候也、

明治八年六月十四日　教部大輔　宍戸璣

大久保内務卿殿

本文之通、廻答有之候間、県官へ御打合、摺立御取計可有之候、依而此段申入候事、

六月十七日　考証科

蜷川式胤殿

廿三日、局ヨリ状来ル、考証科も彫刻物、或ハ古器物買入れノ費用、一年ニ、千円と定り申候由、

（6表）別氏〔紙〕ノ通り正院ヨリ局へ御達ニ付、再私方へ達シニ相成り申候事、

宮内省

奈良県下東大寺正倉院文庫中、天平年間ノ古文書類、為修史参考、一応御取寄相成候条、為勅封発遣

ノ官員ニテ取調、携帰可致、此旨相達候事、

　明治八年六月十七日　大政大臣三条実美

右之通、県官ヨリも承り申候事、

廿三日、朝、山岡氏、田辺氏大仏殿へ見へ、私も参り、列品色々咄し仕り申候、此後仕舞一条も段々申述置、昼、宿へ帰られ、田辺ハ私方へ見へ候テ、東京へ参る文書ノ箱を見る、見つもり被致、古櫃ハ被残候テ、新箱ニ入れられ候見込ニ談ス、大仏殿内ハ、昼後仕舞ノ手くわり〔配〕致され申候事、

（6裏）・此度、正倉院庫中太刀模製ノ鞘、把ノ手間代、四人半、堀田留吉へ払ウ、一人一分一朱、

廿四日、雨天ニ付、銅器及籠子、面類ヨリ櫃ニ入れ懸ル、晴天ニ入れ度候へ共、山岡氏急かれ候ニ付、不得止如斯候、私と管と大仏殿へ参ル、何れも目録ニ合シ入ル、局にテ備へ有りし目録も大キニ間違有り、依テ加筆す、又先日出ス時ニ引合セシ新目録ハ、間違無之候事、今夕へ、案セしニより田辺一寸見へ申候事、○太刀、鞘木代、二本分二十五銭、鞘皮代、三銭五厘、岡村正三郎払フ、

二十五日、雨天ニ付、又前日ノ如シ、今日山岡、田辺一寸見来ラス、然るニ昼後、一寸見へ申候事、
　両人共断りニテ直ニ帰らる、

(7表)廿六日、晴天ニテ、不残箱ノ戸ヲ開キ、品物ニ風ヲ入れ、且前ノ土段へ出シ候テ、風ニアテ申候、前日ノ如ク、雨気ニさわり無き物ヨリ仕舞、

・局ノ塩田氏ノ状、県官ヨリ落手候、奈良管下ノ晒、及団扇、米国へ遣す為ニ求め度、且代料の問合、県へ頼ミ置候間、同様取調呉れ候様申来ル、付テへ(ママ)問合、県員へ頼ミ置候也、

廿七日、晴天ニ付、馬具等ヲ陰ほシニあてゝ、櫃ニ次第ニ入る、昨日ヨリ柏木、管ノ替りニ来ル、

(7裏)廿八日、昨日と同様仕舞、

・先日、私ヨリ局へ申建シ、博覧会閉封後十日帯〔滞〕留シテ、諸寺社ヨリ来リシ古物ノ押シ形取リ度段申候処、左ノ如ク申来ル、

其他、博覧会閉場後、他所ヨリ出品古器物類、押シ形取集ニ付、日数十日出立延期聴届候、且、管蒼圃、柏木貨一郎義ハ、閉会後速ニ帰京可致候事、

明治八年六月廿四日　博物館

蜷川式胤殿

廿九日、局ヨリ手紙来ル、会計懸りヨリ、諸費、三月ヨリ五月三十日迄のを至急取調へ出ス様申来ル、旅費ハ銘々別紙之通り也、

記

（8表）一、三月十日東京出立、同十九日奈良着、並旅行、此里数、百三十七里二丁四十四間、三月三十一日迄滞日数、拾一日、

但、三月十日東京出立ヨリ三月三十一日迄ハ正院奉務ニ付、同院ヨリ受取、

一、四月一日ヨリ六月三十日迄同処滞在、九十一日、

右ハ、四月一日ヨリ六月三十日迄旅費、前書之通有之候也、

明治八年六月三十日　出張人　八等出仕　蜷川式胤

右之通りニ付、此書付明夕出ス、又諸費も勘定シテ書付出ス、〆二十一円二十六銭六厘、四、五月分、〆二十七円六十四銭八厘五毛也、

（8裏）廿九日、岩茂、京へ一先帰ル、局和琴出来、代七円払フ也、近日又来ル由、

三十日、局へ公勤表、及勘定書出シ申候事、今日も同様、前日ノ通り庫中の品物仕舞申候事、

・五月廿六日、錺虎、琴師つれて来りし時、酒出ス、武蔵野ニテ此払、一円卅六銭、

・杖刀ヲ、身短クシテ拵フ、

○身ノ打手間二分二朱、廣津甚太郎払フ、研代十七銭、柏木へ渡ス、七月四日、

九年五月

○身象眼、一則悴へ二両二分払、鞘竹つふ、同人へ一円払、

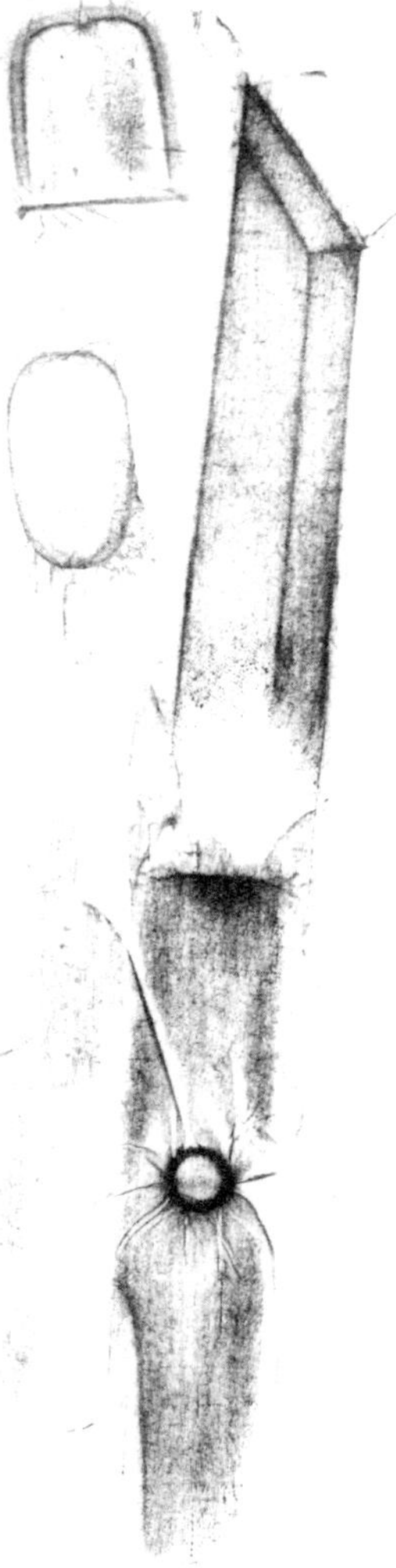

（9表）
○壱円ト二銭、銀目方六匁八分五厘、
○一朱、内鞘、ブリキ小切一枚、
○一円五十銭、六月十九日、廿日、廿一日、廿三日、手間四人代、
〆二円二分一朱ト二銭、山口宗三郎へ払フ、
○柄、紫檀、一分二朱、太田久三郎へ払フ、
・三合刀子、大ノ方、
○鞘、赤銅張り、手間共六十銭、山口宗三郎へ払フ、
○太身二本ハ尾嵜ヨリモラウ、
○二十五銭、小身一本代、廣津甚太郎へ渡ス、
○七月十五日、研師へ三本、研代一分二朱払、
○柄三本、二分一朱、一本ハシタ、一本ハ梅、一本椋、此二本ハ廻ス、此代岡村へ払、

○鞘塗、二分二朱、七月十四日払、千吉、
○金具、六十八銭七厘五毛、金馬へ払フ、
○紐付鋲代、六銭、七月十五日、山口宗三郎払、
（9裏）○身三本、彫り代一歩、七月十五日、周七へ払フ、
・玉入ノ刀子、
○身、一分一朱半、尾嵜へ先日払、此身スリ直シ、（二十四日）一人ノ三分一、金馬へ払、
○柄、鞘、桙、久木奉元へ廻ス、此細工料、一分三朱三銭、岡村庄三郎へ払、
○金具（五月三十一日）、六日（二十四五六八九三十迄）、一日一分一朱、金馬へ払、
○同彫り、一人三十七銭五厘、
○身研、七月十五日、代二朱払、
○身ノ中子、及先ノ形ヲ造ル料、金馬払、
○銀代（五月二十四日）、目方三両三分、代五貫百四十八文、可知多文吉へ払、
○蒔画代一円、是真へ払フ、明治九年六月、首カン代、一則、二円二分、
・二合刀子、
○身代、一分一朱、尾嵜へ先日払フ、　○身象眼代（八年十二月）、二両二分、一則へ払、
○〻中子先直師（ママ）代、三本ニテ一分一朱ノワリ、金馬払、
（10表）○銀ノ口金二ツ、二十銭、紐付鐶、十五銭、金馬へ払フ、
○鐶代、二分、七月十五〔日脱〕払、山口宗三郎、

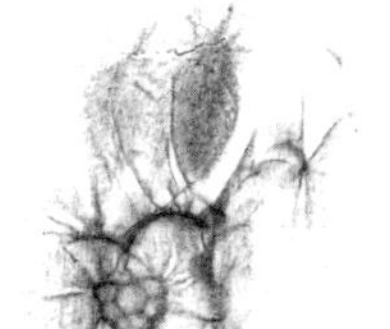

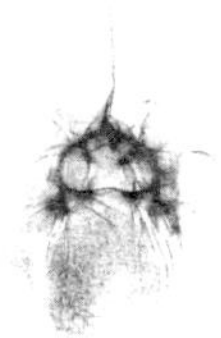

○把、二本代、一分二朱、七月十五日、岡喜へ払フ、
○鞘、赤銅ニテ張ル料、四十銭、七月十五日払、山口宗三郎、
○鞘塗代、二分、七月十四日払、塗師や千吉、
○鞘ノシン形、一朱、七月十五日、岡喜へ払フ、
○研代、二朱、七月十五日払フ、
・革帯、
○七人、（五月三十一日）一人一分一朱、（十五日ヨリ廿一日迄）金馬へ払、道具直し（外二十三日）一日、払、
○ビシウ金、金けし、七十五銭、金馬へ払フ、
○赤代、（五月三十一日）二朱、金馬へ払、
○鋲、七銭五厘、
（10裏）
・魚体小形、
○香木材代、二朱、田原口へ払フ、七月廿日、
○同鐶、銀ニテ五銭、金馬へ払フ、
○彫り代、凡二人一円、森川へ払、
・小刀子、
○身、尾嵜ヨリモラウ、
○口金々銅ニテ七銭、金馬へ払フ、

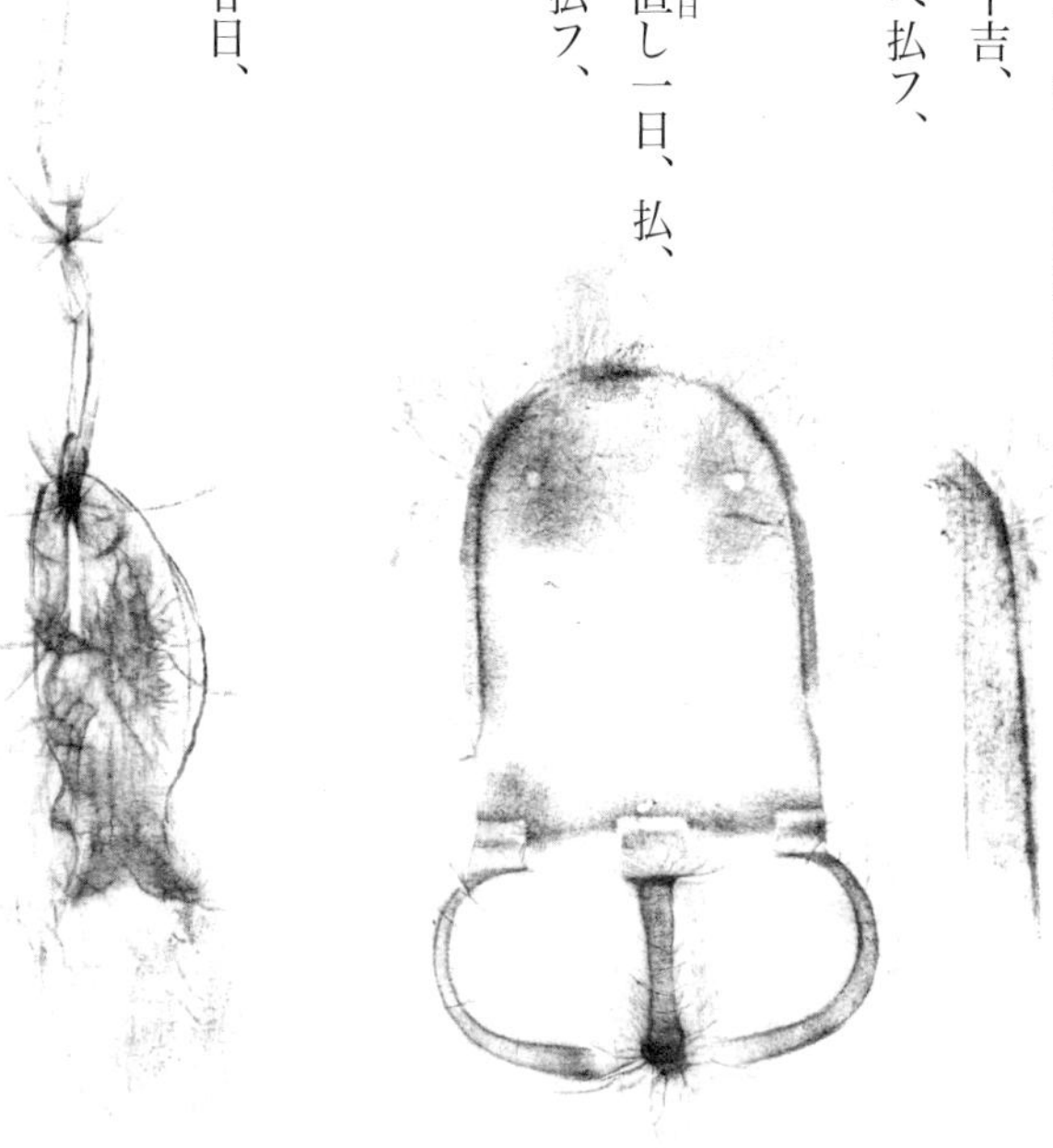

○ツゲノ把、鞘、手間一分二朱、太田久三郎へ払フ、七月八日、
○研代二朱、七月十五日払フ、
○森川、彫り代一分、
・鉄装太刀、
○身、四円二分、尾崎へ先日払フ、
○鞘代、把代、四人半、堀田留吉、六月廿三日渡ス、
(11表)○鉄金具、手間十五人半、四円八十四銭四厘、金馬へ払フ、六月廿四日、
○身研代、壱両一分、
○鞘金具塗代、鞘一両一分、金具三朱、千吉、
○鉄下地代、三十銭、廣津へ払、

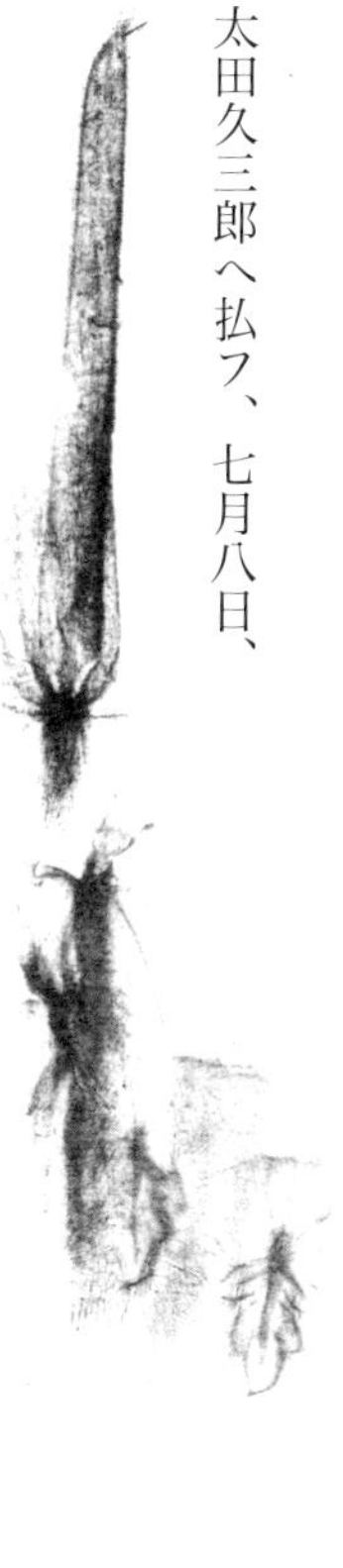

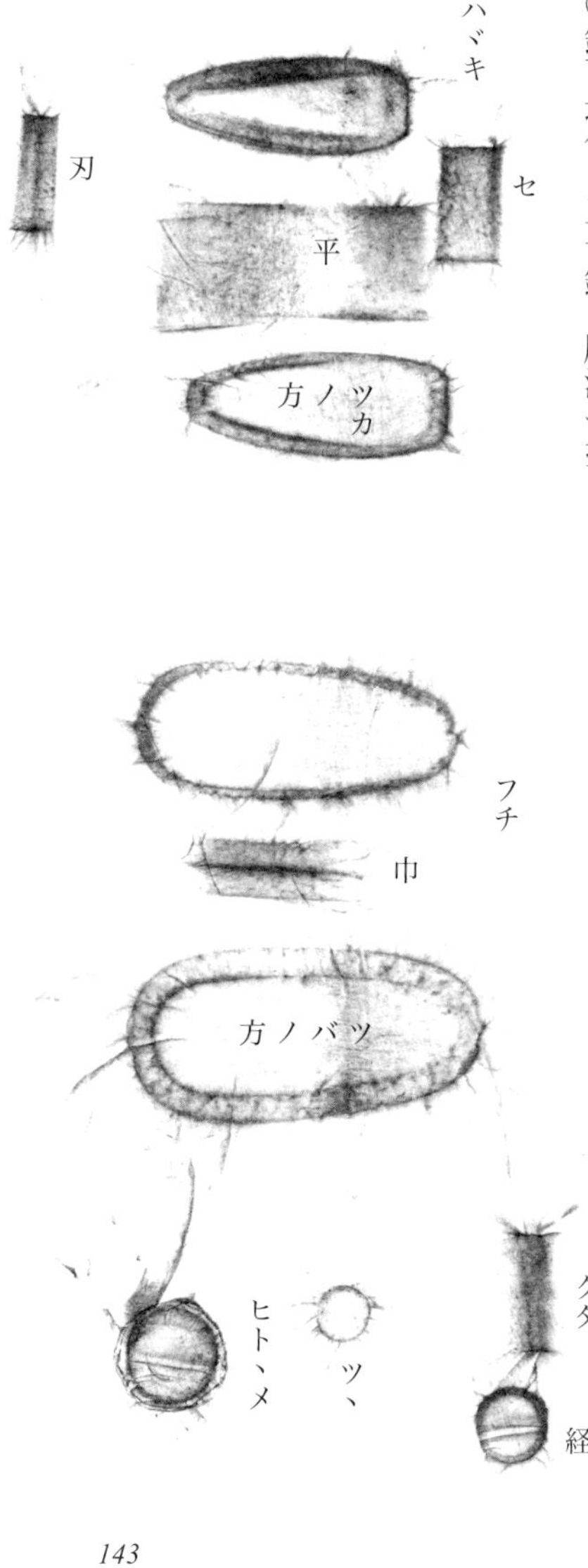

ツバ（11裏）

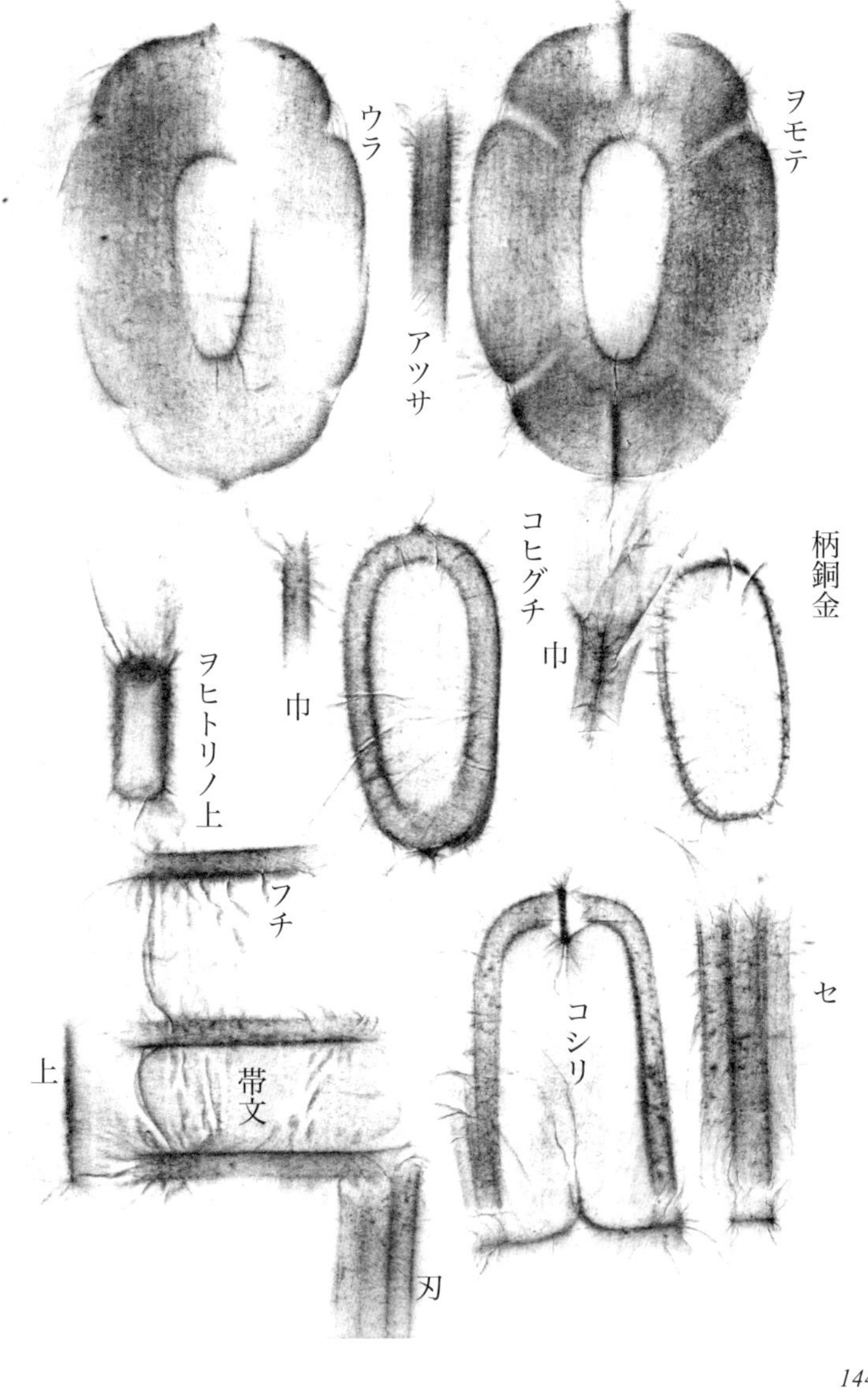

（12表）
・押重ニテ求ル勘定書、如左、所ハ高天丁〔町〕、居ハ持井戸丁〔餅飯殿〕也、

二両二分　春日西屋ノ重サンノ戸四枚、二枚ハ両面、二枚井筒ノウラ、
一朱　興福寺勧善堂ノ窓ノサン二十本、
三両一分　一条院ノ大重戸四枚、只重戸一枚、
三分　〃　杉ノかゝミ戸一枚、
二円　〃　戸サン戸三枚、
一円三分　西屋卓、四足、小ノ形、ラテン一脚、
二朱　経箱一ツ、
一円二分二朱　一条院杉戸三枚、
六十銭　根来、手付、
四銭　四色ノヨリ緒二筋、
十銭　萩ノ皿十枚、ツタノ葉形、
一分　辛櫃ノそんじ、一ツ、
一分二朱　根来チヤツ五、ロト底、黒、

（12裏）
〆十円、
此処へ十円、先日払置ク処残、　払フ、

・東京宅岡本氏ヨリ状来ル、石版ゆつり受度人有り、付テ石こう聞合来ル、れんか〔煉瓦〕家礼、六月分二円受取、八円未夕受取申さす由、油画具払方、承知由申来ル、

・根来膳十人前一円二分、古経箱三朱ノ処、外ハ相済、三朱ハ残り候ニ付、灰屋治平ヨリ受取ニ来ル、

七月一日、前同様正倉院物仕舞、東京へ持帰ニ相成ル文書ノ箱、夜分ニかけ五人大工来リテ、夜半ノ比出来上ハ、私ハ大ゐニくたふれて、早くヨリふせる也、今日八ツ比ニ漸く仕舞方（13表）出来上り、何れも数揃テ有り候へ共、何れノ箱ヨリ取出し候や、入れ方札失ひ候ニ付、不分明ナル物数々出来出来（ママ）候間、此分を別番号ニテ一ツノ長持ニ入れ置申候事、

・明治五年取調し目録ニ引合しテ、三月品物出セ共、互ニ合わず間違有り、其時県ニテ朱書せられテ、正しき目録出来候ニ付、是れニ習ふテ仕舞申候間、私局ヨリ持来りし目録ニ引合しテ、間違を加筆仕ル、

・箱ニ仕舞時ニ、箱ニ少々つゝ残り有りし品も有り、序ニ一見仕ル処、めつらしき物取り〳〵見る也、

・大仏殿内へ出し置候品物、不残八ツ過ニ仕舞申候事、

（13裏）二日、少々雨天ニ見へ候間、早天ニ辛櫃入ル、

　南ノ倉　一

八号　す　十六　み

廿　　　廿四　わ

十七　み
卅五　ゆ
十八　の
一　呂
十　け
廿六　こ
九　せ
四十二　う
三十九　ま
三十二　也
（14表）
廿九　れ
四　ひ
廿七
十五　杖
中倉也、
百十五
百一
百十四

廿二　宙
十一　白
三　イ
十三　朝
六　ね
四十　て
廿五　江
十二　薑
五　永
三十　ろ
廿一　む
廿　し
十四　号
八十六　暑
百二　玉
九十九　剣

八十九　を
六十三　光

五十　□〔夜カ〕　七十九　く
六十七　よ　百十三　木
九十三　列　余
に　台
右之通りニ仕舞也、櫃ノ肩ニ、明治五倹〔検〕査ノ紙札有ル故ニ、此度不残、明〔治脱〕八年倹査ノ印ヲ押
シ置く、

（14裏）
・二階ニ屏風ノ損シ数々有り、塵芥ノ記号ノ櫃、二十五有り、八角ノ三尺余りノ台有り、其一面、図ノ如シ、又八角ノひくき箱有り、何れも金具付也、

・北ノ二階ニ塵芥七箱有り、〇下ニハ櫃ノ損シ、凡廿一斗り有り、大庫〔床〕二ツ、椅子一、床子大三ツ、小二ツ、膳タナ二ツ、机ノ損シ数々有り、

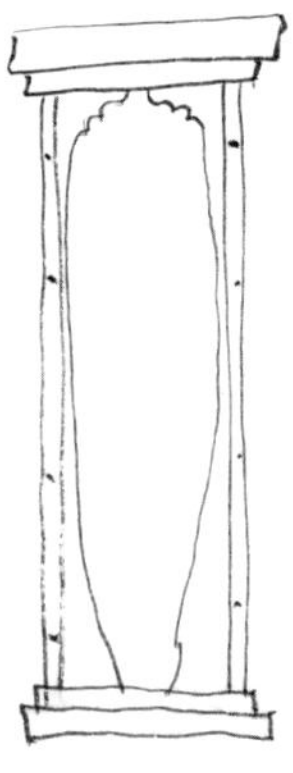

・琴ノ損シ板、和琴類も有り、

去ル廿六日
・辛櫃類ノアキ箱、倉へ入れさる分、大仏殿内ニ置シ箱ニ、去ル廿四日、廿五日品物仕舞テ、廿六日南倉を開キ、右仕舞シ箱ヲ倉へ納メ、又倉へアキ箱納メ置キシヲ出ス事如左、柏木ハ大仏殿へ立合ニ行く、私ハ倉へ参ル、

南倉へ納ル分、

（15表）
三十四　ふ　四十一　荒

黄熟香　箱　　四十六　い

四十五　め　　四十四　来

四十七　　　　十九　洪

三十三　歳　　菜　　三十一

三十八　辰　　三十三　蔵

三十七　寒　　四十三　陶

　同倉ヨリ出ス箱、

廿四　わ　　　　　み

十二　薑　　十七　南

　口損し　　廿一　し

六　わ　　十六　み

四　ひ　　廿六　こ

十　け　　十八　の

（15裏）三十　ろ

　二階塵芥ノ箱八ツニ、和ごん〔琴〕損シ一ツ有り、

・去ル廿七日、中倉ヨリ出ス分、

百十四　　百二　玉

十九　及
六十三　光
百十三　木
内納ル分、
六十八
百　夜
五十七　あ
六十九　弓
百　夜
（16表）
八十二　り
五十一　露
六十六　雲
四十九　ゐ
九十七　結
七十一　た
七十三　海
五十二　や
九十九　水

百一
九十三　列
五十六　ゐ
百四　霜
二包　槍
八十　る
七十八　さ
十八　岡
五十五　□〔そカ〕
七十二　新
七十七　芥
九十二
百八　ほ
六十二　は
百七　鳥
百三　万

五十八　李

・山岡大丞ハ、今二日ニ御封付度見込ニテ、田辺つれ、昼比ニ来り、岡部参事も朝ヨリ見へ候へ共、何分ニモ辛櫃類ハ仕舞ヒシカ共、先日来塵芥記号ノ箱ヨリ取出シ候品物、及塵芥ヨリ取(16裏)リノケシ切れ〔裂〕類、局へ持チ帰ル分ノ分け方、未夕方付ス、今二日ニハ成リ難シ、君ニハ五日ノ便船へ乗込ミ候事ナレハ、未夕少々間も有ルニ付、今日中ニ右仕舞シテ、明早朝ニ御封付度由申述シカ、私事ニハ渡リ兼テ、大岡部(ママ)も明極早朝御封申付由申サル、依テ引取ラル、〇管及柏木氏、並ニ稲生氏等ハ、我模製ノ為メニ、兎角二日を延シ度由、此間ヨリ度々申され、今朝ニ至リテハ用事もせすニ申されしか共、私事なり、且ハ見すカシニテ出来難シ、成ル可クダケ仕舞方致し候テ、残ル時ニハ不得止、其実ヲ以テ申談セハ、必ス叶ヒ候トテ仕舞仕リ、何分数多ニテ、昼後ニ方付ス、依テ此実ニテ山岡氏ノ右ノ通リ申セハ、勢ひ今夜ニモ御封付ルト云ハ押立ラレズシテ、私見込ニ明朝ニ定ルナリ、

(17表)・山岡氏、宿へ帰られ候テヨリ、切れノ箱ニ入レ方、且ハ衣類ノ部類ヲシテ箱ニ入レ、又器類も分テ箱ニ入レ、漸く夜分ニ至リ不残仕舞出来候也、中ニも考証ニナル物ハ一、二ノ図ヲ取リテ置候事、

・三月六日ニ不残立合ニテ御倉へ封ヲ付ル談付、五字比ヨリ岡部ハ見へ申候、又引つゝき山岡、田辺も見へ申也、引つゝき稲生、藪氏も見へテ御蔵へ参ル、倉ノ鍵、及ナワ封ハ東大寺仕ル、南ノ倉ヲ開キ、二階へ衣類《三ッ》及器物《一ッ》ノ入りし櫃、及新羅琴二面入レテ戸ヲ閉シ、御封ヲ付ラル、次ニ中ノ倉ヲ(17裏)開キ、一統南同様一見しテ戸ヲ閉シ、御封ヲ付ラル、次ニ北ノ倉ヲ開キ、琴ノ損シ板類、及机ノ足、及櫃類ヲ仕舞ヒ、一見シテ御封付ラル、早十字ニ至ル也、

・山岡、田辺氏ハ水門前ニテ別レ、直く大坂さしテ出立也、持帰リノ文字ハ、昨日荷物ニシテ、箱、筵包ミニシテ宿へ廻ス、此文字ノ古箱三ツハ、内ニ往来数本、且少々紙類有ルニ付、岡部参事封ヲ付テ、東南院ノ蔵へ仕舞事ニ談シ置キ申候事、

・今三日ハ、管、柏木氏ハ自分ノ荷物仕舞われ申候、私ハ此間より押形取りシ図別ニ書入レ仕ル、

・蚊張六九一張、かり賃一円、六七一張、六十銭、南千田中丁ふとん屋茂登へ払フ也、
此間、戸を東京へ廻し候賃、九十銭斗、菊屋へ払ふ也、

(18表)
・管、柏木、私、猿沢近辺、汁子食ヒニ参ル、

四日、管、柏木氏、前同様荷物仕舞、私ハ押形ニ書入レスル也、

・町田氏ノ刀子ノ料、五円六十八銭、私ヨリ扣へ柏木へ渡ス、

・柏木氏ノ戸、六十七銭五厘、木津迄運ちん一円三十五銭、写真及柳家墨代、〆二円受取ル、

・蕨手太刀、柏木造ル処、九円二十銭懸り候由、

・四聖坊、先々御倉片付候トテ来ル、

(18裏)
五日、六字前、管、柏木氏出立、京へ向ケ参る、祇園会見る、八日、大阪へ向け参り、十二日、乗船ノ見込、

・庫中紫檀ノ小箱ノ金具出来、鋲百十五本、金けし、錠前金具、チヨウツガヒ、何れも金けし代、

三円、山口宗三郎へ払フ、
・夕方、紙源、及団扇や〔屋〕へ参り、色々問答スナリ、少々風け〔風邪気〕なり、

六日、博覧懸〔会脱〕り、官員、及会社ノ人々も、今日初テ休日セラル、私ハ風邪ニ付ふせる、此間塩田氏ヨリ申来リシ当地団扇、見本見せニ来ル、
・局へ管、柏木氏、昨日出来ニテ、当地ノ様子、御倉仕舞等申遣ス、
(19表)
・岩茂も《来ル十日ノコト、》、兼テ頼ミ置キシ和琴ノ足ノ造り様、申遣ス、
・岡本十郎方へ石版ノ代付、及油画具払方、申遣ス、
・兼テ岡本桃里、私ノ認物望候間、庫中鏡ノ摺物ニ讃仕ル物と、外ニ歌一枚遣ス、車輪石ノ代、間合セニヤる也、
・管〔菅〕大宮司へ兼テ頼ミし布留ノ古剣、昨年地中ヨリ出し候物、拝見ニ罷出候《十二日》ニ付、頼状ヤル、
・白山五郎ヨリ、此間庫中ノ籠模造ヲ頼ミニ参り候間、代一円程懸り候由、返書出ス、
・御物七宝鏡求め度、ヘンケヨリ申来ル処、売物ニテハ更ニ無キ由、返書出ス、
・勢州尾嵜へ仏足石摺物、小楠公摺物、目録不残、南円堂灯籠銘、合テ三通りツヽ廻ス、此料一円三分也、

(19裏)
七日、同様ふせり申候事、昨日押形取り度物、社ヨリ来ル、如左、

竹タンス　　風炉

古印　二　　古鏡　六
水瓶　　　　升　大小　六
釣升　　　　瓦硯
鎌鋸　　　　土偶人
沓

右、過年押形取り申候、八月ニ取ル也、

八日、押形ヲ取り、夕方、龍松院へ参ル、稲垣老人来ル、元此寺ノ家来也、且正観院ヨリ菓子もらう、返礼ニサトウかき餅贈ル、

・岡本十郎ヨリ状来ル、高橋状入ル、松大路ヨリ宇佐博覧会ニかし候器械類、皆々返ル、斉藤氏ハ井上氏へ移られ、白井氏ハ又邸内へ来ル由、

・三日夜、十二字出火、内務省不残消失由、申来ル、

(20表)九日、前同様押形ヲ取ル、夕方、四聖坊へ律管返シニ参ル、

・六日、社ヨリ廻ル品物返ス、水瓶、人形ハ残ス、

十日、前六日ニ付ル先々へ書状出ス、今朝、西(十一日也)五条山一里半斗り、焼物師井上方へ参りテ、製作場を一見し、重ね鉢四ツ分求ム、十銭也、板木、鉢一荷あつらへ置、出来上り候ハ、東京へ廻ス様申置、料、

一荷凡五、六円と申事、三円手付ニ預ケ置、

・大和添下郡、砂茶屋遊〔郵〕便所ヨリ六丁東、五条山かま西〔窯〕、井上忠二郎と申候らへハ、慥ニとゝき候由、

直く又車ニテ帰ル、上下二十銭、賃、

・夕方惣持院へ参ル、先日私ニ、内山ノ古仏ノ玉眼一寸余り、是ヲ呉れ候様申され候へ共、此替りニ

古経望置く処、一巻呉られ候、次ニ一巻呉られ、又一巻呉られ、合テ三本也、

・蘇悉地経巻中 麻紙ニ見ユ 天平十二年、大浄〔乗〕法門経 灰入紙、法集経巻三 天平十一年、

（20裏）・社ヨリ、匕首 龍田社、古鏡 大和社、升 二 薬師寺 招提寺、粟原寺露盤、西大寺卣、南円堂銘、西大寺古印、

以上、社ヨリ廻ル、

・管氏ヨリ大坂出ノ状来ル、両人荷物賃、私方ヨリ扣へ呉れ候様申来ル、

十一日、奈保山東西両陵々掌従五位北河原公憲、及藪氏来ル、兼テ達シ置シ元明天皇ノ御陵ノ碑、摺方ニ、三人つれニテ早天ニ参ル也、般若寺ニ、三町北ヨリ西ニ入ルコト凡十町ニシテ御陵有り、門内へ入り、（21表）木柵ニつたひ右へ廻り、後ノ方ヨリ峯ニ上ル、近来人ノ入ルコト禁らレシ故ニ道無シ、草人ヲ埋ム、漸登テ、五尺斗り建物有り、内ニ碑有り、高三尺斗り、巾二尺余、厚一尺余、小米石ノ如クシ、文字剥落シテ一字モ見へす、然れ共三枚摺ル、一枚ハ局用、一枚は教部省用、一枚ハ私用ノ見込、次ニ門外へ出ル、向ニ、先日参りし狐石ノ有ル稲荷社見へ申候事、昼前ニ帰宿ス、

・三代実録〔類聚国史〕 百八十仏道七云、

孝謙天皇帝天平勝宝元年十二月丁亥、大神祢宜尼太〔神脱〕朝臣杜女（其輿紫地一同乗輿）、拝東大寺、天皇、太上天皇、太后、同亦行幸、是日、百官及諸氏人等咸会於寺、請僧五千、礼仏読経、作大唐渤海呉楽、五節田舞、久米舞、因奉大神一品、比咩神二品、左大臣橘宿祢諸兄奉詔白神曰云々、尼杜女授従四位下、主神太神朝臣田麻呂外従五位下、施東大寺封四千戸、奴百人、（21裏）婢百人、又預造東大寺人随労叙位有差、

・東鑑第二

治承五年正月十八日乙丑、去年十二月廿八日、南都東大寺、興福寺已下堂塔坊舎、悉以為平家焼失、僅勅〔寺脱〕封倉等免此災、火焔及大仏殿之間、不堪其周章投身、焼死者三人、両寺之間、不意焼死者百余人之由、今日聞于関東、是相模国毛利庄住人印景之説也、印景為学道、此両三年在南都、依彼滅亡帰国云々、

・同四

元暦二年三月七日、東大寺修造事、殊可抽丹誠之由見ユ、

・東大寺要録第七也、

（22表）銅鉢六口（二口大仏料 四口四王料）　大円鏡四（三面円 一面方）

赤漆辛櫃四口　漆泥濱床五前

長床十八前　安机一足

高机四十前　　二重机八前
大燈籠炉一基在庭中
　永観二年五月二日

・第三　供養東大寺盧舎那大仏記文
貞観三年歳次辛巳春三月十四戊子行大会畢
　一公家施物［ノ内ニ］
辛組二　長各七尺二寸 弘二寸四分　緑絹三疋三丈絹九匹
唐夾纈十一匹三丈三尺一寸　殿　四丈為一匹
女舞衣二領　　裳三腰
裙帯一枚　　頭巾一枚
（22裏）　諸人奉加
儛女装束　　唐衣九領
唐裳四腰　　袴一腰
　已上大僧都真雅奉加
儛人衣四襲　　菩薩装束二具
唐錦九尺三寸　　青摺衣二領
　已上東大寺衆僧、奉加儛人装束料

○請法用僧等合一千三員

散花師十人　錫杖僧百八十人

甲僧二百人

○諸楽人

○天人楽六十人　古楽人

（23表）新楽人　高麗楽

和楽八十人　和儛内舎人廿人

東儛左右衛六十人

○一基居諸濱在物御挿頭花銜風鶉

瑠璃壺一口　納沙金一百十六両

○挿頭花

我今貢仏　挿頭花枝　願以此報　所念自随

○大花盤一　四基　高三尺六寸広六尺六寸

二基　居唐鉢一口盛飯各六石二斗五升

二基　盛蒸餅各二百丸　径五尺三寸、高三尺

二基　盛薄餅各六百五十丸

（23裏）二基　盛捻頭各八百丸

二基　盛一冨脏各四百卅六丸

二基　盛和餅各四百八十五枚

二基　盛釣四百三十二累

已上、龍松院《清水公賢》ノ本ヲ以テ抜書、当時右本ヲ底（ママ）本トナル、

・大仏古門ノ油画モ、今日出来上り申候、亀井氏も大き骨折りナリ、先日来、油画始メニ南円堂ノ小ナル物出来、次ニ古門ヨリ東ノ見込ノ画一枚、次ニ博覧会大仏前大画一枚、次ニ猿沢池ノ夜景小画、次ニ春日若宮夜景ノ大画、次ノ右（ママ）ノ古門ノ大画、合六枚也、

・夕方、上司氏来ル、太刀、此外模製物見せ候テ、酒出し申候事、

・琴茂《十二日ノ事》も書状来ル、兼テ頼置候和琴出来ニテ、九日私宅へ廻し候間、足ノ古風ニ造ルコト、あとニなり候由、且来ル十五、六日比ニハ、（24表）必ス此表へ参り候由申来ル、

十二日、早朝、車ニテ古社へ参り、社務所ニテ管大宮司ニ面会仕リ、宝庫を直く開キ候テ、昨年堀出せしフツノ御玉ノ御剣拝見す、刃、片刃ニテ、刃ノ方へ曲リ、今ノ短刀身ノ如ク、シノキ無シ、頭ニ鐶有リ、大ひにサビ高クナレ共、無事ニ伝ワレリ、其形、高麗剣ニテ、龍田社ノ匕首ニニタリ、

(24裏)次ニ鉄楯拝見シ、押形ヲ取ル、長五尺余リ、巾三尺位、此製モ新羅物と見ユ、鉄ノハギ方甚奇ナリ、鉄色、局ニ有ル白川県下ヨリ出ル甲ニニテ、一千五、六百年前ノ物ニ見ラル、次ニ鉾ヲ拝見ス、是又押形取ル、長二尺斗リ、六ツ又有リ、表裏ニ、金ニテ文字数々象眼ニテ入ル、鉄色赤ク、ギラ付テ、金色尤宜敷、是又楯同様ノ国ニテ、同地代〔時〕ト思、把二尺斗リニテ、径二寸位、朱ヌリ、根来色ナリ、

鉾

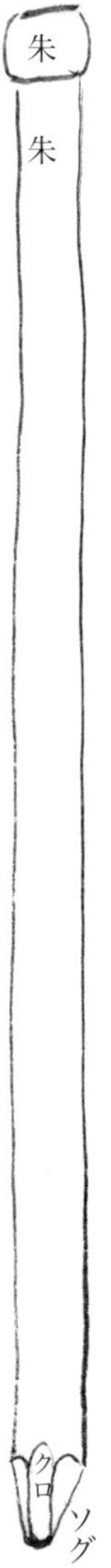

(25表)少宮司、上司悴祢宜面会ス、右庫中ニテ拝見シ、元ノ社務所ニテ少々咄し仕リ、次ニ引取、社ノ西ノ山も切レテ、少々道直し出来、此辺甚古めかしくテ、実ニ何も乍らさひたり、次ニ元ノ車ニ乗り帰ル、猿沢ノ池ノ南迄、上下一分一朱也、次ニ指物師へより、根来盆ヲ求む、小ノ方ハ、内朱、外廻りクロ、中央木地代一分二朱、一枚、大ハ内朱、外廻り朱、クルミ足有リ、中央クロ、代一分一朱也、次ニ押重居へより、窓ノ木戸〔扉〕ヒラノ木ヲ求め置ク、

次ニ東向丁押伊ニテ、根来ノ菓子器十枚、一分二朱ニテ求ム、昼前ニ帰宿す、

十一日也
・土偶人、匕首、古鏡、升二、露盤、灯籠銘、昨十一日ニ、会社へ返シ置処也、

・十二日、会社ヨリ品物廻ル、如左、
（25裏）大和木楯　　古社鉄楯
後光　二　法隆寺　　同寺　金銅籏
同寺　土偶　三ツ
・此間、三嶋ヨリ到来、蕨手太刀、極小ノ身、鞘、及金具出来也、
研代二十銭、七月十五日払フ、
塗代二分、千吉へ七月十四日払、
金具代三歩、　金馬兄弟ト山口、三人ノ作、是へ払ス、
鞘木地三朱、

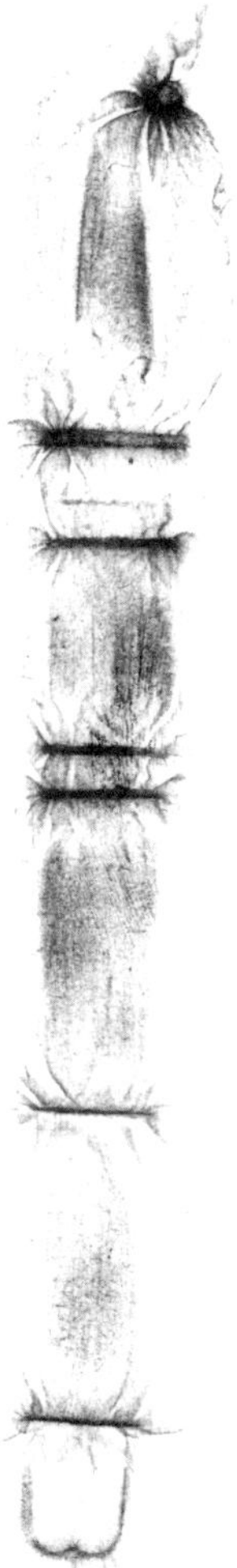

（26表）・夕方、橋本、太刀見ニ見へ申候間、太刀、刀子、此外模製物、数々見せ申候テ後、酒ヲ出ス、杜園ニモ序ニ酒出スナリ、何レモ右品見テ悦ひ、又酒ヲ悦ひ申候事、
・夜分、別配達ニテ局ヨリ状来ル、当月三日、三条公、寺嶋卿、此外、大少内外史達も、澳国持帰りの器械一覧ニ見へ申候、

・七日、午前九字御出門ニテ、主上、幷ニ両皇后宮、行幸、
・三日、夜十二字比、内務省出火、各寮、各局詰所、不残焼失、本局煉瓦石造リ所丈無事、暁三時過
鎮火、
（26裏）十三日、此間岡本桃里へ書状出し候返事ニ、車輪石二ツ二円なれハ、ゆつり可申様申来ル、
・四字比ニ惣持院来ル、酒出ス也、龍松院も呼ひニ
遣し候ニ付来ル、然ルニ正倉院木柵仕ルニ付、分
間仕り候間、参り呉れ候様申さる、依テ稲生、藪、
及土木懸　　氏同道ニテ間数計ル処、庫ヨリ東
十間、南十間、北へ十間、西一間、北ノ方ニテハ
八間、角ノ処ニテハ七間ニ及ヘリ、如下大略図取
リテ、内務省へ出ス様被申候、
・龍松院へ寺備用のあひさつ、此間、管、柏木談シ、
植村三円位と申候ハ少きニ付、五円遣し候方、宜（27表）
敷と申事ニより、則五円、植村氏へ頼ミ、贈りも
らう也、
・昨今、法隆寺及其他ノ宝物、摺物仕ル、

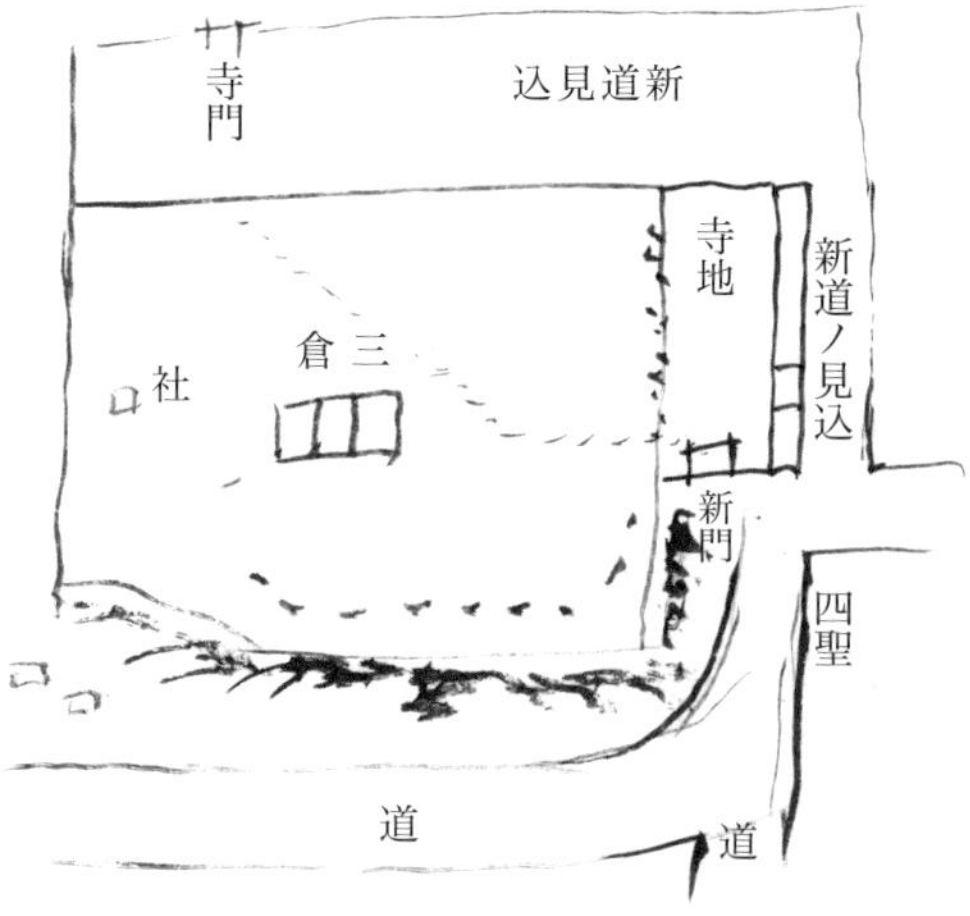

十四日、朝、
・山口宗三郎、払方仕ル、前刀子ノ処ニ見ユ、銅ノ箱金物、六十銭払フ、今日払方合テ一円五十六銭也、
・押重、払方仕ル、
　一分一朱　椿木皿五ツ、
　三十銭　古木サン三十本、
　一分一朱　〻　戸ビラ二枚、
(27裏)・鉄把ノ刀ノ雛形、今日鞘塗上ル、
　身　三嶋到来
　鞘木地　三朱　岡喜
　金具　三分

十五日、法隆寺錐、模造ス、　今日、合テ岡喜へ三分一朱払フ、
　身　打代
　〻　柄代　三朱　岡喜へ払、
(28表)・彫り子周七へ一分払フ、刀子ノ身ノホリ也、
・今日、研師代一両三分二朱、金馬へ払方渡ス、一両ハ先日かス、
・小辛櫃金物模ス、金馬両人、山口合シ、三人へ払フ、

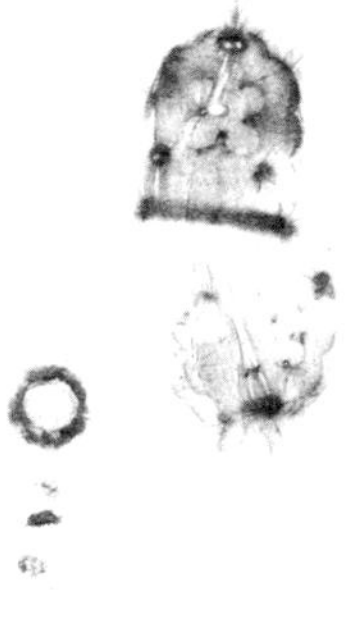

一円十二銭　打釘座付二　花座付坪〔鋲〕五ツ

六十銭　六角花鋲　十二本

一円四十四銭　四角鋲　七十二本

廿四銭　丸裏座　十二枚

〆三円四十銭

・簫ヲ模ス、六月廿五日ヨリ七月一日迄、六日半、手間三円一歩、森川杜園へ払、

（28裏）・石版本二円、一枚摺七枚、松田氏出品ノ受取、社ヨリ受取ル、

・管、柏木両人ノ荷物廻し方賃、三円八貫六百八十文、菊治へ払方、私ヨリ仕り置、

・写真及目録、柏木ノ払方済さるニ付、私ヨリ社へ一円三銭六厘払置、

・荷物包ム筵代、及手間代、十一貫百四十文、菊治へ払フ、

・大和ノ唐糸織、木綿嶋、一反四貫ニテ求ム、

・春日藤ニテ、大和ノ糸入上布、二円七十五銭ニテ一反求ム、

・局へ布ノ代、及春日藤ノ見本、塩田へ報知仕ル也、

・松田氏出品石版、画譜一冊、画集一冊、版画七枚、常備ニ預ケ置クニ付、目録、預証書ヲ謝礼ニ受取ル、

・村上虎次郎、琴師周旅〔旋〕ニテつれ来ルニ付、謝礼ニ写真十枚、社ヨリ受取ル、

・社ヨリ私へ御物写真贈らる、

（29表）〔図版41〕
・鏡入、皮ノ布干也、黒塗也、
〔図版42〕〔黄〕
・古ノキ七宝、又ハ七宝焼也、
〔図版43〕
・白銅鏡、実ニ銀ノ如シ、

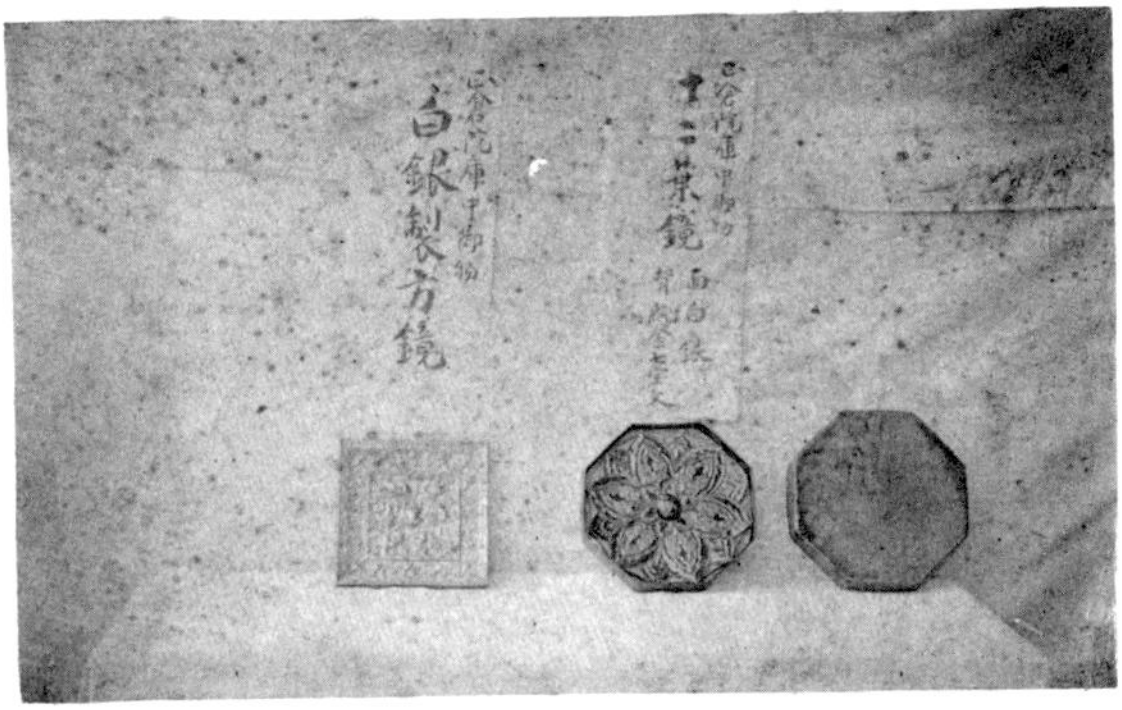

〔図版44・45〕
・道鏡ノ書、実ニ大ゴウケツタルコト知テ、恐ル可キ人ニ見ユ、

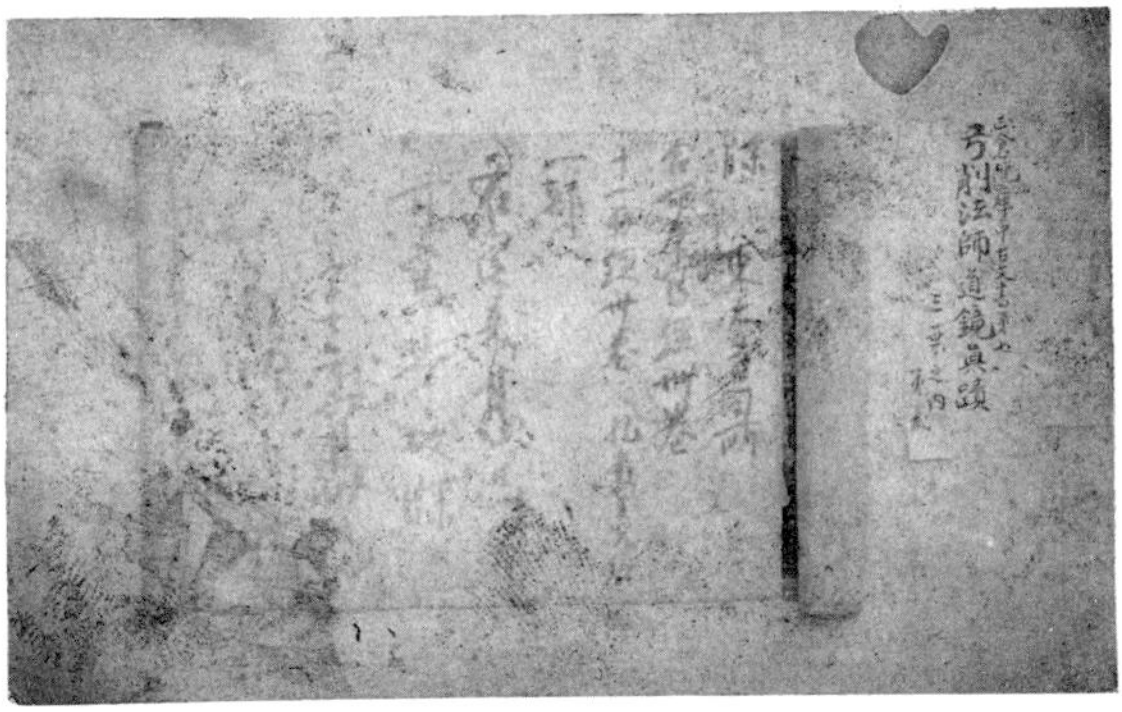

（29裏）

・色々ノ宝物〔図版46〕ヲ漆ニテ固着ス、実ニ七宝也、

・裏、〔図版47〕銀キセ、毛彫リ、金滅金ニテ見事、

・誠〔図版48〕ニ実直ニシテヲトナシ、、白麻紙ヲ用ル、今ノ西洋紙ノ如シ、

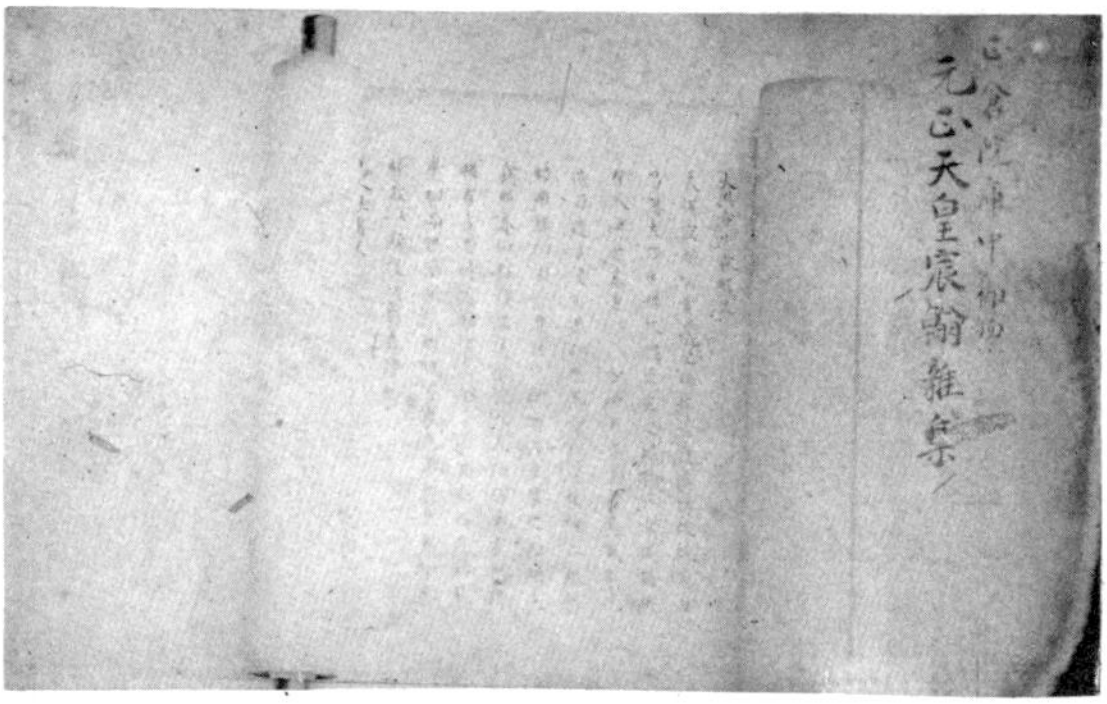

（30表）〔図版49〕

・女子（ママ）ニモヲトラヌ書也、五色ノ紙ヲ用ル、
今ノ西洋紙ニ似タリシ、古ヘノ唐紙也、

・古ヘ此器〔図版50〕ノ世ル（ママ）ユエンハ、実ニ細工ト云、見事、
必音もよかレト思フ、
・北方ノ楽器也、

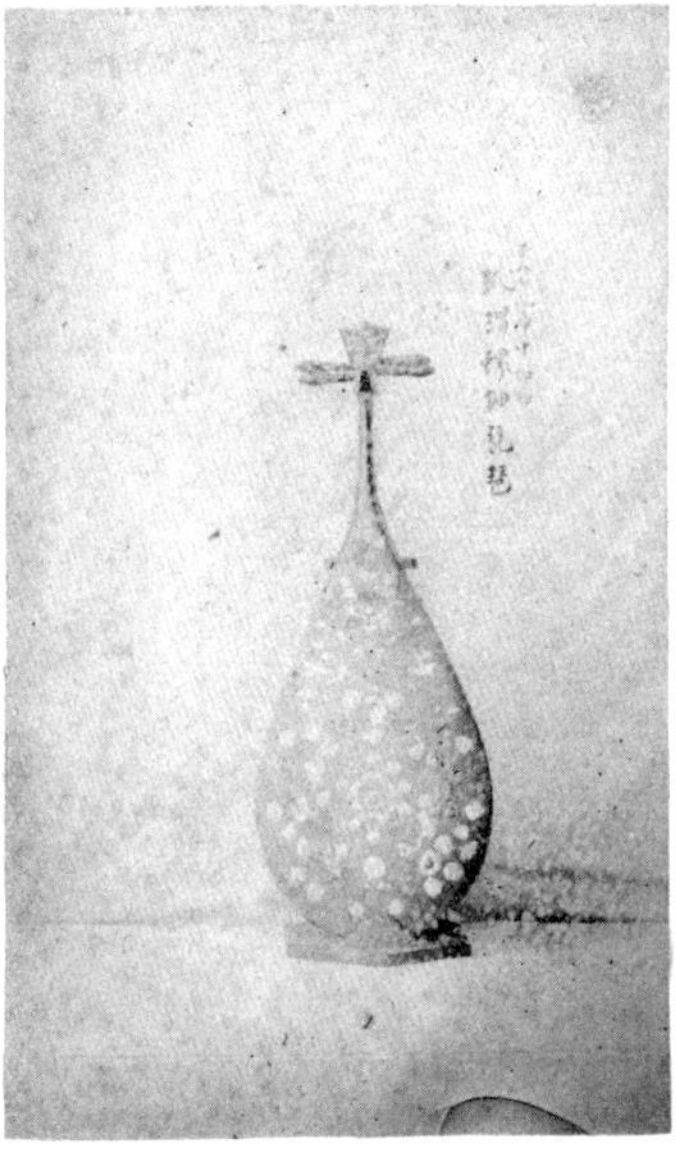

（30裏）〔図版51〕

・此書ヲ以テ見レハ、今世ニ光明子ト書ハ、皆別人也、

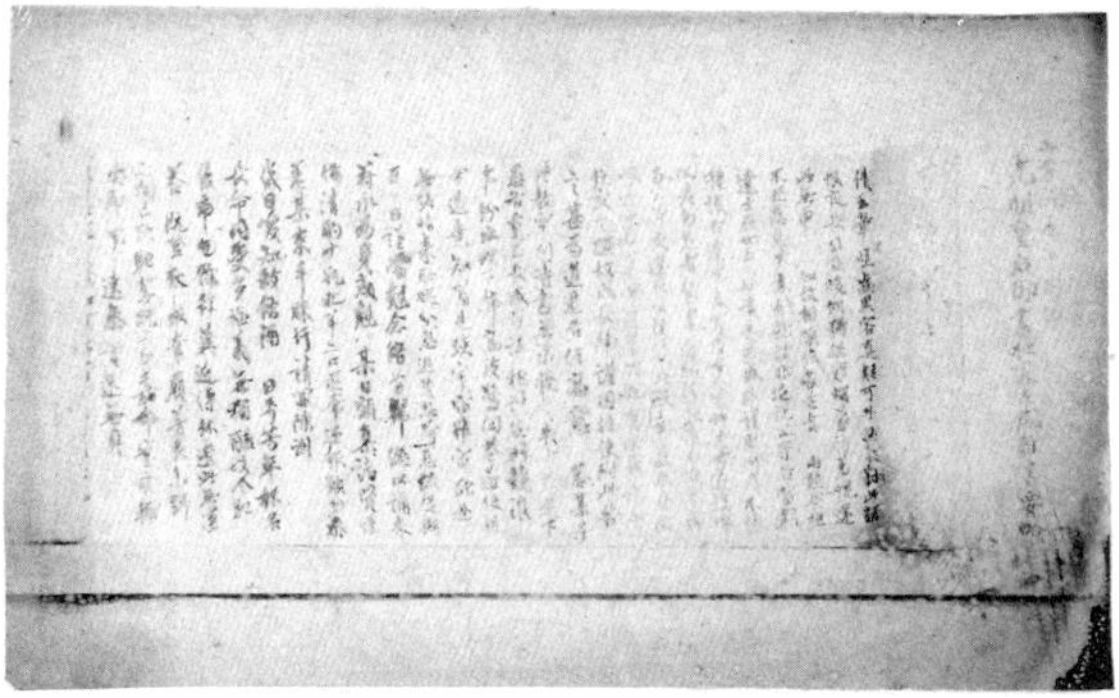

〔図版52〕

・北方ノ製ヲ移シテ、支那音ニアウ様ニ五絃ニセシ物ト見ユ、

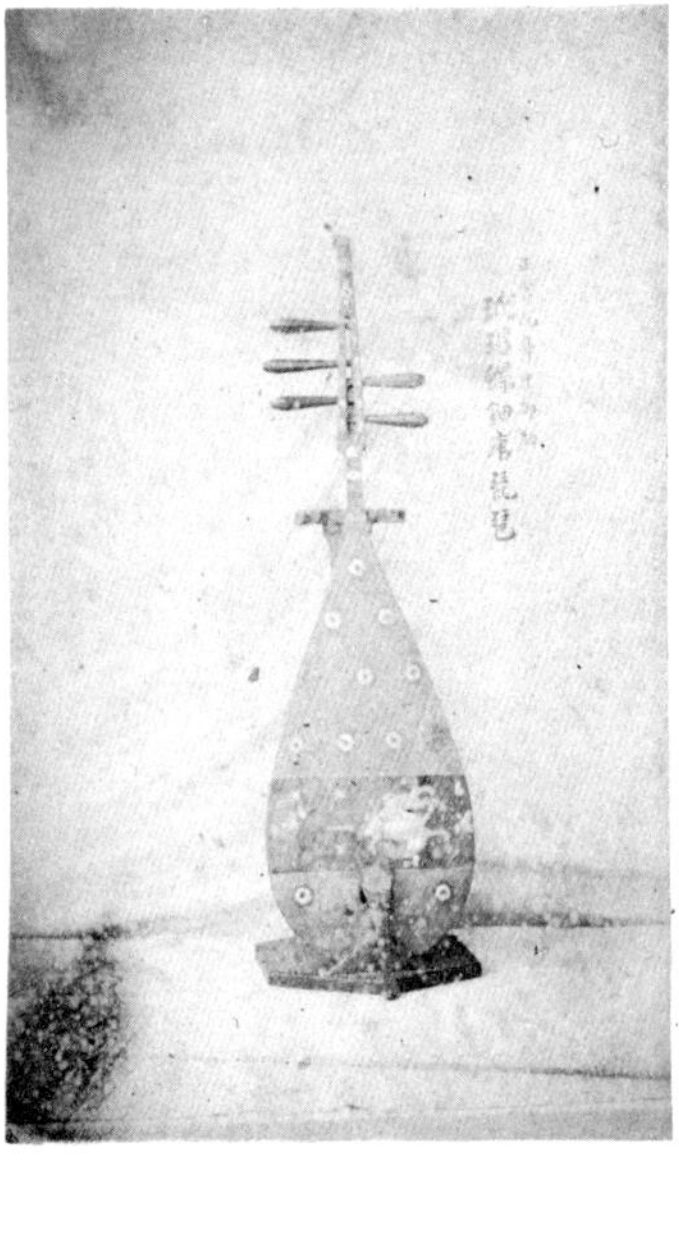

（31表）聖武天皇

・此書ニテ押勝ノ人トナリモ知ラル、無トンジヤクノ、大ナルコトヲ好ム御人ト見ラル、

〔図版53〕

・染象牙ヲ入ル、誠ニ美ニシテ、古ヘニモ細工も音楽も盛ナルコト知ラル、

(31裏)
・道鏡ハ、才キも有り、知モ有り、人々に人望ヲ得タルコト見ラル、

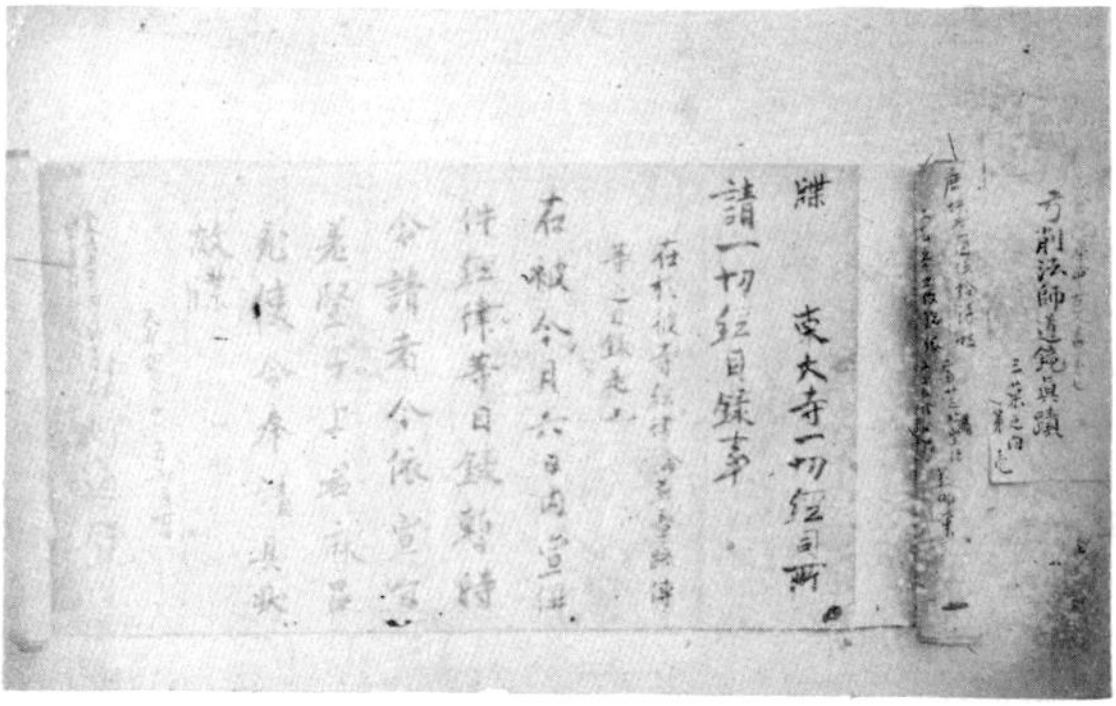

［図版45］

（32表）［図版54］

・光明子ハ、才キ天皇ニ勝リテ、甚智も有リ、大ひニケムタキ人ニ天皇ハ思ワレシヤ、只ヲシムラクハ尼子ニテ、世ノ政ニ心入レ少キハ残念也、

（32裏）

・此器〔図版55・56〕も夷ノ物ト見ラル、南国ノ製トソ思フ、
貝、タイマイヲ用ル、

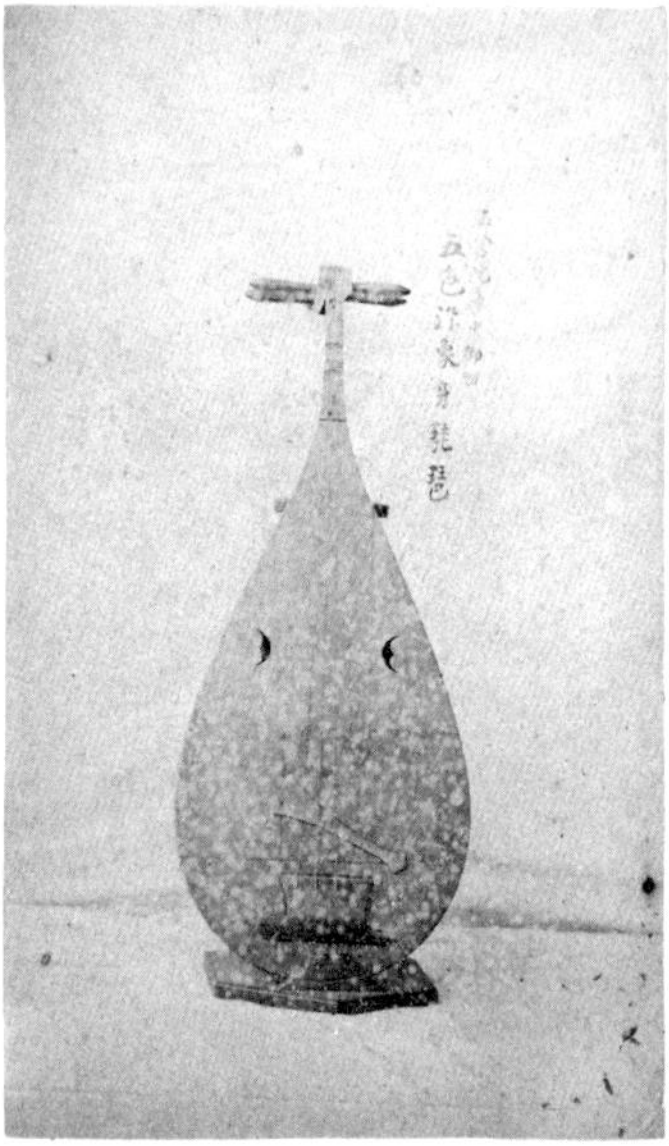

・染象〔牙脱〕入ル物、前〔図版53〕ノ表也、

（33表）〔図版57〕

・宜ノ字、孝謙天皇ノ書ニテ、此字ニテハ無事ナル通常ノ御人ト知、

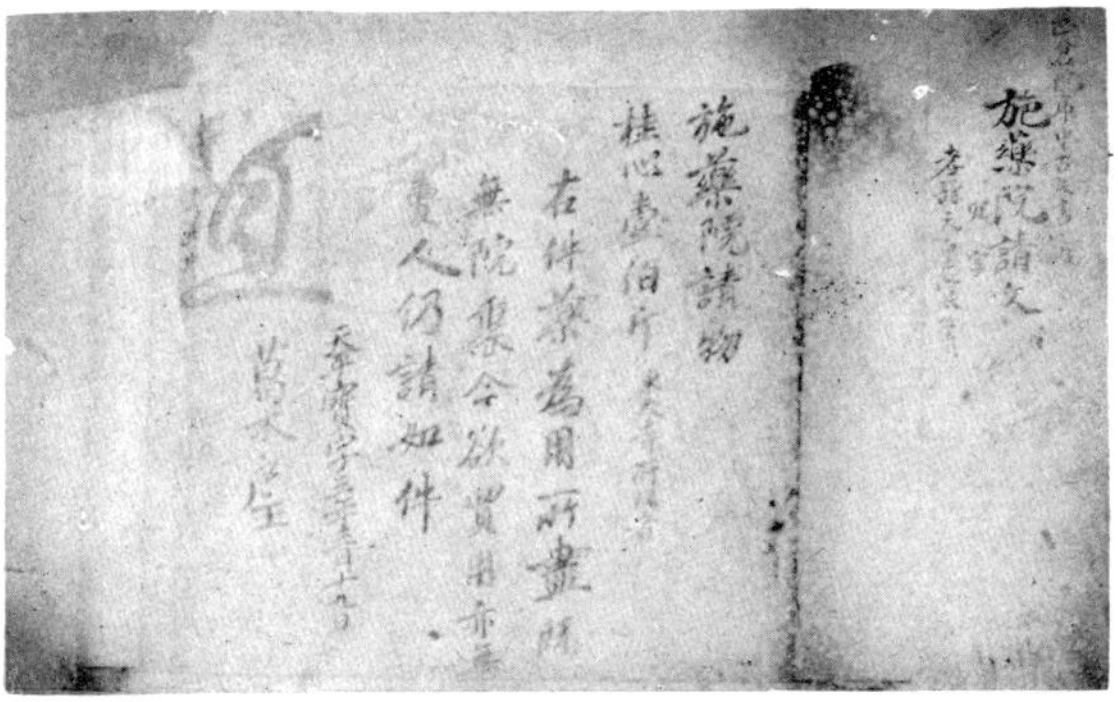
施藥院請物
桂心壹伯斤
右件藥為用所盡
人仍請如件

・此武器ヲ以テ、古ヘ伎楽、義〔儀〕杖等ノコト知ラル、古雅ナリ、

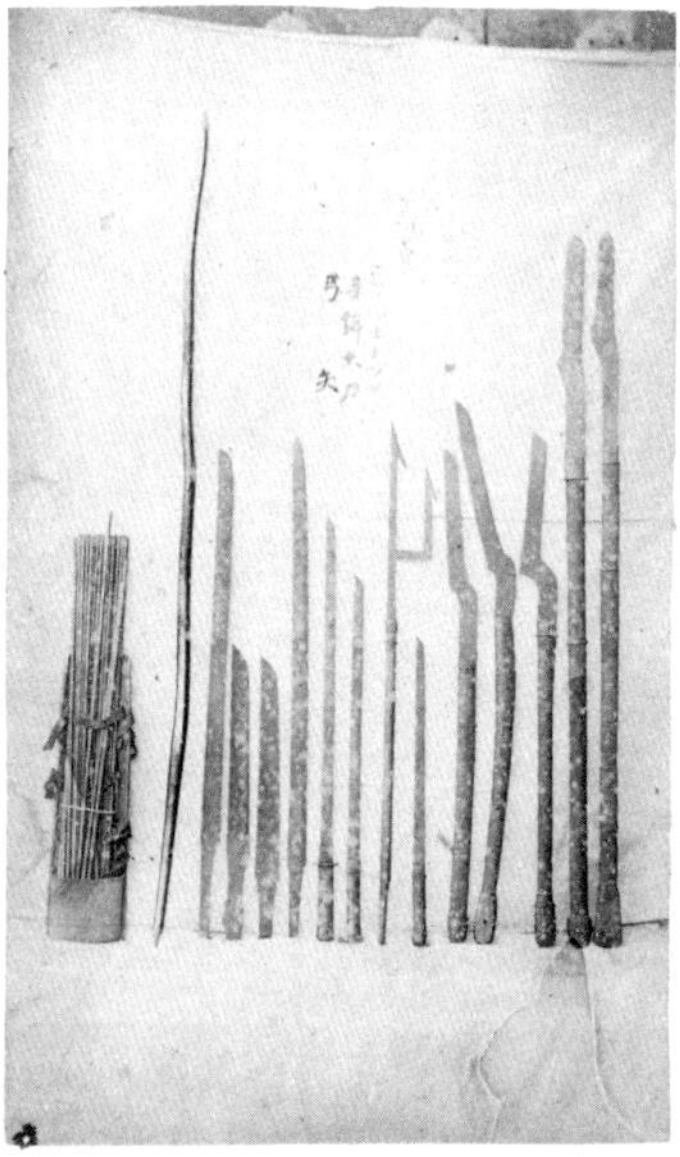

（33裏）〔図版58〕

・此香木ノ、世ニ尊シテ、大ナル物伝フ、アヒスヘシ、

・義〔儀〕式、及楽剣、弓ナリ、何レモ多クハ唐製ナリ、

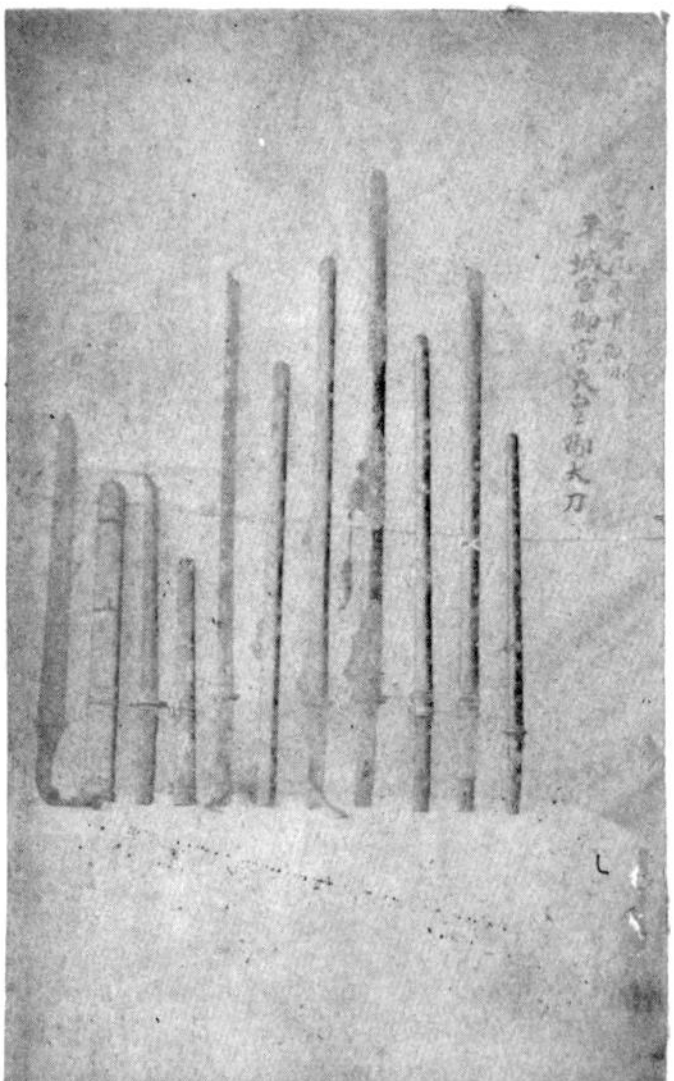

（34表）〔図版59〕

・此書ニテハ、押勝も一クセ有ル人ト知ラル、

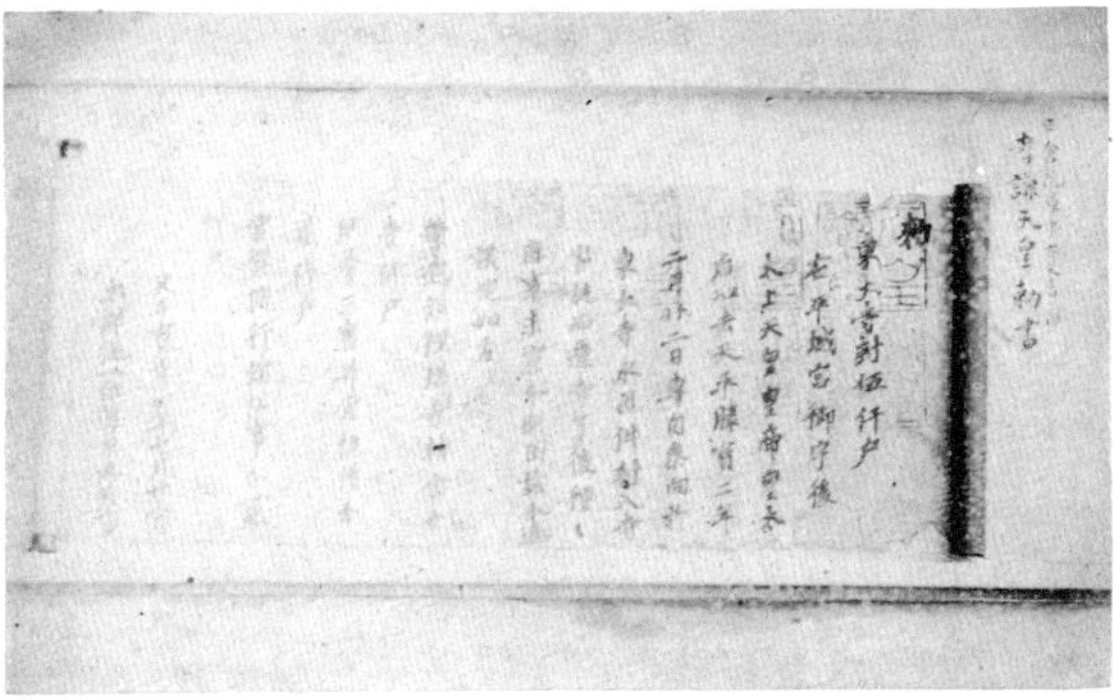

・此器、実ヲ尽セルコト、海南ノセイ（製）ニテ、印度地方物ナルや、

〔図版60・61〕

(34裏)

・鳥毛屏風、古雅ニシテ珍ナリ、［図版62・63］

・此器も支那細工ト見ユ、古ノ炭灰残レリ、［図版64・65］

（35表）
・上紙煙草一箱代、二十円受取、是れハ石川ヨリ頼ミノ物也、
・県庁へ罷出テ、岡部参事ニ面会仕りテ、是迄長々滞在ノ礼ヲ申述ル、
・昼後、御用相済候ニ付、明十六日出立ノ書付、稲生氏へ渡ス也、
・私ヨリ常備品ニ、社へ贈ル、受取書如左、

証

卵ノ善悪ヲ試ル器　壱
ボンペイノ堀割ヨリ出ル処花生ノ模造　壱
矢ノ根　美濃守政常作　五本
南海中ボルネヲ島ニ用ル矢　廿三
ローマ府ニ昔シ用ル色石　三
（35裏）
同　障子石　壱
鶴岡別当所持古杯ノ模造　壱
独乙国玉製　キフスニテ模造物　壱
普仏戦争ノ時普国〔独乙カ〕ノ道巧人ノ写真　一枚　外三枚
同国鎊文字　四枚
プートルドノ画　一枚　魯国帝肖像木板　一枚
銅板画　一枚　海面測量図　一枚

外国郵便札　色々　　　　　　　　　　状袋　一枚
繊維工術　一冊　　　　　　　　　　　ペン画　一枚
紙多葉糊製ノ器械　一　　　　　　　　印盤ノ器械　一
横山松三郎写真　一枚　　　　　　　　江ノ嶋ノ油画　一　高はしノ筆
帯袋模造　一　　　　　　　　　　　　写生ノ器械　一
右ハ、博物館江備品トシテ被納、正ニ落手候也、
明治八年七月十五日　　　　奈良博覧会社　印
蜷川式胤殿

（36表）
・真田氏も離別ニ来ル、
・公私ノ荷物も包方出来ニテ、菊治ノ若物〔者〕へ東京へノ廻し方頼ミ置、何分ノ礼としテ一分贈ル、送り状如左、
送り状之事、　　木津迄賃相済、
一、莚包　　　此代
一、西洋箱　一ツ　此代
東京博物館行
一、莚包　　　此代

東京蜷川行

右之通、早束(速)御送り被下候、

明治八年七月十五日　　奈良博覧会社

酒店ノ書

(36裏)木津陸運会社入リ

大坂伊賀政上リ

〻　長堀橋北詰井入ル

蒸気問屋　井筒万殿行

下ケ札ニ、

木津ヨリ大坂迄運賃、大阪ヨリ東京迄運賃、両方共長堀井地(ママ)角、米浪安太郎ニ而御払被下候、已上、

・伊太利亜公使官、キヨソネー、人(ママ)神武帝ノ像望ミニ付、大和辺ニ無之也、若も古像有れハ写し呉れ候様、公使ヨリ先日申来ルニ付、写シヲ廻し候へハ、代料二円二分ト、像ノ根元及伝史聞キ、ヨウソネーヨリ状ト金着スル也、

(37丁表は空白)

(37裏)十六日、朝、京都へ廻ス辛櫃、及古アン燈、古壺、古木類を菊治ニ頼ミ置、

・朝大仏殿へ参リ、次ニ手向山八幡宮へ拝シ、上司、及橋本氏ニ離別ニ参ル処、両人共未夕不来、故ニ宿番ノ人ニ申置テ、上司ニ茶少々贈ル、次ニ三条ト（申脱）鍛冶へ参リ、尾嵜も此後程、能世話仕リ呉れ候様（頼脱）置く、次ニ武蔵野へより、春日社ノアセボノ木、一切モラウ、次ニ春日社へ参り、大宮司離別仕ル処、是れも不参也、次ニ帰宿す、十字比ニ至リ漸く仕舞出来、出立ス、上司、及宮嵜ニ門前ニテ離ル、次ニ森川、四聖坊迄来ル、此寺へより、何れも留守、景清門迄植村氏来ル、是れニテ離ス、是れより人力車ニ乗ル、木津迄一人前二朱、次ニ此川原ニテ琴茂ニ行アヒ候テ、一、二ヲ語ル、次ニ玉水迄十五銭ニテ車ニ乗ル、是れニテ中食ス、二人ニテ三朱余り、次ニ新田迄、（38表）一人前二十銭ニテ乗ル、次ニ伏見迄、二十銭ニテ乗ル、伏見ヨリ宅迄、一人前二朱ニテ乗ル、四字過き也、

・安井へ参ル、七分、先日ヨリ大阪裁判所へ後付処、両三日前ヨリ帰り居ル、

・大仏前マカナヒ魚喜へ、三十一貫三百七十文ノ払仕ル、内二円ハ此間渡ス、

十七日、相宗へ参り、先日ノ《五月廿五日ノ》糸代一円五銭ノ処、一円ノ内二朱ヲカル、次ニ冨永へ参ル、家ヲウリテ横町へ移ル、処ハ小川ノ一条上リテ西入ル町也、悴へ金子借し置候細束（催促）仕ル、次ニ琴茂へ参リ、私ノ和琴造リ料、八円二歩渡ス也、長門琴《四十五円》及春定琴《十円》、古琴《六円》一見ス、次ニ多野へ参ル、宅ウリテ不居、横町入江殿へ同居ニテ、是れへ参ル、娘ハ方付、悴ハ権少伶人ニ相成リ由（ママ）、次ニ平松殿へ参リ、四位殿ハ越後（38裏）ヨリ帰リ油一条承リ、次ニ蔵六へより、焼物ノ咄し承り帰ル、奈良ヨリ廻シ候荷物着ニテ、大小四ヶ、目方二十一貫目、賃一円五銭渡し申候事、夕方宮野へ参ル、留守也、松浦、石原へ参ル也、今日勧業場へより、兼テ頼ミ置画帖ノ画二十枚、鈴木ヨリ受取ル、此料十円也、斉服ノ切れ出来、此料

十四円也、画ト金一円受取、博物館ノ設ケ処一見しテ、矩則書持帰ル、江良かよと申舞子、亀井氏写し方周旋頼置、

十八日、柚木へ参リ二朱贈ル、水衣（マヽ）羽織、縫方頼ミ置、疋田へ参リ、次ニ錺虎へ参ル、奈良へ出品ノ、卵ノ善悪見ル機械三ツ、ブリキ茶卓〔托〕九枚帰シ、社ヨリ贈写真十枚渡し、兼テ頼ミシ正倉院ノ古器物ノ図、笛代ノ一円二分、又ノ写渡ス、酒を出され申候事、今日又勧業場へ参り候処、早二字ニテ引ケ申候、斉服一見仕リ、伊藤氏、今日（39表）宅へ廻ス様申さる、次ニ近藤へよる、昨日ハ藪内へより申候、兼テ頼ミ候（二月九日）石川ノタバコ代二箱料、此間宅へ廻されし由承ル、（十二日十日也）

・私家内、柳馬場丸太丁下ル、傘屋（井筒や善兵衛）ヨリ申来ル、元非蔵人ニテ、寺町頭ラノ宅、年廿九才、是迄奉公を本願寺、有栖川ノ宮ニせし由、火急ニ見せ呉れ候様母ヨリ太介ニ申付、傘やへ遣わさル、

・奈良ノ金物師（二人）ヨリ申付シ屏風金物、廿日迄出来サル段申来ル、私ヨリ此往来ニ三日も懸リテ、入ラヌひま取り候段、申遣ス、

（39裏）十九日、狐塚へ参り、次ニ三宮寺へ尋ル、此辺、鉄道々築ク、

・二字比ニ、私家内ニ見せると云女、改錺虎へつれ来ル事ニより、母ハ罷出ル処、先方少々立チテ来ル、私ハ四字比ニ参ル、一見仕ル処、髪薄く、色中位、才知も中分、全体ノ形も中位、然れ共ひん〔品〕他中ノ上ニも見ゆ、此人ノ母来れ共面会せす、傘屋も面会仕ル処、真面目ノ人也、右女ハ絽ノすそ模様ノ文付、維〔帷〕ニテ、白粉も口紅も無之、甚サアパリせり、此女引取りし後、酒出され申候事、大

てゐなれハ、相談せよと方〳〵ヨリ申さる、次ニ寺町三条縄手四条より帰ル、

廿日、朝、内田へ参リ、次ニ九条土居蔵跡ノ私畑見ニ行、桑大分大きなり（ママ）申候事、

（40表）・五条山本へより、次ニ秦へより、次ニ竹角へより、七宝ノ杯ニツ、一円ニテ求、蒔画ノ小箱、二ツ二円ニテ求メ、中ノ小筥、二円ニテ求ム、次ニ茱山堂へ参リ、蔵谷作、椎（堆）黒二重ノ小箱、十円ニテ求ム、盆、同作一円ニテ求ム、粟田ノ丹山へ尋、次帯山へ参リ、高橋へ行、岡本と申油画師へ問ひ、錦光山へ立寄リ帰ル、

・何カと世話ニ相成ルニ付、澳国ノ町ノ石版画一枚、菊治へ贈ル、

・ローソクヲ造ル箱、奈良会社へ贈ル、便ニ出ス也、

（40丁裏から41丁表は空白）

（41裏）・奈良森川ヨリ手紙来ル、法隆寺ノ土偶人、模造出来ノ由、五人工懸リ候様申来ル、

・大仏シケ谷ニ娘二人有リ、一人ハ廿三才、一人ハ三十三才ニテ、私方へ相談仕リ度様兼テ申来ルニ付、母三谷へ参リ、見合ノ義申候へハ、二十三才ノ女ハ外へ方付、三十二（ママ）才ノ人ハ向不人ニ付、見合トノ事ニ候、

（42表）廿一日、朝、冨永、小畑氏来ル、次、錺虎来りて、西洋形杖、及名札入レ、何れも竹細工也、杖一円、

一方手札（ママ）入レ、十匁ト二朱ト也、東京へ預リ帰ル由申置、傘屋見へ、蔵六見へ、焼物贈ラル、此三人（ママ）へ酒出ス也、昼後、高山寺来ル、夕方、近藤、及西庄八之介、疋田、内田来ル、酒出スナリ、朝御池邸松田来ル、私方養子ハ如何也、組内ニ一人有ル由申さる、一見ハ如〔何脱〕也と申され、依頼置ク処、昼後つれ来ル、先々可ナリ、年十八才也、竹角来リテ古銅器見せらる、

・今日、東寺も参詣人矢張多ク有リ、衣服店多クナリテ、小道具店ハ少ナク相成リ申候事、

（42裏）二十二日、早朝、内田来リテ、木短册贈ラル、竹角へ参リ、次ニ伊東準蔵方へ参ル、大キニ時節マチノ様申サル、次、

・三条寺町西入処ニテ、西洋傘一円三分ニテ、母ノ持料ニ求ムナリ、次、

・寺町通御池ニテ清涼殿ノ燈籠求ム、一円二歩也、又久我殿ヨリ払ひニ出ル平緒、長八尺二寸三分、房九寸五分、二円ニテ求ム、色地縹、両端ニ紫、黄、白、萌黄ニテ菱ヲ織リ替ル、ツヾキ平緒ニテ、真後ニ鳥二疋、両端ニ二疋ノ繍有リ、鳥黄色ノド白色、目クロ色、巾左ノ如シ、時代ハ何比とも知れす、慶長後ノ物ニ思われ求、平緒なれハ、古への物ヲ摸シタルナルヘシ、

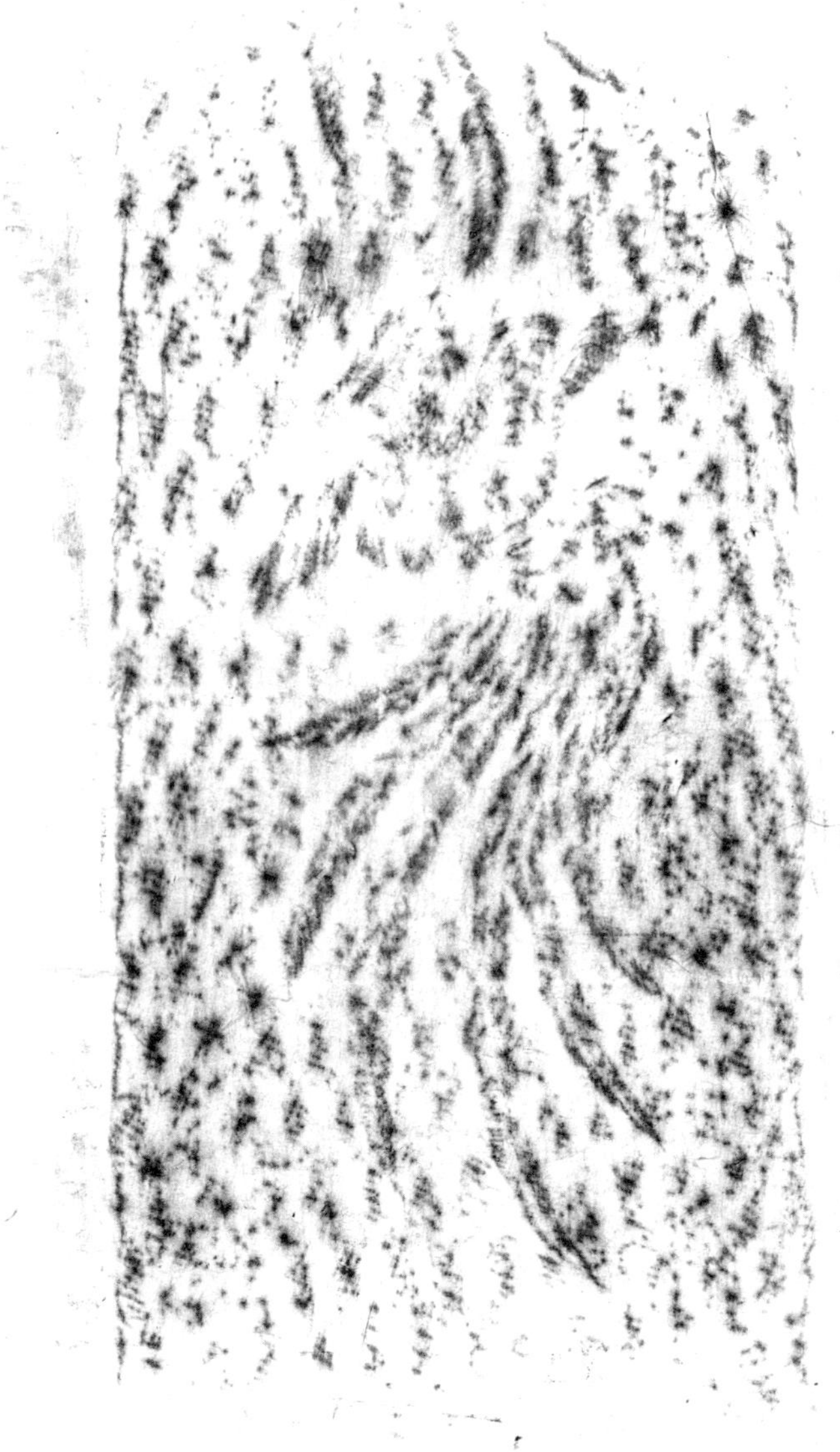

・（43裏）又、清雅堂ニテ古銅ノ器求ム、一円也、

赤カ銅ニテ、鋳物サヒ、コン生、六生、朱色等ニテ古シ、漢以後ハ唐金ナレ共、銅ハ周ノ時代と思フ、

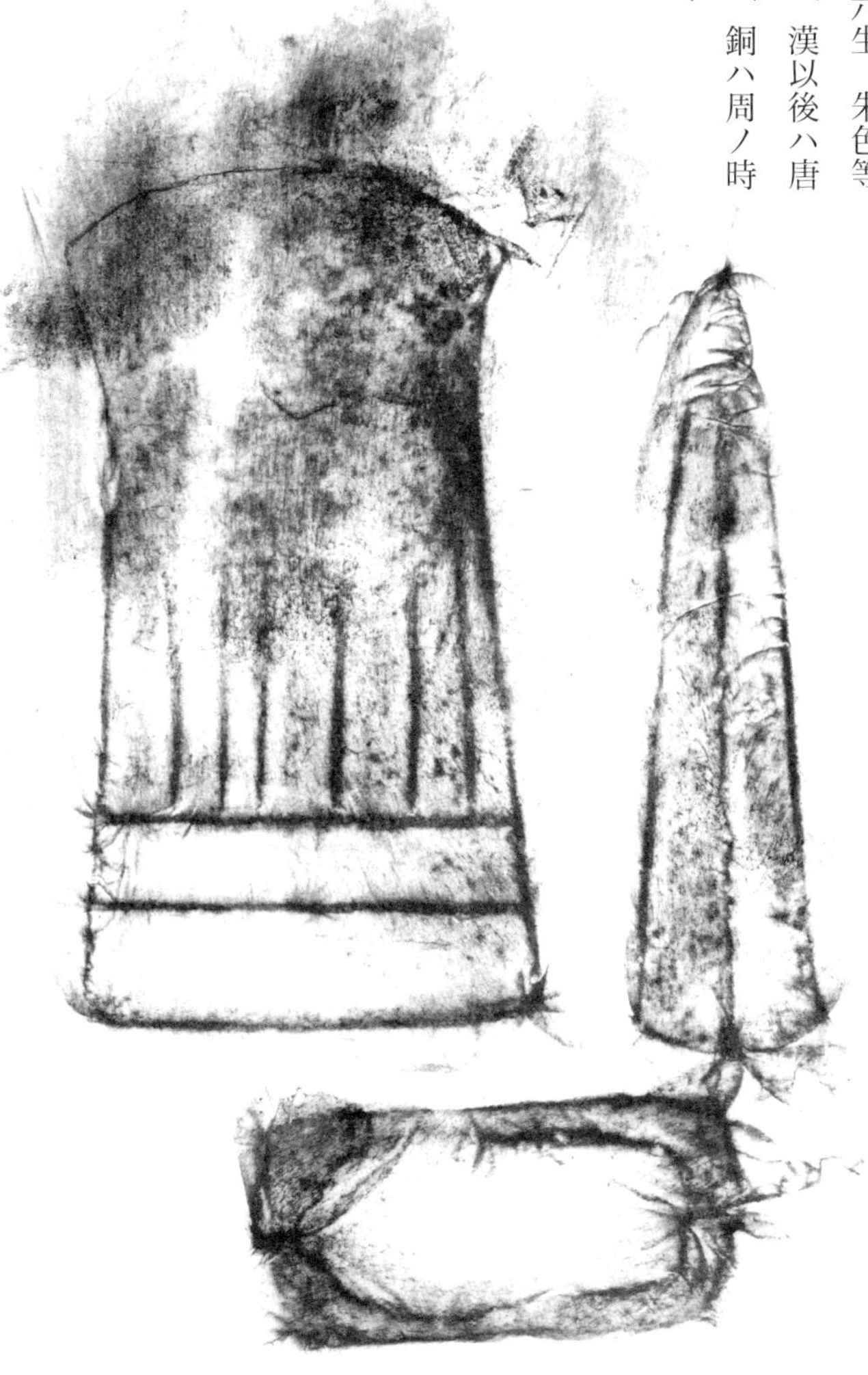

（44表）・次、幹山方へ参リ、新製ノルリ色ノ焼物杯二ツ求ム、二分也、次ニ錺虎へより、此間見合席ニ頼シ
義〔儀〕、礼述ル、
・夕方、竹角来ル、蔵六作鼎ヲ求、十二円二分也、
・此間一見仕リ候婦人、家内ニ相談仕ル様、段々進メラレ候ニ付、先承知仕リ置申候、一両新聞合セ
度段申置く、
・喜行へ参リ、土産ニ金二朱遣ス、

廿三日、朝、姉ハ錺虎へ参リ、右婦人聞合方ニ頼ミ行処、漸く聞合セ、直く致し呉れ、夕方ニ帰ル、
先年ハ不廻リノ処、近比宜敷よし、母ハ正〔聖〕護院ヨリ来リ、当人ノ兄ハケンヤク家ニテ、家内藤森ノ神
主ヨリ来ル、当人才智可ナリニテ、先中等ト申事ノ由、
（44裏）・母ハ、朝伏見やへ聞合セ方、頼ニ行キ候上、町元同役ノ人居候テ、是レニテ聞合セ候へハ、
　寺町通筋違橋下ル、西側、
小野元凱《フヤ》（ママ）、三十六才、養子ニテ、ケン約家ニテ、夫前ヨリハ内宜由、
妻しす、三十二才、里、藤森官〔神〕主、
一男赤塚、本出雲、本周防、寺町今出川上ル宅、大略ノ人ニテ、此人之妻、小野母と兄弟也、内少々悪シ、
二女きく、三十四才、赤坂正性へ嫁ス、
三女まき、二十九才、
四男、本泉涌寺坊主へ行、建凱、二十三才、不筋有リテ帰ル由、

五女ゐい、二十才、病しんノ由、

六男、十八才、赤坂順養子ト成、本摂津、元凱ノ子トモ云、

小野父妻志ゆん、五十九才、白川村照高院宮坊官、近藤雅政里、至テ宜敷由、

・（45表）伏見や、鎊屋、二軒共聞合同シ、先日大略分リ候へ共、直又伏見や入念ニテ、明日中位ヒニ聞合セ可仕様被申候、然シ大方ハ分リ候ニ付、明日ノ聞合をも大同小異なれハ、私方へ通達ニ及ハす候間、早々傘屋へ相談仕リ度段申遣シ、先方是れニ応シ候ハヽ、早々結納、樽、肴代として金十円廻シ、直本人客分としテ、十日カ半月宅へ引取リテ、来月中ニ私方東京へ、本人船ニテ御遣シ被下候様、母及姉ニ申置く、右結納金として十円姉ニ渡シ置く也、船ハ八月中ハ先無難なれ共、九月ニもなれハ、旧暦ノ二八月ニ当リテ海路不宜候間、八月中ニ相決スル様ニ申置く也、十ニ九分ハ談シト、ノヒ候様ニ思われ申候事、

・（45裏）岡本十郎方へ参り候へハ、本人帰リ候様致し度段、老母申さる、先日ハ家内同様ニ申来ル、此間、元大和家内、十郎姉、同様ニ申来ル、此間、何と無元伊賀来、

・菩提院へ参リ候処、先年役中、金子ノ事ニ付手落有リ、謹八十日、府ヨリ申付られ、此間相済候ニより、長髪ニテ面会ス、同事ニテ元大和介、八十日上り屋留メニ相成り、同様此間相済、介手落ニテ役も免レニナリ申候由、

・昨日、咄し仕り置キシ米国ナイヤガラノ滝ノ画、疋田ノ油画ニテ東寺へ奉納ス、菩提院へ渡シ置クナリ、額縁二朱かゝり申候、

・榎、竹、内元、イナバ、山川、永田へ尋ル也、

（46表）廿四日、朝出立、伏見へ出ル、一人前ノ車賃二朱、次川蒸気ニ乗ル、一人前一分二朱、弁当一朱、十字発船、四字ニ大坂着スル、長堀米浪へ参ル、奈良ノ菊治ノ本家也、此金吹場へ参リテ、荷物ノ廻シ方ノ賃銭ヲ払ス、米浪長兵衛へ、

木津ヨリ大坂迄運賃、五十七銭　公私ノ荷、合シテ也、

博物館行三田ノ船賃、一円三十三銭三厘、

東京蜷川行四田ノ船賃、一円二十銭、

右、東丁問や〔屋〕宮本万介ノ受取ニテ、二口共米浪へ渡ス、荷物ハ今ニ宮本ニ有ル由、二、三〔日脱〕ノ内ニ廻ス由、

（46裏）・米浪案内ニテ、長堀、蛭子はし北詰西　やニテ着ス、直片岡、伏見丁心斎はし西入方へ尋ヌ、何れも在宿、印度ノ夜光玉、銀外鍍金ノ指輪、姉おちま及お春へ一ツツ、贈ル、お春ニ張目鏡ノ下ケ物と、東京扇ト遣ス、又角ノ箸、右二人ニ贈ル、夜食出ル、次ニ、家内三人ト私と天神へ参ル、天神祭、今日ニ延ひ候間、敬人参詣ス、元鍋嶋邸前ノ涼ミ、及はし〳〵のす、ミ、船ノ明り多分ニテ、大坂ノ夏ノ景始テ一見ス、又片岡へ立より、直元ノ宿へ帰ル、

・片岡ニテ、政吉ノコトヲ三人共彼是とワル、兎角とうらく〔道楽〕也、先日来私方ニ居ざる由を申さる、

(47表)大坂造幣寮モ洋風ニテ見事ナリ、

此鉄はしも昨年とり出来也、甚見事、

(47裏)廿五日、早朝、天王寺南門前、彫物師玉琴方へ参リ、在宿ニテ面会仕リ、箸五膳、出来合セノ品持帰ル、一分三朱ツ、也、先年尋候節不在ニテ、始テ面会ス、且案ノ定、竹ニ花鳥ノ彫、先年頼ミシコトヲ尚尋ヌ、次ニ住吉ノ神社へ参る、昔乍らニ替る事見へす、蛭子はしへ帰ル、車賃二十銭也、次ニ岡

部へ参ル、車ちん一朱也、お照、お冬ニ夜光玉ノ銀外鍍金ノ指輪一ツツ、贈ル、お冬ニ角ノハシ、扇遣ス、昼食シテ、昼後、四字過天神ノ御祭、私一見ニ府ノ横下へ見ニ行く、お照、お冬、お只も来れ共、私とお照とはしきわニ見物ス、

○ダンジリト云テ、大太鼓ヲ《車付》上向ケニのせ、前後四人ツヽ、打手有リ、袖キ色、身赤色ノジハンキテ、たすきを懸け、赤ノ一尺五寸位高キなげ頭巾ヲ着テ、ドデドン〱ドン〱〱（48表）ト打テリ、数百人シテ是レヲ引ケリ、土人是レヲ大キニ悦ベリ、次ニ、

○祭礼神ニ、高提灯両方ニ参リ一（ママ）行ニ、高キ箱提灯ノ一行ニ、五十位ヒ参リ、次ニ白ノ羽織ニ袴キテ氏子共参リ、又高提灯五十位ヒ参リ、次ニ神官、騎馬ニテ直垂ヲ着シ両人参リ、次ニ天狐（狗）ノ面冠テ、狩衣ニテ乗馬ニテ参リ、次ニ神輿、次ニ、又神官直垂ヲ着シ、乗馬ニテ供ス、甚大勢也、元ハ船ニテ御渡リノ処、近来陸ニテ、大きニさひしく相成リ候よし、大略如此、次ニ岡部へより申候、

○お照、私ノ家内早く決定仕ル様段々進メ、先日二日ヨリ十二日迄東寺宅へ参リ居リ候テ、私ノ帰宅を待受け、是れも家内進メル為ニ往きしか、未ダ帰らざるニより引取りし也、依テ才知なり、（48裏）きりう〔器量〕も中位ひなれハ、小野ノ娘を相談せよと申ニ付、荒ましきめ候つもりニ咄し仕リ置候事、次ニ宿へ引取ル也、

○くれ過きニ、亀井、高津、天王寺、住吉天神ノ旅所、天神等へ参リテ帰られ申候ニ付、米浪へ段々世話ニ相成り候段、礼ニ遣ス、次ニ大川筋ノ涼ミ見ニ参られ申候事、

・暮れ過きニ、片岡夫婦、子、三人つれニテ見へ申候ニ付、西瓜出し申し候、土産ニ氷砂糖贈らる、姉おちま殿の咄しニ、政吉ハ私宅ニ居らさるよし申され、何事も世話せすニ仕リ呉れ候様、然シ病

関連書籍のご案内

2005年2月　※在庫僅少

蜷川式胤「奈良の筋道」

米崎清実　編著

本体価格 13,000円＋税

A5判上製函入　本文480頁　口絵1丁　挿図110点

ISBN 978-4-8055-0492-5

「奈良の筋道」を筆録した蜷川式胤は好古家として著名であるが政府の実務官僚でもあった。彼の事蹟を明らかにすることは明治国家の形成過程や政府の文化行政を検証していくことと同様の意味をもつ。歴史学、美術史、文化財学など幅広い研究分野から待望されていた文化財調査の記録。

2017年8月

宮廷物質文化史

猪熊兼樹　著

本体価格 15,000円＋税

A5判上製函入　本文384頁　カラー口絵16頁　挿図248点

ISBN 978-4-8055-0768-1

前近代の日本の宮廷様式について、宮殿・調度品・装束を対象とし、それら物質にあらわれる形式・意匠・技法の造形様式とその背景にある社会・制度・習俗の生活様式を、「物質文化史研究」の手法を用いて考察する。日本の宮廷における物質文化の歴史を説き起こす、画期的論考。

中央公論美術出版
〒101-0051　東京都千代田区神田神保町 1-10-1
IVYビル6F
TEL 03-5577-4797　FAX 03-5577-4798

気ノ時斗りハ頼むとの事ニ御座候也、
（49表）廿六日、朝、米浪見へテ、赤木綿の袋ニ砂糖入れテ贈らる、宿、武田秀松ノ払ひ、一円ト一貫六百十二文払フ、茶代二十銭遣スナリ、
・三久はし清水丁南へ入ル、西川尚古斉ト申上工ノ籠子師へより候処、何も似合し物今日無シ、次ニ梅田ステーシヨンへ参ル、一人ノ車賃十銭也、次ニ蒸気車ノ下等へ乗ル、一人三十銭也、神戸ステーシヨンヨリ浜ノ長門屋迄、車賃五銭也、長門屋ニテ東京迄ノ便船承ル処、今日ハ青龍丸と云船出帆なれ共、明日出船ノアメリ（カ脱）船アラおニアわ（ママ）、あとヨリ出帆なれ共、早く横はまへ着ノ由申すニ付、明日ニ見合ス、宿ヲ頼む処、隣小角ヲサセリ、此内、海岸通四丁目ニテ、昨年止リシ内ナリ、〇箱根細工ノ小箱、お冬ニ贈ル為ニ持来る処、取忘れ、（49裏）此内ヨリ飛脚ニテ遣ス也、又片岡へも私一日止ルニ付、見物ニ見へ候よう申遣ス、次ニ半野の温泉へ参ル、湯銭二銭也りし（ママ）か、五銭遣ス、上下車ちん十銭也、
・支那人ヨリ、ケントン一疋、三円ニテ求ム、
廿七日、朝、亀井ニ布引ノ滝、及楠公ノ社辺へ見物ニ遣ス也、私ハ丸山ノ温泉へ参ル、湯銭五銭也、上下車賃十銭也、
・宿ノ払、九十二銭、弁当八銭、茶代十銭、女共三人ニ二十銭遣ス、何れも大悦ノ由、長門屋ヨリ乗船ノ札持来ル、私上等八円三分、亀井下等二円二分ヲ払テ直乗船ス、ハシケ船賃十銭也、宿ノ女二

人、大船迄おくり来ル、
(50表)・四字ニ出帆ス、波風無く静也、夕方洋食ス、甚美ナリ、

廿八日、晴天ニテ風波静也、当年ハ殊ノ外、船中とても甚(ママ)し、

廿九日、あかつき三字ニ横浜へ着船ス、夜ノ引あけ方ニ上陸シ、田村新七蔵へ上り支度ス、此代と、ハシケ船ノ代ト、荷物代ト、合テ七十五銭也、次ニステーションヨン迄人力代一人前五銭、七字ニ蒸気車ニ乗リ、八字、新はし着、宅迄一人車賃一朱ニテ乗ル、
・桜井方も岡本十郎殿も、無事ニテ留守せられ申候事、政吉ハ梅辻方へ同居仕り、三日目、五ケ(ママ)目ニ一宿懸けニ来ル由、夕方過ニ来ル、石油社へ嶋田ヨリかり入レ候金子、私分百円、(50裏)外へゆつり受ケニ相成候ニ付、証文返り候間、夫レヲ渡シ来ル、岡本氏ハ留守中頼ミ置ク繍二枚、出来上り申候事、此礼ニ、三十日ニ三円贈ル、夕方、原田見へ申候事、今日ハ岡本と間〳〵のそうじ終日仕ル、

三十日、朝、局へ参リ、公勤表出し置く、田中芳雄、久保ハ信州へ参り、岡沢ハ米国へ行き、山高ハ此間伊豆ノ役船の荷物上けニ行テ、此間帰られ、面会ス、町田ハ不参也、柏木ニ面会シテ、先日来ノ物語りスル也、岩倉殿へ一寸参ル、中殿ニ面会ス、　○駒井氏来ル、

(51表)三十一日、又局へ出ル、岸、多田ニ面会ス、今日も町田不参也、昨日ハ山高氏ヨリ承リ、今日ハ岸ヨ

リ承ル、社寺ノ宝物ハ博物館ノ所轄ト相成リ候ニ付、尾州、近州、大和、山城、紀州、芸州へ取調へニ町田出ルコトニ定リ、其地方ノ社寺ノ蔵ヲ仮リノ倉庫と見テ、是れへ宝物取集メテ、官ヨリ保護仕ルコトニ決シ、是れニ手ヲヲロスト云事也、

・私出立前、古器買上ケノ帳面差出シ候処、私ヨリ扣へ候金、四円六十三銭渡し方ニ先日相成リ、多田ヨリ受取ル、

・七月分月給、七十円受取ル、〇松田ヨリ砂糖、団扇二本来ル、

・先比、博物館、内務ニ属シ候ニ付、私へ給ル書付ノ本紙二枚、多田氏ヨリ受取ル、如左、

（51裏）

八等出仕蜷川式胤
博物館懸申付候事、
明治八年三月三十日
内務省

・帰京ノ届書、如左、

私義
兼而奈良表出張ノ処、昨二十九日帰京仕リ候也、此段御届申上候也、
明治八年七月三十日　蜷川式胤

正院八等出仕蜷川式胤
補内務省八等出仕
内務大丞従五位松田道之奉
明治八年三月三十日
印

仕出シ書、如左、

記

三月十日、東京出立、同十九日奈良表着、並旅行、此里数百三十四里余、

（52表）

但、三月十日東京出立ヨリ同三十一日迄ハ、正院奉務ニ付、同院ヨリ受取、

四月一日ヨリ六月三十日迄、奈良表滞留、日数九十一日、

但シ、右六月三十日迄、調書差出申候、

七月一日より同十六日迄、同所滞留、同十七日同所出立、同廿九日着、並旅行、此里数百三十七里余、

右者、三月一日ヨリ七月廿九日迄、旅費前書之通リ有之候也、

出張人　八等出仕　蜷川式胤　印

明治八年七月三十日

・夕方、山本へ尋ル、井上、矢野参られ、燃水社ノ談有リ、

・白井ヨリ一円二分、原田ヨリ三円、家礼受取ル、

・明朝ヨリ帰省ノ由ニテ原田来ル、

（52裏）

・京都ノ宅へ、無事ニ東着ノ手紙出ス、

・福岡県太宰府博覧会社へかし置候品物、返リ有リ、

星転地球儀　一

電信機　一

石判〔版〕画　二

会社ノ惣代ヨリ、手紙ニ築前シボリ一反贈ラル、惣代ハ松大路信充ナリ、

・今日、兵部省ヨリ、岡本十郎ニよび状来ル、

・留守中会計、岡本、及桜井家内ヨリ書付残金受取ナリ、右家内ニ三分、礼ニ贈ル、岡本ハ留守中繍出来ニ付、三円贈ル、

八月一日、伊太亜〔利脱〕公使へ参ル、在宿ニテ悦ひ申され候、次ニ、ジブスケ方へ参ル、昨日箱根へ参リ候ニ付不在、次ニレン瓦、福松方へ家礼ノト、コヲリ、サイソクス、（53表）ハ、レンス方へ参ル、ヘンケイ在宿也、

・夕方、両国向日院〔回向〕へ参リ、天王寺開帳一見ス、

　陣太鼓　　金銅ノ宝珠、銘有リ、

　京不見笛

同寺ノ内ニ泉涌寺開帳一見ス、棚金蒔画、見事也、

・次ニ橋場丁廿八番、町田方へ参ル、転宅ニテ、フシン〔普請〕ノ央也、出張中ノ咄シ長〳〵ト仕ル、土産ニ仁清茶碗ト、玉琴ノ箸ヲ贈ル、

（53裏）・勢州尾嵜ヨリ来状、奈良へ参リ、同所社ヨリ廻さる、

・尾嵜ノ状ニ、先日頼ミ置候油紙、廻し方頼ミ候処、合しテ十五円十二銭八厘、外箱十銭、西、東京何れへ差し出し候や、問合ニ来ル、江川ヨリも状来ル、さし為用無し、

・植村ヨリ来状ニ、サラサ目鏡代聞合セニ来ル、先日贈リ候蝋燭機械、落手之由申来ル、　〇井上氏来ル、

二日、岡本十郎、八字ニ陸軍省へ参ル処、如下

岡本十郎
邸内取締組申付候事、
明治八《イン》年八月二日
工兵第一方面

仰付られ申候、ツメ切リニテ、月ニ三度位休日有リ、月給ハ凡七円二分、宿料ハ少々廻ル様ノはなし也、

・（54表）昨日、伊太利亜公使、今十二字ニ参ル様咄しニ付、参ル処、同国軍監〔鑑〕ノ人々五人、シーボルト、公使、私、食事出され、色々奈良ノ会一条咄し有リ、○昨日公使咄し、今日又シーボルト咄しニ、仏国ヨリ私ニ、賞配〔杯〕、同国公使館へ来ル由、ジブスケヨリ承ルトノコトノ咄しナリ、

・ヘンケーへ参リ、是迄同人へ廻し候産物見本、勘定仕リニ行く、合テ百円斗リト思ル也、

・今日、井上氏と楠本へ参ル、待ノ所、早井上ハ先ニ行候ニより、直先方へ参ル、井上不来由、不在、帰路面会ス、途中乍ら燃水社ノ見込咄し仕ル、次ニ香川へ参ル、在宿ニテ、奈良行ノ咄し色々仕ル、

○昨今ハ私休日ス、

・安井氏書、種田氏へ届申候事、

（54裏）三日、勢州尾嵜へ、油紙早々当地へ廻し呉れ候様、書状出ス也、○出頭ス、

・井上、□枝、燃水社ノコトニ付、一応面会致し呉れ候様、楠本新潟県令へ書状出ス、

・博覧会ニ出品候物落手仕り、且証書返却ノ書状、福岡県太宰府会長、松大路信充へ書状出ス也、

・小河へ参ル、留守、井上へ参ル、油社ノ談有り、斉藤ノ咄しニ、私ノ社ノカプ〔株カ〕ニワ（ママ）、益野ゆつりう

け候よし承ル、古き方ニ候、二珠百円也、次ニ舟木へよル、留守也、

・管持帰リノ東大寺古器図揃へ、町田、山高ニ見せ、今日四字過ニ下ケテ帰ル、

(55表)四日、高嶋氏来ル、蔵六ノ足付ノ杯一ツ、贈(ママ)ル、今日出頭、管氏写し物、塩田ニ見せる、昼後、文庫ニテ談有ルニ付、局ヨリ私、柏木参ル、管、岸も参られ、町田ヨリ咄しニ、他ヨリ備用品写シ方、早く仕切度、壬申写真他、ポートルドニテ書入レノ分、墨ヲ入レ度、且考證科中矩則作リ度、其上、手ワケシテ持受度由也、

・仏国ヨリ手紙三通参リ候へ共、今ニ返事セザルコト、及ヒ追々学校ノ世話仕リ可申由、書面出ス也、

・私留守中、岡本、片岡食料入用十円余リ、尤政吉ハ過年留守也、

・荷物廻し方運賃扣置候処、一円八十五銭三厘五毛、管氏ヨリ受取ル、

(55裏)五日、出頭、荷物廻し方運賃、私ヨリ扣へ候処、二円一銭三厘五毛と、買物ノ扣へ置候分と(一円三銭六厘)、預リ金一円三十二銭五厘、差引残りと(二十八銭九厘)、又差引一円七十二銭四厘五毛、柏木氏ヨリ受取ル也、

・安井氏ト、次箱、中村氏へと、け申候事、

・天満丁岡田小三郎へ、安井状届候事、

・六月七日、尾崎弁正ヨリ状、局へ来る在り、去ル二日落手シ、白川県下博覧会も盛ニテ、一日二千人位ひ参リ候由、会ノ目録二冊、同人ヨリ被贈、返書今日出ス也、

・片岡、岡部へ状出ス也、

・亀井氏来ル、

・山高氏へ、玉琴ノ彫ノ箸贈ル也、

（56表）六日、出頭、私留守、局へ外国ヨリ品物廻リ、多分集リ、且四宇新銀出来ニテ、製糸、製玉鏡、製ギブス、製紙、多業務始リ申候、

・多田氏へ参ル、在宿ニテ博多紋一反贈ル、松田へよる、留守也、

（56裏）七日、早朝四条殿へ参ル、在館也、次ニ一則へ参り、シーホルトヨリ頼マル、イタリアノ拝賞損〔賞杯〕シノ直シ方問合ス、凡出来由、

・教部省へ参ル、小中村、休假〔暇〕ニ付面会セス、

・谷森来ル、○奈良ヨリ出し候荷包、今日着仕ル（運賃三十七銭五分、西かし玉置やへ）、依テ同人ヨリ預リシボタンヲ、夕方私参リテ返シ、根来ノチヤツ五ツ贈ル也、不在ニ付小河へ参ル、在宿ニテ、政府上ノコトヲ談ス、

・宅ヨリ状来ル、四日出也、此間小野氏ゑんだんの聞合ハ、四けんとも同様ニテ、ようほう及気しつ中等のよし也、杉野の聞合セハ、どうらくな、ざつの人のよし、是れハ本願寺老女ノ申分也、有栖川様へ八才ヨリ奉公し、廿才迄いられ、夫れから本願寺へ参リ、昨年まていられるよし、○去ル三十日、兼西京宅へ来ル画物ハ、四両二分と被申由、○新町四条下ル岩本ヨリ、去ル（57表）廿四日、氷砂糖来ル由、○清水幹山ヨリ、茶わん五ツ来ル由、○去ル廿九日、奈良ヨリ人形ニ刀子来ル、又屛風ノ金具来ル、代二両三分遣し候由、○吉岡氏ヨリ申来ル養子聞合、筋《スジ》目少々悪しき由ヲ宅ヨ

リ中来ル、〇今日、私休息ス、

八日、出頭ス、イタリア公使へ参リ、娘ニ奈良団扇二本贈ル、大慶ノ由、シーボルトへ賞拝〔杯〕ノ直し方咄し仕ル処、頼むと申され候、今日軍艦の人達四、五人見へ、楽器合セられ申候、次ニ佐野へ参リ面会ス、奈良行一条、且留守の局（57裏）一条ヲ談ス、直帰ル、

・五日出ノ状、宅ヨリ来ル、〇養子一条返事聞きニ、吉岡家内見へ候よし、〇扨又小野ゑんたんの聞合、書付来ル、〇伏見や再聞合ニ、本人ヤツスコトキライニテ、スツハリシタ気質ノ由、〇内田氏ノ聞合ハ、本人不細工ニ無テ、尤種痕ハハ（ママ）無ク、背も中背中肉十人並、手わさも人並、性質ハ極温とう〔穏当〕、おとなしく、少々内気、乍去きさんじ〔気散〕、こうせき〔口跡〕等も丁ネイしうとう、物言難ハ無御座候由、〇上人間ニテ無く中間なれ共、衆人の進メニより、先是れニ定メ置候間、相談仕リ呉れ候様ニ宅へ申遣シ、返事出し候事、

・安井氏へ返書出ス也、

（58表）九日、管《此間》、柏木も奈良ニ於テ写セシ物、町田初メニ見せ申候、私ハ今日、模製物及押形見せ申候、退出の時、町田よられ、奈良ヨリ持帰ル私蔵、見せ申候事、

十日、今日嵐也、前二日雨天、今日岸ニ出張中模造物見せる、

・ヘンケーへ参ル、四字ニ又来ル、奈良ヨリ持帰りの品見せる、

（58裏）十一日、奈良ニテ写し物ノ咄し、

・投壺矢、柄木ニテ、頭ルリ、又白六栗ノ三色有リテ、頭ハハメ入レナリ、何レモ折レテ全キ物ヲ見ス、頭ハ引物ナリ、

・〔図版66〕紫タン箱、六寸六分ノ長平也、色真黒ニテ、四花形ノ純金ノ銹鋲数本打、錠前金具も金ニテ、裏座銀、実ニ見事ニテ今世ニ向ク物ナリ、ましテ西洋ニハ大当りと思フ、紙上子〔古〕ノ封残ル、

・純金ノ太刀、金具、文ハ唐様ニテ葛形ヲ毛彫レリ、把も鮫懸テ、是も唐様、余ハ日本装ニテ真直ナリ、

・緋鼻高沓、皮染ニテ裏白皮、銀ノツヾキ座ニ吹玉ヲ入レテ、四方ニ銹リ付ケリ、金ノ、今西洋ニテ云モールノ如キ物付ケリ、天子ノ礼服ノ時ノ沓ト思ワル、甚美ナリ、

・白銀造リ帯有リ、鉸ハ渡金、アザギ石ニ白とギントニテ、タンコ血ノ交ル如班〔斑〕有リ、象ノ黒染皮ニテ上手モツヾケリ、是ラモ天子ノ帯ト見ゆ、細工モヨク美ナリ、

・（59表）春日社献供、大橋に頼テ、旧式一通造リモラウテ写生ス、何レモ昔ノ唐菓子ニテ、団子ノ油アケナリ、且正面打モ仕リ置ク、

・真ニ宜キ錦ノ鼻高沓、全ク女ノ上沓ナリ、頭ニ花ノ如キ物付ク、

・二又ノ鉾、是ハ麁ニシテ岐〔伎〕楽ニ用ヒシ物也、身銅也、

・ヤリカンナ、今と凡同シ、両刃也、刃短シ、

・包丁ノ如キ木把ノ刀、漆ニハヾキ有ルノミ、甚麁ニシテ野変〔蛮〕刀ノ如シ、

・鼓、銅〔胴〕黒ヌリ、長一尺三寸位、央細クタワメリ、皮カブル、紐、麻ノ赤染、是ラモ岐楽ニ用ヒシヤ、

・一尺斗リノ寄木箱、〔図版67〕菱ニセリ、ビンラウジ、白タン〔檀〕ヤ、栗ヤ、シタン〔紫檀〕ノ木ニテ寄セリ、小ナル足有

リ、西洋向キノ姿、内、極サイ色ノ画有リ、
・班沈香ノ一尺斗リ、長平ノ、足付ノ寄木ノ箱有リ、木目金ニテ画カケリ、是ヲハ印度ヨリ習ヒテ作リシヤ、
・刀子、銀金具ニテ、二本緒ヲ一ツニヨセテ結ヘリ、其結方一風有リ、
・〔図版68〕虎魄念珠、数取、水晶、昔シニモカク細工セシヤ、見事ナリ、
（59裏）・嶋〔縞〕材ヲ菱ニ寄セル、長平ノ箱、足及金具付ケリ、今日ノ用ニタル、木画ノ箱ノ金銅錠、甚小也、古ヘハ竪ツ、ヲロセリ、
・匂ヒ袋ハ、平ノ羽二重ノ切、二重ノ上ヘ丁子のせ、四方ノ端一処ニヨセテ、糸ニテ結テテ（ママ）、糸も切れノはしも切れり、表、重四両二分ト書セリ、形、松たけノ笠ノ如シ、
・銅鍋、ツル付ノ座、面白ク、形姿甚宜シ、渡凡二尺余、
・斑竹ノ三本ノ枝ノ笛有リ、石ニテ彫リ有ル笛有リ、枝三本ヲ彫ル、牙ノ笛、是又枝三本ヲ彫ル、何レモ孔小ニテ音大キニ出デス、日本ニ渡リテ、笛音丈夫ニナルコトトナレリ、
・簫カバ巻モ有リ、又竹ニ彫リ有ルモ有リ、此画ニ、女カ筒袖ノ衣ノ口ノ方広キニテ、下ニ裳ヲ付ケ、左衽ニテ、形西洋ノ如シ、是古ヘノ朝鮮人ナリ、簫ニ至リテハ音も宜敷、美音也、今尺八ノ音〆ノルハ、竹ノ生へぎわ故ニ音さゐさる事なり、今ノ又笛ハ、漆厚ク付ク故ニ、（60表）音シメテ清ウニアラズ、此簫ニ勝レルハ無シ、又漆薄ケレハ、数年吹クコト難ナワス、竹必クサル、
・花形鏡箱、銀錮ヲ細カニ入ルコト、実ニ手ヲツクセリ、是等ハ今時ニ一向人々セザル也、
・鞆手、皮厚、胴ハ薄ク、内ニ毛ヲ入レヌハ畳（ママ）ノクヅヲ入ル、、甚麁ナ製ニテ古代ノ物也、栗色ト黒

色ノ二色ナリ、

・繍ノ切れ有リ、厚サ二分位、今ノ印度ヌイノ如ク、細ク固ク有ル、此外錦モ昔ニ思われぬ宜シ、復綴も取〳〵ニテ、大方ハ唐模様、是等も上工也、

・今云綴レノ錦ト同シ織リ方ニテ、糸ハ細クシテ、二寸余リノ巾ナル帯有リ、是れニ金糸ヲ交セ入れり、又刀子ノ紐ニモ金糸入レリ、

・〔図版69〕金剛知袈裟、薄物ニテ、菱ノアヤ有リ、今時ニ無き織方ニテ、香色ノ七条、思ひノ外つよくもてれり、

（60裏）・袋ニ菜〔彩〕色画ニテ、団扇ノ如クヒダ出来ル物有リ、渡三寸位、今も支那ニハ此風行ナワル、此袋切、屏風ニ張付ケルヲ見ユ、森川ニ写サス、又私も押形取ル也、此外、屏風切写サス、

・金剛知袈裟箱、皮木地布きせ、金鈿入ル、今ノ西洋ノ時計見ル如ク、キラ〳〵ト光レリ、実驚き入ル、

・七宝鏡、三貝、クジヤク石、タイマイ、コハクヲ漆ニテフセル、其上磨かせ、書付、紐等付、上古ノ七宝此外見ス、実ニ奇也、今云七宝ハ、疑七宝ニテ、七宝焼キト云テ可ナリ、

・銅ノ仏龕、蓋アリ、ツマミアリ、七宝焼、森川一ツ写ス、

・弓筈、今ノ如シ、央ニ樋アリ、長七尺、又七尺三寸、又漆塗リヲ斑ニ木地ヲトギ出スアリ、是レヲ以テ見レハ、鼠筈ハ本朝ノ制〔製〕ニアラス、短キ弓ノ外国制ト思われ候、

・鉄具金漆大刀ニ、身ノ背ニ、天平勝宝四年四月九日、右ノシノギニ東大寺、左ニ破陣楽ト小銘ニ彫レリ、此四年四月九日ハ（61表）天平御幸有リテ、大法会有リシ日也、此月日多分見ゆ、

・矢筈ノ、角打ノ二分半ノ紐有リ、十筋ニテ織ル、風流ナリ、

・西洋方ノ如キ大刀子有リ、鍍金ノ彫リスカシ、

・箏ノ柱、新羅箏ノ柱、何レモ金画アリ、
・法隆寺ノ簫ハ紫竹ニテ長シ、細シ、音寛ナラス、
・白木大床、今清冷〔涼〕殿ノ物、凡同シ、
・〻　案、長四尺二寸、巾二尺八寸五分、厚一寸二分、何もヒノキ、
・大円鏡、鳥カ玉付ノ房ヲクワヘ、誠ユウ美ノ図ナリ、
・水瓶中、籠子ニテ皮ヲキセ、黒ヌリノ上、銀鈿入ル、古書ニ見ユル通リノ造リ方也、
・三尺位ノ花盤、毛物と、四方ニ花を打出セリ、
・鼠笴ノ弓、小造リニテ、握リニ紫皮ノ上、紫糸ヲ巻ケリ、造方も日本制と少々異ナリ、内シノギヲ付、上下共長クスケリ、
・鍍金投壺、一尺分ヨリ人物、草木ヲ彫ル、
（61裏）・唐様ノ銀装ノ山形作リニ、今ノ身ノ如ク刃巾六分、シノキ四分、背丸ク真直ノ身ヲ入ルアリ、多クハ刃巾狭シ、
・奈良ノ宮殿ノ図ト思ワル物、森川杵写ス、
・矢ノ根数集有リテ、上差シハ大カブラ、根ニテ、四ツ目、六目、八目、角ノ青染、又水牛ニテ、六分、又八分位ヒ、二羽多シ、三羽少シ、四ツ羽ハ二方小ナリ、根ニ竹ノ物有リ、儀杖ニ見ユ、又角ナル物有リ、竹ハ先細キ也、根大き也、
・ケヤキノ木地ナル七琴有リ、麁ニ見ユ、
・案ニ大小種々有リ、黒塗アリ、木地ニ極采色有リ、足数九本有リ、十二本、十六本、十八本、片足

ニテ有リ、定ラス、高サモ二尺五寸位ヨリ一尺余リニ至ル、今ノハ足机ノ如シ、

・極采色ノ鳥草ノ画ノ小辛櫃、銘、○又森川是ヲ写ス、

公験辛櫃第一

勅書　封戸　庄園

（62表）寺務　修造　任符

奴婢　温室

・双六盤、比杷ノ木ノ様ニテ、具ハ銀ノ釘金ヲ入ル、《彫リ込ム也、》上面、寄木細キニテ筋ヲ入ル、甚美ナリ、

・簫ノ竹八本連ル、白竹也、上、前後ヨリソク、下、真直也、節有、

・楽舞ニ用ル皮帯、〔図版70〕鋑麁ニテ、甚薄手ニより出来、数廿位ヒモ有リ、銅ノ黒塗、又金銅も有リ、

・ヤスリ、甚麁ナリ、

・脇息、足三本ツ、ニテ、角ニシテ、央タワメテ細シ、中央、面ヲ取り八角トすル、甚形ヨシ、

・冠台ト思ワル物、木地ニ草鳥ノ極采色、○森川悴写ス、

・竹帙、糸多クシテ手ヲツクセリ、四枚、尤宜敷ハ、竹糸ニテ見へず、四方ニ模様ヲリ、又文字ニ、

天平十二月（年）勅依――トアリ、中ニ巻物ヲ結フ紐有リ、外ニ又紐アリ、

（62裏）・金銅装、唐草彫ル、鞘、銀鈿入ル小大刀、日本装ニテ美ナリ、

・延把、銅黒塗小大刀、東国ノ地中ヨリ出ル、身形ニテ装ノ在ルハ奇ナリ、東刀ナリ、

・杖刀二本、一ハ把鮫、一ハシタン、甚姿宜シキナリ、

・葛箱ハ、縁白木ニテ、今ノ水口細工ヨリハ精良ナリ、四菱ニ糸ニテ繍ヲ入ル、

・〔図版71〕新羅墨ニ、新羅武家上墨、新羅楊家上墨、華烟飛龍鳳皇極貞家墨、又花菱ノ文アルモ有リ、磨テ墨色ヲ診ルニ、存外上墨也、

・箙葛、黒塗、紐白布、紐付白皮矢、五十本入ル、三羽、又白葛ニ紫皮ナルモ有リ、四、五種有リ、

一ハ森川写、

・金銅装太刀、帯取、唐様ノ山形作リニテ、余ハ日本装、

・鉾、身ハ大小太細有リ、何れも内物、

・薩摩杉ノ小辛櫃模シ、金物鋲、メン黒塗、是外ノ物ト異、(63表)尤上等ノ物なり、

・椋木ノ鎊棚、六花ノ鎊鋲、銅ニテ数本打、木地ニテ有リ、錠前ノ金具も有リ、三尺余、

・檜木ノ椅子及案、足ヒクシ、金具モ無、質素ナリ、

・木盆、内白塗、文花鳥、又ハ山水、黄色、裏黒塗、文キ色、花盆ト見ユ、姿ト云、模様も宜シ、森川親子ニテ二枚写、

・〔図版72〕子日鍬、先鉄ノ玉虫色、金銀ノ泥ニテ草花ノ画有リ、板トキ色、木目ヱンジ、極采色、銘ニ、

東大寺　子日献　天平宝字二年正月

一ハ私押形、一ハ森川恈写シ取ル、

・新羅琴三面、内二面ハ献物帳ニ見ユ物、金ノ筋金ニテ表裏ニ画有リ、糸十二筋、アシズ緒、赤染ノ麻ニテ、糸大中小三通、少々ツ、七ツ残レリ、

・箏ノ裏板ニ、献東宮　天平・・・　南阿弥陀堂、文字有、

・(63裏)献物帳ニ見ユ檜和琴、二面有リ、今琴ノ様ニ尾ニテ上ラズ、

・箏、裏板ニ、トキ色塗リニ、四海聖堂ト銘有リ、
・サワ栗ノ和琴ノ裏板ニ、東大寺ノ文字彫レリ、
・和琴、裏板ニ、絹賞〔索〕堂ノ文字有リ、
・何琴トモ知レヌ裏板有リ、二、三面有リ、
・冠ノ損シ金具、鍍金、彫リ宜シ、純金ニテ吹ヲイタクコト蓮ノ花ノ如シ、玉冠ニテ有、尤宜シ、
・銅板、勅書文字アサクシテ押セズ、
・小三合刀子、内ニ銘入ル、面押シニテ、形、今ノ西洋ノ如シ、
・鉄ノ調子ノ板、大小八枚有リ、十二調子ニアヘリ、
・馬具、今ノ西洋ノ如ク金具ニテ鉸有リ、皮紐ニテ筋ヲ入ル、森川も写ス、
・吹玉ノ魚体、紐付、下ケ物ト見ユ、
・元ノ正倉院鍵、
・（64表）掛甲ノ下地、トウノ六目籠子、甚細なり、
・把延ノ小太刀、銅金具、黒塗、東刀也、森川忰写、
・玉入り刀子、身金銀象眼有リ、金具金銅、把、鞘香木、金銀ノ模様有リ、玉ハシンジウ〔真珠〕ト、ブトウ
石也、森川写、
・金銅装太刀、日本様、帯取ハ山形ニテ唐様、森川忰写、同押形取ル、細工、前形甚シ（ママ）、
・角袋ノ箱、押形取ル、製甚宜シ、
・物ノ足、及櫃ノ鋲二通、一ハ四花、一ハ米形、

・法隆寺斑竹タンス、金具ト云、造り方至テカシコシ、
・同寺金銅天蓋ノヨウラク、彫り透シ金銅、幡も同様、獅子、天人ヲホル、髪ニハ紺青ヲ入レ、口ニハ朱ヲ入ル、見事也、
・元明帝碑ハ、文字一字も見へす、メノウニテハ無シ、小米石ノ如シ、
・古社ノ鉄ノ楯ハ古シ、一千五百年位前ニ見ラル、若新羅物也、我国ノ物シン難シ、
・（64裏）法隆寺ノ仏ノ後光ニ、薬師徳保上而鉄師而手古文二人作也、上ノ方ニ、片文皮臣ト彫レリ、一ニハ山口大口費上而次木閇二人作也、下ノ方ニ筆ト云字ヲ彫レリ、仏像中ノ古物也、
・西大寺ノ銅印、尤古シ、
・法隆寺印二、是尤古シ、古テイ也、
・　〃　鏡二、東大寺庫中ノ物ト同シ、真白シ、サビ付カス、
・　〃　瓦硯、青海波ノ文ノ台ノ瓦也、瓦斗リ、
・鉄ノ甲ノ札、薄ク細シ、甚手きわ也、紐薄ク細シ、
・銀鈿鏡箱、至細也、
・献物帳ニ有ル帯鉸、是又ヒンヨシ、此二枚、柏木押ス、
・辛櫃三通リ、森川写ス、木目砂スリセシ物有リ、作リ方何レも替レリ、銅金具、又鉄も有り、
・庫中ノ大仏器ト同品、龍松院、銅金、姿甚宜シ、
・同院蔵春日四足机、凡八百年位前ノ物ト見ユ、黒色固ク、（65表）ヲチ付テ、小ヒヾ有リ、蒔画荒ク、雅ニシテ、ヒンケ（ママ）有リ、庫中太刀ノ蒔画ニ次ク物也、

・法隆寺鏡、大小三面、是又前ト同シ、
・興福寺摺ト申成書、何も乍ら、銅銘ト云へ共宜敷候、
・栗原寺露盤銘、是又古シ、文字アサヤカ也、
・西大寺ノ卣、日本ニテ見当ル物ノ内、古銅ノ第一也、サヒ薄ク黒色有リ、黒色ハ金サビ、青薄サヒハ銀サヒ、実ニ見事也、
・龍田社ノ匕首ハ古シ、古ノ社ノ神剣ト同シク、曲リシ内ノ方刃ニテ、鞘鉄、銀ソウガン〔象眼〕、朝鮮物ト見ユ、一千三、四百年ノ物也、
・法隆寺ノ土偶人ハ古シ、森川写ス、裳ニ唐衣ノ姿ニ見ラル、ヒザヲ折レリ、全ク日本人也、
・大々和社鏡、今世ニ云、護鏡也、尤古シ、
（65裏）・鏡ノ下図、天平地代〔時〕ノ物有リ、是れを見レハ、庫中の鏡ハ皆日本物ニ見違無く見らる、
右品目ノ通リ、私摺形、及押形取ル也、其摺形ハ、十年前大和巡リノ比考付、モミ皮ニ印肉ヲ付テ、是レヲ以テ、古器物ニ紙ヲのせて此上をすれり、必あさやかニ形付ケリ、然れ共、此時ヨリハ明治五年ニハ上手ニ出来、又此度ハ一層上手ニ出来シナリ、其押形ハ、通常ノ正面打ナル処、水気多シテ、古器物ニ少々がひ〔かび〕ニ成ルニヨリ、白紙五、六枚重テ、上ノ一枚へ水を引ケハ、水ノ多き処ハ下ノ紙へすひ申候、此水ヲ引たル紙ノ上へ、又白紙四、五枚おきテ、手ニテなてたれハ、水を引きたる紙ノ水の余分ハ、上下ノ紙へすゐ取りテ、むら無きシメリ紙トナル、此紙ヲ古器ノ上ニのせて、綿ニテ押シ入れゝハ、古器ノ模様ノ通リ押し入ル、是れへ羽二重ノタンポニ印肉墨付テ、此紙へ上へおせハ、（66表）あさやかニ押形取レ、是ノ仕リ様発明セリ、何れの人

もかんし申候事、此二法ニテ模写仕ル、依テ已前とハ早々出来テ、あさやかなり、

十二日、休日、早朝シーボルト、ヘンレーへ参ル、南寺町を出テ目黒の手前、かもン殿の邸へ移レリ、依テ直く此先へ参ル、在宿ニテ、本人の土産ニ古銅ノ花生と、根来ノチヤツ一ツ贈ルナリ、

・澳国博物館へ根来ノチヤツ一ツト、飯器一ツト、贈リ方頼ミ置也、同国ニ於テ日本模様追々移シ度見込ニ付、此義を周せん頼まる、

・和蘭国公使、私ニ面会仕リ度由被申候ニ付、来ル十七日ニ、(66裏)同行シテ横はまへ参ル様約すル也、

十三日、出頭、退出ノ時町田氏来ル、私奈良ヨリ持帰りの品見せる、

十四日、出頭、英国ノアストンへ、神楽笛、同国ノ博物館へ廻し方頼ミ置く也、次ニ高田へ参、団扇三本贈ル、切〔裂〕レ返ス也、次ニ小池へ参、油一条成り、扨且出金一条如何の義問、五条殿ノ家扶も来リシナリ、

(67表)十五日、

・龍松〔院脱〕蔵仏器台、四、五百年〔前脱〕ニも見ゆ、森川写、

・矢種類十八本、森川写ス、根ニ竹有リ、角有リ、又角の青漆ノ鏑有リ、古書ニ徴スルニタル、同人写ス、

・法隆寺蔵水瓶、頭ニ龍ヲ彫、目ニ吹玉入ル、胴ニ羽根ノ有ル馬を彫れり、是レアジヤ、トルコノ画なりと外国人申セリ、推古帝比ノ物と見ゆ、同人写ス、

・馬の装束も、西洋ノ如く鉸止メニテ革緒也、全我国上古ノ物とハ思われす、同人写ス、

・天文、薬師寺の升、

・慶長、唐昭提寺升、

・法隆寺古鋸鎌、甚古シ、太子比ノ物とハ見ゆる、

・同寺鉄風芦（炉）、是又同時代ニ思われ候、

・同寺大升、令前ノ大升ニテ、世ニ一品ノ升也、

・（67裏）文明の升、

・年号無き古升二ツ、

・康正升、

・長録（禄）升、以上何れも其比ノまくれ（ママ）無き物也、

・石彫笛、庫中ノ物ニテ面白シ、

・法隆寺木沓、是も古き物也、

・石上神社六又ノ鉾、純金ニテ、筋ト文字ト惣身ニ象眼セリ、色赤バリテ新羅物ト見ラル、凡千四、五百年前ニモ思う、

・鉄楯、是れも同シク我国ノ物とハ思われす、ハギ方甚異也、

・杖刀、鞘呉竹、身ニ雲星ノ金象眼有リ、把シタン、一ハ鮫把ニテ、黒ヌリノ鞘、甚手きわニ出来申

候、森川悴写、

・銀装太刀、二振、是らも形甚宜シ、同人写、

・銅ノ金漆装と云ハ、金具ノ上、白ノチヤンノ様ナ物ヲ塗レル処、年ヘテ色茶色ニナレリ、

（68表）・シタン把金銅装太刀、是等も小きようニ出来シ也、

・純金ニテ毛彫リノ太刀、白蒔画有リ、是らも甚宜シ、

・銀鈿装小太刀、是又昔シ乍も見事也、

　以上、森川悴写セリ、

・鉄鏡、是も世ニ無シ、此一面ヲ見ルノミ、ウラ玉虫ニヤケリ、ロクロ懸リテ見ゆ、同人写、

・右品物、奈良時代の物ハ、十が七、八ハ惣形至レリつくせり、実ニ位ひ有リ、手ニ取リてハ彫麁ニシテ、何ニよらず不手ぎわ也、今西洋ノ油画見ル如シ、

・正倉院庫中ノ物ハ、大方奈良時代ノ物斗リニテ、此後ノ物ハ一向ニ無かリシナリ、銀ノ鉢ニ延喜ノ銘有リ、筒ニ又延喜ノ年号有リ、此外見す、法隆寺ノ物も同シ、是れハ又推古時代ノ物見ユ、

（68裏）・奈良出張中、模造写料、其外買物諸入費算計仕ル処、百円九十七銭九厘となり、出立費、局ヨリ百円受取シカ、一円ノ過となりけり、

・深川ノ竹内方へ参ル、油画、古瀬戸物見せらる、

十六日、佐野常民へ三月ゆつり候古瀬戸物、同人江為持遣し申候也、如左、代九円三分也、

　天下一宗四郎燭台金蒔画付

真高麗茶碗　　かんき手鉢
古染付角皿　　宗世丼
古呉洲ノ角皿　　赤画ユス鉢
金菊手鉢　　織部皿
松本萩茶碗　　赤ハタ丼
（69表）萩高麗古尺茶碗　　戸々や茶碗
黄瀬戸チヨク

・デネマルカ公使、佐野氏ト局へ来ル、私も面会仕リ候テ、色々見込、博物館ノ咄し仕ル、両国の学問辺咄し仕ル、

（ペン書）「・英国へ先日、印ノ事書本ヲ贈ル、礼状本国ヨリ来リ、アストンヨリ届来ル、十八日也、」

十七日、ヘンケイ、シーボルトへ参ル、約束ノ処、先方用向出来候テ、断状来ル、何レ近日延来ニテ、咄し仕ル由申さる、

・ヘンケーへ参ル、色々の品、産物廻す、先日来の算用仕リ、~~今由、百円丈受取申候事、~~

十八日、出頭、浅草文庫へ参ル、安川、管、高嶋等、画ヲ写ス、後三年原本見ル、甚見事也、昨日ヨリ戸や〔屋〕三人来リ始ル、

(69裏)十九日、出頭ス、奈良出張中、局ノ入費百円受取しか、一円五十一銭一厘不足ニ付、局より渡ル也、

廿日、出頭、

廿一日、一寸局へ参ル、多田出勤ニテ、今日ヨリ私休日廿日間仕ル、然シ用向有れハ何時ニテも出頭の趣申込、私長谷川へ参ル、留守也、

(70表)廿二日、亀井へ参ル、茶ヲ贈ル、私江森川の頼ミノ団扇持行き申候事、表具師長谷川へ、岡本やり申候、

廿三日、ワクネルへ参ル、兼テ頼ミノ蔵六作鼎、十五円、蔵谷作二重箱、同代、二品京ヨリ持帰り同人へ渡ス、大慶ノ由被申、次ニ同人ト、芝山内ニ有ル独乙の公使見込ニテ出来ノ博物館へ見ニ行、かれこれより申候、次ニ局へ参ル、町田ニガラス買入れ方申置候事、

(70裏)廿四日、岩倉の中殿へ参ル、猿沢ノ池ノ夜景小油画贈、浅草文庫へ参ル、岸へのと塗菓子皿五枚贈ル、

廿五日、

廿六日、伊太利ア公使へ参り、シーボルト氏ノ賞杯直し方出来ニ付、公使へ渡し候、撫村小懸物、同

国博物館江廻し方頼ミ置、今日ハ、コンシール家内、外四人来人有リし也、香川へ奈良ニテ被付封、
及検査印返却候也、留守、

（71表）廿七日、浅草文庫へ参リ、長谷川と中経師やニ張〔マヽ〕出中写し物、裏打方見せテ談ス、九月二日より館へ
参リテ取リ懸リ候様申候也、今日ハ浅草へ参ル、石川氏へより、牙とタガヤサンノ木と〔マヽ〕木画小箱、七
宝盃、何れも京製、二品贈ル也、

廿八日、宿直也、今日ヨリ私方便所ノ石つみ始ル、局ヨリ別紙ノ如書付可出校被申、

記

一、金七十四円二十八銭　　蜷川式胤

但、八年三月十日、和州奈良表江出張、同十九日同所江（71裏）着、旅行十四日、同本日ヨリ三十一
日迄滞留、十二日分、

右、正ニ受取候也、　　八等出仕　蜷川式胤　印

明治八年八月

記

一、金七十八円四銭　　蜷川式胤

但、七月一日ヨリ奈良表滞留、十六日分、同十七日同所出立、帰府、並旅行、里程百三十七
里余ノ分、
右、正ニ受取候也、
明治八年八月　　八等出仕　　蜷川式胤

記

（72表）
一、金八十五円五十四銭　　蜷川式胤
但、四月一日ヨリ六月三十日迄滞留、九十一日ノ分、
右、正ニ受取候也、
明治八年八月　　蜷川式胤　印

右三通、会計局へ出し置候事、

廿九日、退出ス、此比ノ宿ハ両人共本局ニテ宿ス、夜番ノ者、十二字ニ見廻り、又四字ニ見廻り、両度共館ノ為宿ノ者へ届来ル、小印ヲ持来ル帳ニ押ス事ニ候、今日ヘーケン参ル、シトースヲ求ム、一ハ十二円、一ハ八円也、同人中国辺へ参ルニ付、国々の産物付（マヽ）、（72裏）同人ノ頼ミニ付廻し贈ル也、

三十日、追々私宅ふしん〔普請〕はこブ、奈良ヨリ持帰ル戸、五枚縮テ、夫れ一間へはめる也、

三十一日、前同様、今日ニテ戸や、先一般ラカス《〔ガラス〕》まと戸二処直し方出来、土間入リ二処、小まと一処出来、何れも銅張、
「《(ペン書)》・私□内、何日ニ着スルトテ桜井へ尋ル人有リテ、名ハ云ハズ、」

九月一日、前同様、今朝戸屋へ三十三円払フ、銅板七十六枚半、八百三匁二分五厘、鋲百二十目余、手間三十人、小者十五人代也、昨日ハ石屋へ前かし、二十円渡ス、
・仏国ジブスケ氏へ参ル、同国政府ヨリ私ニ来ル一封受取ル、(73表)其義ハ
・今日、約束故ニワクネル方へ参ル、楽器ノ元十二律、及尺、秤、升ノ、古ヨリ次第ニ替ルコトヲ、
同人細ク習バス、昼食事出され申候、

九月二日、浅草文庫へ罷出候テ、奈良ヨリ持帰ル写し物、裏打ノ仕合仕リ、職人長谷川ニ渡ス、小川サナへ来ル、越後紬一条承ル也、且外国染物、及染香の咄し色々有ル也、

三日、前同様罷出候テ、職人打裏《(ママ)》ニ取リ懸リ申候事、便所(73裏)石ツミ立テノ義、今日ニテ終ル也、

四日、局へ出ル、ワクネル方へ参ル、少々咄し仕ル、次ニ伊太利亜公使へ参ル、此間仏国ヨリ到来状見せる、
・岡部からし積問《(ママ)》ニ状出ス、奈良会社へ神武天皇の木像ノ伝申来ル、且五条山焼、五日位ひニ出し候

由申来ル、返事出ス也、私宅へ、荷物今ニ来らさるさゐそく状出ス也、

神武天皇木像ハ、祭祀ノ義、其旧記無之故、勧請不詳、尚多坐弥志理都比古神社ハ神武ノ御子也、一ノ殿神八井耳尊、多御本社也、二ノ殿神泥川耳尊、右二坐弥志理都比古神社二座也、三ノ殿神倭磐余彦尊、四殿（74表）玉依姫尊、右御神録ニテ祭祠成事、

八年八月二十日　多坐弥志理都彦神社祠官多栄頼

右　奈良会社ヨリ三十一日申来ル、

五日、右返事と、金馬ヨリ箱金物代呉れ候様、奈良会社ヨリ申来れ共、此品私注文ノ覚無く、定テ屏風金物と間違ヤウ返事出ス、◯私宅へ、荷物廻し方おそき段申遣ス、

六日、ワクネル、律及尺度ノ学問ニ来ル、

・奈良ノ社ヨリ、五条山ノ焼物出来ニ付、便ニ出し候由、付テハ二、三円廻し呉れ候様申来ル、去ル二日ノ事、

（74裏）七日、浅草文庫へ此間ヨリ日々朝出テ、奈良ヨリ持帰リ図、仕わけ仕ル、

八日、座敷天井白ヘンき〔ペンキ〕ニ塗ル、

九日、此間ヨリ土蔵ノ損シ直シ方仕ル也、

十日、本局へ一寸出ル、次ニ仏国シブスケ方へ、六百年前ノ直垂雛形と、六百年前ニ認む法然上人聖詞写シ十九巻と、此衣服ノ考証と、仏国ノ東洋学校ノ(75表)学問ノ為廻シ方頼む、同人ノ子共、奈良団扇二本遣ス也、然ル処、此四、五日前、仏国政府ヨリ私ニ贈ラル本、焼物ノ歴史一冊、室中錺等図一包中寸、名画写シ大寸二包、今古人物事ヲ記スル書二冊、受取テ帰ル、

・次ニワクネル方へ参リ、律、尺、学問ノ咄シニ参ル、

・大畑、母死ニ付、帰省仕リ居候状来ル、

・菊岡、母死去仕リ候様申来ル、

・ヘンレー、シーボルトヨリ、明日差支候ニ付断リ状来ル、

・菊岡、老母八日ニ死去セシ由申来ル、

十一日、イタリア公使へ参リ、応挙画、唐帰ノ半身一巾贈ル、同国博物館ノ為メ也、小河へ参リ、伊丹方へも参ル也、

(75裏)十二日、浅草文庫へ参ル、

十三日、本局へ参ル、局ノ小西、後藤、国生、多田、古器物見ニ私方へ見へ申候ニ付、酒出し申候、

十四日、本局へ参ル、昼後、冨田、高はし、玉章方へ参ル也、

十五日、不参ス、大畑忰見へ申候、宅ヨリ状来ル、小野氏縁段〔談〕断リ候様申来ル処、荷物ハ七日出し候ちん二円二分由、宅二人共、此間申不快由、甚蔵ハ国へ参る、

（76表）・奈良ヨリ、五条山焼物兼テ頼置候処、樽入リニシテ八樽着ス、手数料六十銭、なかし妻本へ払フ、

・ワルネル（ママ）学問ニ来ル、支那ノ古尺咄し仕ル、

・宅へ返事出ス、小野一条少々相違ノ見有ルニ付、聞ニやる、

・局ヨリ月給七十円来ル、古器物、此二日中ニ、百円斗買取テ宜敷旨、申来ル、

十六日、ヘンリ、シーボルトへ参リ、澳国ニ於テ東洋ノ模様類ヲ模造致シ度見込ニ付、装束図式二冊、女ノ上衣惣模様図十枚斗リ、法隆寺古模様大二枚、掛夫〔布〕図一冊、古式模様二冊贈ル、同人へ渡ス、又デネマルカ国名鑑、楊弓壺矢、此式ノ本三冊、能ノ面偲（ママ）一巻等写本一冊贈ル、同人渡ス也、（76裏）人種其外学問咄し仕り、次ニ今後、二人シテ日本ノ古代ノ事調ヘテ西洋ヘ廻シ候義談ス、其箇条、

焼物ノ事　　曲玉入　　板木ノ事

衣服ノ事　　屋立ノ事　　始穴居

船東ノ事　　墓ノ事

楽器ノ事　　身ノ鎊　玉車輪石　指輪

刃剣　　甲武器

雷斧　　冠
漆塗　　金物
模様　　遊事
屋の鎊物　机上鎊
式事

（77表）・ヘンレート同道ニテ和蘭ノ公使へ参ル、在宿ニテ、色々物見せらル、日本ノ焼物数々有リ、外ニ同国所カツ〔轄〕ノ南番〔蛮〕古剣六、七本見せらる、又千九百年前エジフト国王ノ印、焼物ニ文字有ルヲ見せらる、あさき紫カヽル也、実ニ珍物也、

・ヘンレーニ離レ、私ハハーブル方へ参、枕時計三円ニテ求メ、次ニ帰ル、

十七日、三河丁ニテ義政比ノ紙箱、硯箱求ム、十一円二分、次ニねきし菊岡へ参リ、老母死去ノ見舞申、次ニ太鼓笛、能笛、上品有ルニ付、明日箱見せる様申おく、（77裏）浅草内、大畑へよる、次ニ富山ニテ、鎌倉と世ニ云鎌倉塗香合四円、こう右衛門作人形一円ニテ求ム、次ニ信楽ニテ廣地〔交趾〕黄色壺一円、同土焼一円二分、朝鮮二円、呂宋二円、根来水指一円ニテ求ム、次ニ帰ル、此日左官来、次ニ帰宅ス、能面廿一求ム、一ツ二分三朱ツヽ、

十八日、昨日求物、時計ヲ除ノ事、何レモ局へ御買上ノ分ニ申置く、次ニ浅草文庫へ参ル、正倉院文

書類来ルニ付何レモ一見ス、宅ヨリ状来ル、金剛寿院落札ニ相成ル、小矢野ヨリリ（ママ）も申来ル、局ニテ咄シ仕ル、

十九日、改売（ママ）物、局ニテ決定ニナル、菊岡ヨリ来ル簫十（78表）八円、町田望マル太鼓十五円、是も同シ、然シ局ノ物ニ致シ置、能笛五円、是も局ノ物ニスル、私奈良ヨリ持帰リ候切燈台二分二朱也、金剛寿院百廿円、落札求メ候様テンシン〔電信〕懸ル、

廿日、面や〔屋〕へ参、私ノ分ニ三ツ求ム、次ニ文庫へ参ル、町田も参らる、次ニ九谷井一両三分ニテ、局ノ分ニ求ム、次ニ一則へ参り、刀子ノホリ頼ミ置く、次ニ局へ参ル、次ニワクネル方へ参リ和琴、尺ノ講釈仕ル、夕食出サル、

・小矢野へ金剛寿院求ムルニ付色々問ニ遣ス、又宅へ小野氏ノ義、相違問ひニ遣ス、

・ワクネル方へ尺、和琴ノ咄し申聞ス、夕食出され申候、

（78裏）廿一日、局へ出ル、三字ヨリジブスケ方へ参る、此間、同国政府ヨリ贈られ候礼状出ス、留守也、次ニ大養寺へ参ル、そば出され申候、

・宅ヨリ荷物三ツ来ル、又菓子ト金十円宅へ出ス、此両賃六十銭、

廿二日、朝、谷中、竹中、竹逸方へ参り、琴ノ咄し承リ、次調子等承ル也、

・大坂岡部ヨリ状来ル、茄子つけの法申来ル、
九月節句比よろし、茄〔子脱〕一升、糀一升、芥子五分、醤油三合、酢五升、塩一合、右交テ壺に入れ置、三十日ノ後ニ宜シ、茄子ハ生ヲ洗ひ、半日干、漬る時切へし、芥子ハ湯ニテときりわり、五ツニ割り、手ニテ数もみ、油ヲ取へし、

・又此間、小野氏一条止メナレハ、外方ニテもと申来ルニ付、直く私方ニハ止メトハせさるニ、宅ニテハ断り候由申遣ス、

〔79表〕廿三日、局へ出頭ス、此間局へ買上ケノ品々ノ条也、

楽太鼓　十八円　菊岡　能笛　五　い上
頼朝ト云鎌倉塗香合　四円　冨山
寿老人形　こう右衛門作　一円　〃右
切燈台元一条院所用　二分二朱　奈良持帰品
能面二十一　浅黄色　一ツ一分三朱ツ、
義政時画紙箱硯箱　三円二分ノ（ママ）八円　三河丁ニテ
呂宋壺　二円　朝鮮壺　二円
廣〔交趾〕チノキ色壺一円　〃土壺　一円五十銭
根来水差一円二分

此五こ七円ニテ信楽ニテ、合五十六円三十二銭三厘、局ヨリ受取、

・（79裏）ワクネル方へ参リ、兼テ頼まれ候品物、京着〔今日〕ニ付、渡ス、

西京ノ画人二十枚　　十五円

大坂彫物師今井作山水ノ画状箱　三円一分

〻　　玉琴作箸山水画　　二分

先日渡シ候、

蔵谷《サヌキ》　つゐ〔堆〕黒二重箱　十五円

蔵《京》六作鼎　　十五円

右之処へ三月九日四十円受取ルニ付、残り八円三分、今日受取申候、シブスケ方へ参リ、此人ノ伯父ノ為メニ瀬戸ノ茶入贈ル、

・浅草文庫、今廿四日参ル、昼ヨリ所々古器物見ニ行、四字比ニ鳥大路へ参ル、留守、次ニ太田へ参、杖刀ノ鞘（80表）造りニ以テ行く、朝樋口へ一寸尋ル、

廿五日、本局へ参ル、今日宅ヘワクネル参ルノ処、不来、

廿六日、出頭、次ニイタリア公使へ参り、神武天皇神像、大和へ聞合候返事、キヨウソネノ返事呉れ候様申置、

・海辺〔部〕関六ヨリ状来ル、坂本近一条返事聞ニ来ル、

廿七日、局ヨリ古器物買入レ、少々見合セ候様申来ル、

・樹木廿本来ル、

(80裏)廿八日、文庫へ参ル、今日ヨリ勝ヤ〔屋〕、大和行ノ図を仕立ニ来、

廿九日、閑六へ、坂本一条香川へ申込候辺、返事出ス、

三十日、葵文付狭〔挾〕箱、二十円ノ処十五円ニテ常備ニ求メ、次ニ文庫へ以テ行ク、勝屋ノ裏打一見仕リ、次西清古鑑ノ内、賀量ノ図ヲ見テ古ヘヲ考へ、三字退出シ、次ニ中通リニテ、スリビン一円二朱、朱書青磁茶碗一分一朱、カキス金画盃一朱ニテ求ム、此間ヨリ石工ノ払ヒヲ四円二分十銭払フ、

・ワクネル学問ニ来ル、川上帰一、御雇ヒニ遣ヒ呉レ候様、井口ノ手紙以テ来ル、下谷町二丁目三番地ノ由、茶人也、

・ワクネルへ十二律渡ス、代五円、此間受取度申候事、

(81表)十月一日、休日ス、一則方へ参ル、次ニ山木氏へ参ル、留守也、

・東寺金剛珠院客殿、中門、台所ニテ、百二十五円ノ由ニテ、手付金を廻シ呉れ候様申来ルニ付、直廻シ候様雷〔電〕信機懸ケ申候様存シ候、東寺一山も借財ニ付七軒申立候ニ付、しん蔵限り様ニ咄、小矢野氏ヨリ申来ル、右建物分付、方十八円位、車二、三百輌位有ル由申来ル、

・又宅ヨリ右一条又申来ル、付てハ先日小野氏の相談ハ私ニ気ニ入らぬと存、一統相談ノ上、先方へ
断リ候由申来ル、
・福松来ル、兼テ借シ置候煉瓦家ハ、外　へゆつる可由申置テ、留守帰ル、今夜極大雨ノ荒シ也、
（81裏）二日、出頭ス、金剛珠院建物ノ義、町田ニ咄シ仕リ、次ニ局へ買上ニ相成リ度廻シ出ス也、直小矢野
へ買取ル由雷〔電〕報ス、
・去ル廿三日、局へ買上ニ相成リ度廻シ出シ置候処、
銅簫四円五十銭　石帯五円二十五銭
太刀一腰　十八円　三合刀子五円
右ハ奈良ニ於テ正倉院庫中ノ模造品
根来手付箱七十五銭　〃水瓶七十五銭
〃水指一円二十五銭　〃杓子十二銭五厘
右ハ奈良ヨリ持帰リノ古物也、　土百万塔十二銭五厘　同上
シユケン茶服紗
二口　合　三十六円五十銭　会計ヨリ受取候也、
・今夜宿直ナリ、今朝玉章来ル、又松浦来ル、奈良行ノ咄シ、次ニ持帰ル古器物見せ申候事、
（82表）三日、あけニテ帰ル、福松外へかし渡し候家ゆつリテ両人来ル、家礼のトとこおり〔滞〕三十円、福松ヨリ

受取ル也、

四日、出頭、

五日、出頭、ワクネル方へ参リ尺度ノ咄シ仕ル、夕食出さる、

六日、出頭、シーボルト方へ参ル、大津画木板贈ル、ローマの二千年前帝室ノシキ石、更ニ贈らる、

日本ノ文官冠ノ事調へテ、両人仲間ニテ西洋へ出ス相談ス、

(82裏)七日、一則方へ参り、刀子象眼持帰ル、昼後、横山松三郎方へ参リ、色々認め候画一見ス、

八日、文庫へ参リ、次ニ是真方へ参リ、刀子ノ蒔画頼置候事、

九日、出頭、シーボルトへ参ル、ジブスケ方へ参ル、仏国へ小笠原の諸礼ノ本、学問ノ為メ贈リ呉れ候様ニ頼ミ置、今日ハ留守ニ付申置ク也、如左、

礼式　八冊　　〻　十二冊

(83表)温故新集　十冊　　嫁入次第　一

当用躾方目録　一冊　　鳥目録　一

結方　一　　献立　一
有馬嫁入次第　一
今日、風邪ニ付早くやすミ申候、東大寺別当次第来ル、
十日、風邪ニ付不参、
十一日、同様、
十二日、同様、今日川端玉章来ル、西京ノ人ニテ、画ヲ願テ頼ミ置ニ付、客間ノ張付認め方ヲ頼む、間ノ南巾三尺余、春ノ嵐山、北ノ左、下賀茂社ヲ認ム、
（83裏）十三日、不参、今日ハ前ノ如ノ客間ノ西、左ノ方景ヲ高雄ノ門前、右ヲ栂尾ノ門前、秋ノ時ヲ認む、
十四〔日脱〕、不参、今日ハ間ノ東、右ヲ平等院ノ冬ノ景、左ヲ稲荷雪中景、北ノ右ヲ糺ノ夏ノ景ヲ認む、ワクネル来ル、私宅ヨリ状来ル、東大寺別当次第小河氏ニ渡ス、
十五日、出頭、半日出ル、次ニワクネル方へ参り、シーボルトへ参ル、何も留守也、四字比ワクネ〔ル脱〕参ル、直参ル、ワクネルニ度量、古尺、古印ノ学問咄シス、

・私宅ヨリ金剛珠院手付金ノ義ニ付雷〔電〕報来ル、奈良ヨリ状来ル、

十六日、出頭ス、次ニシーホルトへ参ル、留守也、次ニ松田へ参ル、舞楽写真十枚、代二両三十銭渡ス、十枚（84表）昨日ワクネルニ遣ス、今日十枚町田氏へ贈ル也、

・宅へ状出ス、

十七日、間ノ南床へ不二ノ春ノ景ヲ認む、今日ニテ四日分二両二分、玉章ニ礼ス、

・雅楽寮へ参リ、イタリアノ楽人ノ女ノ楽ヲ聞き、又日本ノ楽ノ見込モ聞テ、互ニキウリ〔究理〕仕リ度段、十五日佐野氏咄ニ付、此段申入れ置く、次ニ山井氏へ参ル、酒出され申候、

・金剛珠院手付金廿円、局ヨリ桜井受取テ来ルニ付、受取リ申候事、

・原田ヨリ預シ荷物渡しクレ候様申来ルニ付其人へ渡、

十八日、廿円手付金、小矢野へ出ス也、

（84裏）・森川杜園へ、土偶人手間二円二分出ス也、

・菊治ヨリ五条山陶器廻ルニ付、代金今日遣ス也、

金六十銭　土師ヨリ大坂迄賃、

二円六十六銭　大坂ヨリ東京迄賃、

二円　四斗樽八廷〔挺〕代、

三十五銭　同　荷作リ賃、材縄代、
十八銭　同　針代、
廿九銭　同　荷作り人足二人中飯代、
廿四銭　同　夕飯代、
六十二銭五厘　荷作り手間代、三人分、
九十五銭　五条山ヨリ土師迄賃、
六銭　藁代、
一五円五十八銭八厘、五条山陶器、三円ハ先比渡ス也、代不足分也、〆十三円五十七銭三厘、此処へ二円先日廻ス、（85表）差引残、十一円五十七銭三厘ヲ遣し申候事、
・東大寺別当次第ハ、修史局第四課へ廻し申候、写シ料ハ用度課ヨリ正清水氏へ被廻候由、稲生氏へ申遣ス也、

十九日、文庫へ参ル、奈良ヨリ持帰り品々、見合ツキ合ス、
廿日、出頭ス、十七日雅楽局へ罷出候間、イタリア有名の歌謡ひノ女と、日本楽ノ調へト、互ヒキウ〔究〕リ〔理〕ノ為メニ奏楽ヲモヨヲシテ、互ニ説ヲ入ルナレハ宜敷由談シニ行、答承知ニテ、面向〔趣〕本寮へ懸合有之ハ、何時ニテモ可参由被申、依テ十八日、佐野ヨリ坊城殿ニ咄し有り申候処、（85裏）承知ニ付故三井本宅ニ於テ、六字半ヨリ奏楽仕ル由、私ヨリ雅楽局へ書遣ス也、夜ハ嶋田氏周旋也、

・伊勢山田尾嵜ヨリ兼テ頼置シ油紙来ル、局ヨリ受取申候事、帰ル、
・奈良出張ノ算用残リ、局ヨリ渡ル、私ノ旅費也、金二十七円二十六銭
・松浦新調鏡見ニ行、小中村へ一寸よる、

廿一日、出頭ス、夕六字ヨリ三井本宅へ参ル、町田、高山、其外局ヨリ各々参リ居らる、坊坊〔城〕、五辻、綾小路、青木、其外伶人、友、式部寮ヨリ大人数参らル、聞人も五、六十人来ル、イタリア公使シーボルト、アストン、其外十人斗リ来ル、女モ十人斗リ来ル、歌人ハ二人来ル、六字半ヨリ始メル、大隈、伊藤、佐野等も見へ申候、

（86表）初、衣かへ、

綾小路歌並拍子 外三人　山井笛 外一人
琵琶　二面　琴　二面
篳篥　二　笙　二面

次ニ、
太平楽、
拍子無シ　太鼓　鉦鐘　鞨　鼓　入ル

次ニ、イタリア女、歌ヲウタウ、
男二人　ピアノ　引

次ニ、娘、歌ヲウタウ、
　男二人　ピアノ　引
次ニ、初ノ女、歌ヲウタウ、
　男二人　ピアノ　引
次ニ中入ニテ、茶菓、クダ物出ス也、
（86裏）次ニ、羽衣能ノ舞ノ段仕ル、
　笛　一　鼓　一　太鼓　一　太鼓　一
　地謡　三人　舞人　男女二人出ル
・次ニ、十字ニテ相済、思ひ〳〵ニ引取リ申候、
・外国人ノ見込ニハ、正楽気ニ入りテ、大こ〔太鼓〕ニ悦フ、能ハ一向ハ気ニ入ラス、世間ヲ見ヌ時ノ音楽ト思ワルト申事、
・向ノ音楽ハ、音甚大キ、大キ屋ニヒヽキ、全ク我国ノ神楽歌ノ如ク、音ト楽器ト共ニ高下ス、
廿二日、川上帰一方へ参ル、茶一服ノム、次ニ横山ヘヨル、次ニ松田ヘヨル、軍博社ノ器械売レ候、金ノ分ケ前受取ル、金二十六円二十九銭也、
・昼後、伊勢山田尾嵜氏へ、油紙代ゆうビンニ出ス、（87表）金十五円十二銭四厘、内七厘、見本代四十九銭四厘引ク、次ニ奈良博覧会摺物、同人へ廻ス代、一円七十五銭引ク、次ニ、右油紙箱代十五銭加へ、差引残り、十三円〇（ママ）三銭遣ス也、手形切賃十銭也、

・中通ニテ雲鶴茶碗求ム、土赤シ、〔釉脱〕薬薄青ネスミ、一円二分也、
・次ニ、シーボルト氏へ参ル、紋ノ始メ本見セ、又ネゴロ〔根来〕ノチヤツ一ツ贈ル也、
・次ニ、ジフスケ氏へ参リ、先日交通官ニ任スルノ受状二通、廻シ方頼ミ置、
・次ニ、ワクネル方へ参ル、女ノ髪結道具、及小道具ノ咄シ仕ル、夕食出サル、十字ニ帰ル、
・根来チヤツ一ツ、ワクネルへ贈ル、舞楽写真十枚廻ス、二円二分受取ル、

(87裏)廿三日、文庫へ参る、一字過ヨリ雅楽局へ参る処、早引ケシ(ママ)也、次ニ五条殿へ参る、久々面会ス、

廿四日、雅楽局へ参り、舞楽写真ノ名前ヲ尋、且ハ同写真取リノ残リヲ仕ル、談ヲ致シ、此間イタリア人ノ楽ノ説ヲ承ル、大体人達音ノ大少〔小〕、延ちゝミハ感シラル、然レ共正楽ニハ無キ由被申、林大伶人ハ八百年已前ノ笙二管見セラル、何レモ音極テ宜シ、次ニ文庫へ出ル、
・宅ヨリ状来、小矢野ヨリも来ル、何レモ金剛珠院ノ手付金ノ細束〔催促〕也、

(88表)廿五日、文庫へ参ル、蔵六ヨリ盃一ツ、道八預リ来リテ局へ廻し置候て、桜井ヨリ受取ル、又甲州博覧会社ヨリ反物一反来ル、
・松浦ヨリ春日盆、根来盆、返却せらる、

廿六日、川上帰一来ル、雲鶴茶碗借シ中候、菅大和ヨリ上京ニテ来ル、出頭ス、局ニテ又菅来ル、ミ

ルレル面会ス、道八来ル、
・弁慶氏へ参ル、十二日帰東ニテ、其後不快ノ由也、
廿七日、ミルレル楽器見ニ宅へ来ル、菅、杏圃ヨリ預り置シ建具取ニ来ルニ付渡ス、
・夜、鳥松氏ヨリ借シ置シ二十円ノ内、五円返却セラル、(88裏)
・神田ヨリ神楽笛三本出来候テ来ル、大和ノ持帰り竹故ニ音面白シ、竹大小有リ、穴も大中小ノ三色ニ仕ル、音律楽為ナリ、竹ノ大小、穴ノ大小ニテ、何レ宜敷ヤ考ルコト、
廿八日、出頭ス、ヘンレー、シーボルト来ル、古談ヲスル、次ニハーレンス、ヘンケ来ル、銅板紙、表紙紙、古物、本問ワル、ワクネル来ル、易学ノ咄シ仕ル、ヘンケーヨリシトウス二ツ来ル、京都ヨリ状来ル、此間ノ手付金二十円受取参ル、
廿九日、松浦ヘヨリ、次文庫へ参ル、ヘンケー和蘭ノ公使ト同道ニテ来ル、色々古物見せる、
・昨夕、岡本十郎家内、母着ノ由、今夕私宅長屋へ移ラル、(89表)　○宅ヨリ状来ル、甲州博覧会社ヨリ状来ル、此間京織来リシハ、此会社ヨリ社ニ贈ラレシ由ナリ、
三十日、文庫へ参ル、信楽ニテ茶器ヲ求ム、三十一日ノコト、
珠光青磁　馬上杯　　代一分三朱

朝鮮　狂言袴茶碗　　三分

・ワクネル方へ参ル、易学ノ八掛〔卦〕ノ咄シ仕リ、十字ニ帰ル、

三十一日、文庫へ参ル、

（89裏）十一月一日、町田へ参ル、留守、古川へ参ル、古物少々見ル、見事なり、神田へより、笛一本穴の明方、又ハ一本樺巻ヲ頼ム、

○次ニ信楽へより、三漢と云茶入レ求、　三歩

荒土ノ藤四郎茶入、　二歩

大伝馬丁三丁目、水戸や伊兵衛方へより、茶入求ム、

与三作　機　一円二分

・蓑田来ル、酒出シ申候、色々咄シ有リ、

二日、出頭ス、宿直也、明三日天長節ニ付、酒肴料一歩、局ヨリ被出申候、

・甲州博覧会社惣代へ、返物被贈礼状出ス、

惣代　結城無二三

岩下善蔵

古屋喜代年

（90表）三日、天長節、古賀ヨリ五日ニ罷出候テ差支無や申来ル、依差支無段返書出ス、宅へ状出ス、

・三字ヨリ、ミルレル方へ参ル、色々楽器見セラル、道ニテ茶器ヲ求ム、

壺藤四郎　一分

〻　一分二朱

七代宗然八角茶入　二分

四日、管〔菅〕大宮司来ル、文庫へ参ル、アント求ム、一円、三字ヨリ、道八、六兵衛次男来ル、色々陶器見セル、

・同シ時、シーホルト来ル、

（90裏）五日、文庫へ参ル、小河、古賀氏来ル、酒出スナリ、朝、高はし来ル、

六日、出頭、夕方ヨリ小河氏へ参ル、カーヘル贈ルコト昨年咄シセシガ断リニテ、昨日又被望候ニ付、今日、置処一見スル也、亀井来、

七日、大工来ル、机間ニ、カーヘルス〔据〕へ処へ烟貫ノ穴ヲ明ル、亀井竹三ト疋来ル、夕方松田へ参ル、酒出ル也、朝又小河来ル、

八日、文庫へ参ル、稲生ノ手紙以テ奈良県十　三等権少属井碩光学来ル、支那人暢斎来、勾玉ノ下物

贈ラル、同国ノ尺度ノ寸法承ルナリ、○宅ヨリ状来ル、金剛珠院（91表）ノ代物、局ヨリ、延引ニ付金子かり入レテ大工へ廻し候様申来ル也、

九日、川上来ル、茶器見セ候テ、唐物茶入、珠光青磁の盃、及狂言袴ノ茶碗かし申候、文庫へ参ル、夕方奈良ノ博覧会社ノ人、並川廣次郎来ル、粟田ノ山田氏来ル也、洋酒出ス、○文書写料受取候由、東大寺寺務所ヨリ一封来ルナリ、並川ハ植村状差出サル、此中ニ摺物八枚贈ラル、森川、菊治、先日金子廻し候受取来ル、

十日、文庫へ参ル、井口来ル、洋酒出ス、

（91裏）十一日、出頭ス、イタリア公使へ参ル、留守
・甲谷後家来ル、十二日来、私留守也、

十二日、七字半、宅ヲ出テ両国へ参り、次ニ古川筋東へ真直ニ行く事二里、中川と云処ノ渡シヲ渡り、又東へ真直ニ行く事二里余、利根川ニ至り、向島ノ台ヲ見渡ス景甚宜シ、川ヲ渡リ、島ノ台へ登リ、禅家ノ寺有リ、案内ヲ頼ミ、里見廣次氏ノ城地を一見ス、西ノ前ハ利根川、西の向ニ不二山ヲ望ミ、此ニ東京ヲ見ル、三方ニハ〔空〕カラ堀ノ路有リ、此北ハ桜

千本ト云テ裏手也、永禄六年正月八日朝、北条氏綱押寄セ、川西ヨリ里見ノ城ヲ望ム、此時ニ島川上ノ浅瀬ヲ渡レリ、依テ其島ノ渡りシ跡ヲ乗リ渡り、カラメ手ヘ廻リ、（92表）桜千本云処ヘ上り、里見ト戦テ、ツヒニ北条ノ手勝チタリ、里見ハ是カ為ニ亡フ、此時廣次ハ廿五才ノ由、此時北条ノ歌ニ、

　敵ハ打心まゝなる国府台
　　夕日路〔眺〕めし葛浦里

右之通り寺僧語れり、南座（ママ）鉄釜、青江下坂槍身、純金七宝茶ワン、何レモ焼タルヲ、其時ノ物トテ見セラル、案内料十銭遣ス処、旧跡ノ図贈ラル、

（92裏）・次ニ元ノ道四、五丁帰る、南ノ方ヘ又四、五丁参ル、まゝ〔真間〕の寺と申法華寺ヘ行く、堂前ニ紅葉三、四本有リ、是れを一見ス、次ニ元ノ川ヲ渡リ、川岸ニテ昼食ス、二人前二朱ト九厘也、次ニ元ノ道ヘ帰ル、深川六軒堀一則ヘ参ル、東大寺庫中の刀子ノ模シ、身ノ象眼出来ス、二本ニテ三円二歩也、可也彫リ宜シ、〇平松内、辻、早朝見ヘ、山本母も来ル、

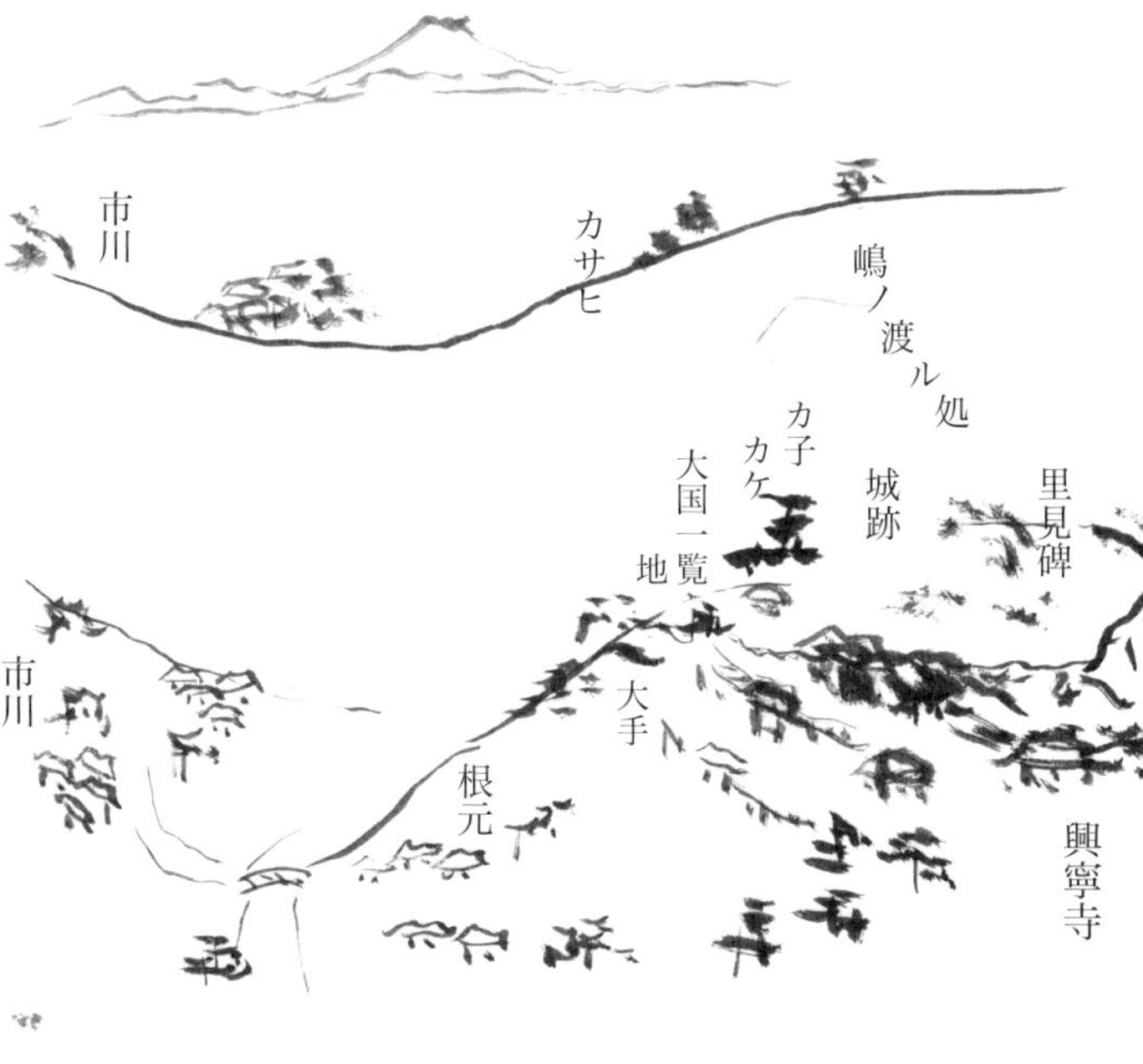

十三日、出頭ス、ハーレスへ参ル、

十四日、文庫へ参ル、辻氏来ル、

(93表)十五日、文庫へ参ル、宅へ状出ス、岡本十郎方ハ外へ移ル、

十六日、横浜へ参り、ポイントン氏へ参ル、留守、和蘭公使へ参ル、留守、はまノ十番へ参り、分割コンパス八円ニテ求ム、硝子ニ文字彫ル筆一本求ム、一円、錺虎ノ頼レ物也、次に山ノ百二番へ参り、ワクマンニ面会シ、色々油画一見ス、紙ノ画一枚求ム、

美濃地獄谷ノ景　一円　水画具画

昼食ス、四十銭、次ニ川崎へ参り、此処ノ天台宗ノ寺ニ嵯峨天皇ノ古書巻、大和ヨリ持帰シ由承ルニ付、寺〳〵聞合せ候へ共、一向に当ラス候、次ニ大師、原ノ大師也、一寸参り、川さき迄引取、人力車賃十銭也、次ニ六字半ニ引取ル、

(93裏)十七日、出頭、夕方平松殿へ参ル、若王寺も共ニ在宿ニテ、先日来在京ノ由、酒出ル、芸者三人来リ歌舞聞ク、

十八日、文庫へ参ル、左官、シトース職人来ル、居間ニシトース居ル、

十九日、文庫出頭ス、朝、辻氏来ル、今日上京ノ由ニ付、錺虎へ分割コンプワス〔コンパス〕事付ル、洋酒、菓子出ス也、六、七百年前ノ楽太鼓求ム、二円三分也、極采〔彩〕色、

廿日、文庫へ参ル、戸棚出来ス、下ハ此間出来、上ハ今日也、

（94表）

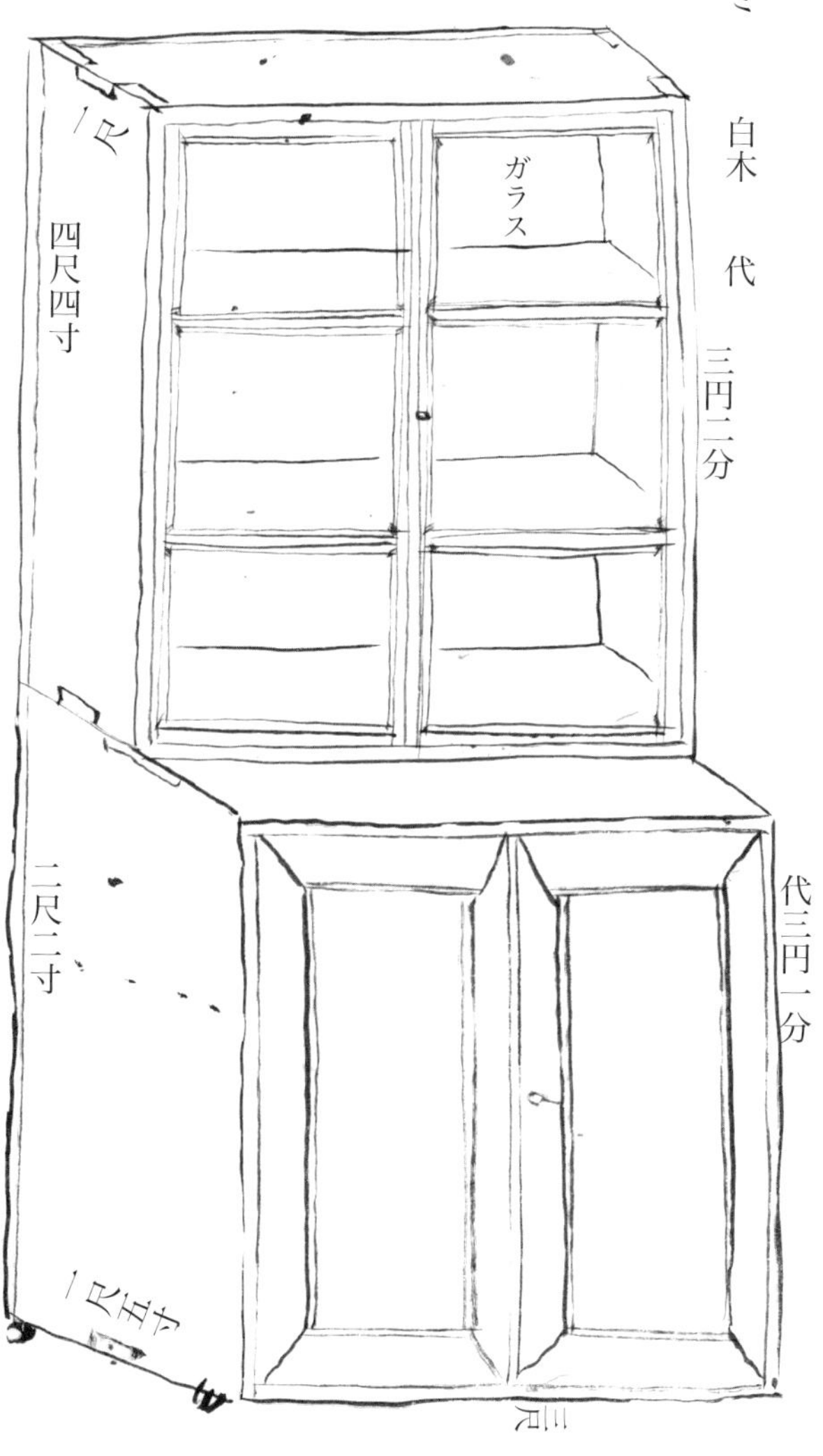

十九日求物、（94裏）

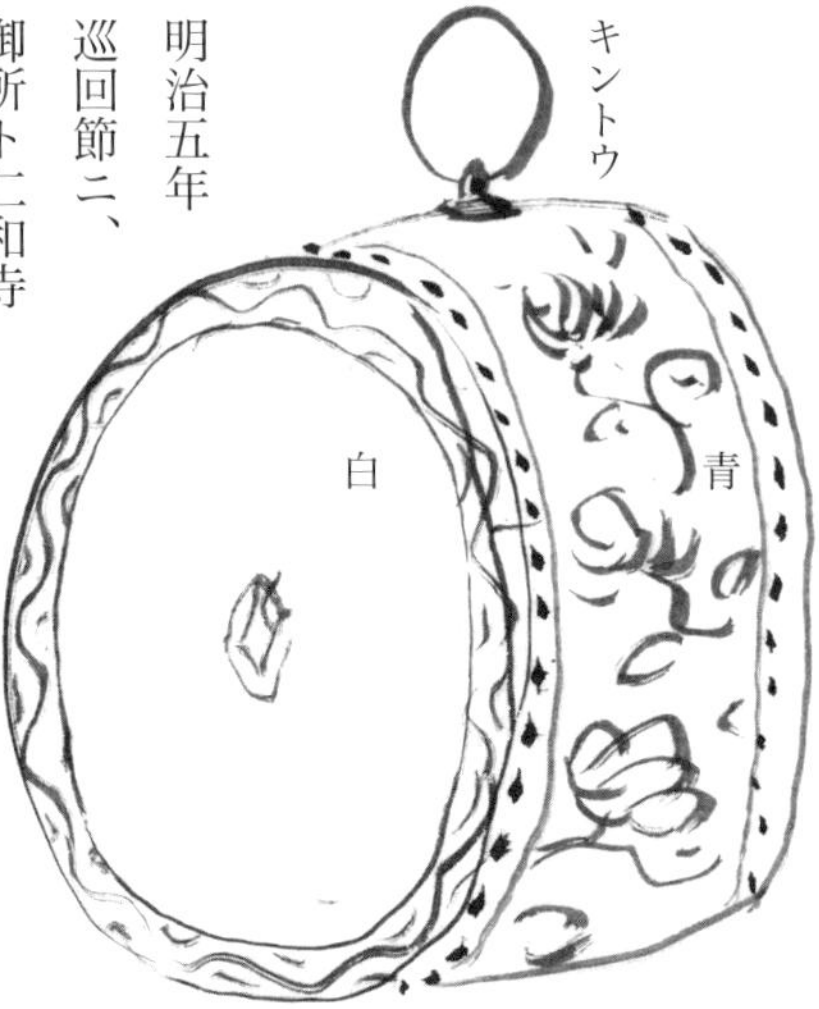

明治五年
巡回節ニ、
御所ト仁和寺
トニアル已、六、七百年
前ノ古物也、田安殿ニ元有ル由、

（95丁表から96丁表は空白）

此間小河へ贈薄金ノシトーズ、
米人ボイントン氏ノ考ニテ造、
火ノキ、ヨロシク候、

（96裏）神戸ノ楠氏ノ社も、明治四年ハ未タ畑ニテ有リシカ、よく年ヨリソロ〳〵建築始リテ、当年ニテハ実ニ見事、此社辺も一両年ヨリハ少々繁昌ナラス、サビレ申候、

此辺気候モよく、甚よろし、南面ニテ、至テ社ツキ宜シ、

（97表）塵芥記号ノ箱ヨリ取出シテ座右へ持帰ル物、

革帯破損黒塗及金銅ノ金具　凡十綴余
箒破横竹　七本
双六盤足　一
箏柱　一
ヤスリ　二
甲ノ札　数枚
黒塗無名器　十二
ヤリカンナ　三
碗類　大小　八
貝杓子　数本
矢　二
投壺矢　一

（97裏）鍵　二
木刀太刀　一
焼物塔　五
琴甲錺板　七
鉄ノ調子板　八
鼓皮紐付　二
天蓋ノロクロ　二
甲ノムネ　トウ組　一
木ノ札　一
花籠子　五
盆　一
葛箱　一

（98表）・奈良大仏殿博覧会社、私ヨリ出品物、七月二日社ヨリ返ル、

古盃　一　矢ノ根政常作　五本
ロシヤ帝石版図　一　万国山ミヤク〔脈〕ノ地図　八
ナイヤガラ滝画　一　久松学校写真　一
海面測量図　一　ボルネヲ国ノ矢　一

ヒスマルク写真　一
佐土原斑竹　二本
丸キ写真　一
正倉院写真　一
蒸気械　一
石象眼釦　二
油画亀井筆　二
英国製釦　八
（98裏）
プラチリアトハス《〔プラチナトパーズ〕》玉　一
伊太利国モサク《〔モザイク〕》　一
千九百年花生模造　一
二千年前石用ル　玉　三
二重はし写真　一
江ノ島油画高はし筆　一
挨及国図石版図　二
以上三十七点

キプス人面　一
銅版画　一
焼物透画　一
英国製染画花生　一
印刷機　一
紙多葉粉機　一
卵ノ善悪ヲ見ル機　一
金剛石筆　一
伊国印チウ　一
晴雨器
ローマ先帝玉座ノ石　一
杏甫〔画〕画付焼物
正倉院写真　一
一《（ママ）》外国郵便切手類
画袋一軸

(99表)正倉院庫中ニテ写、白木棚、

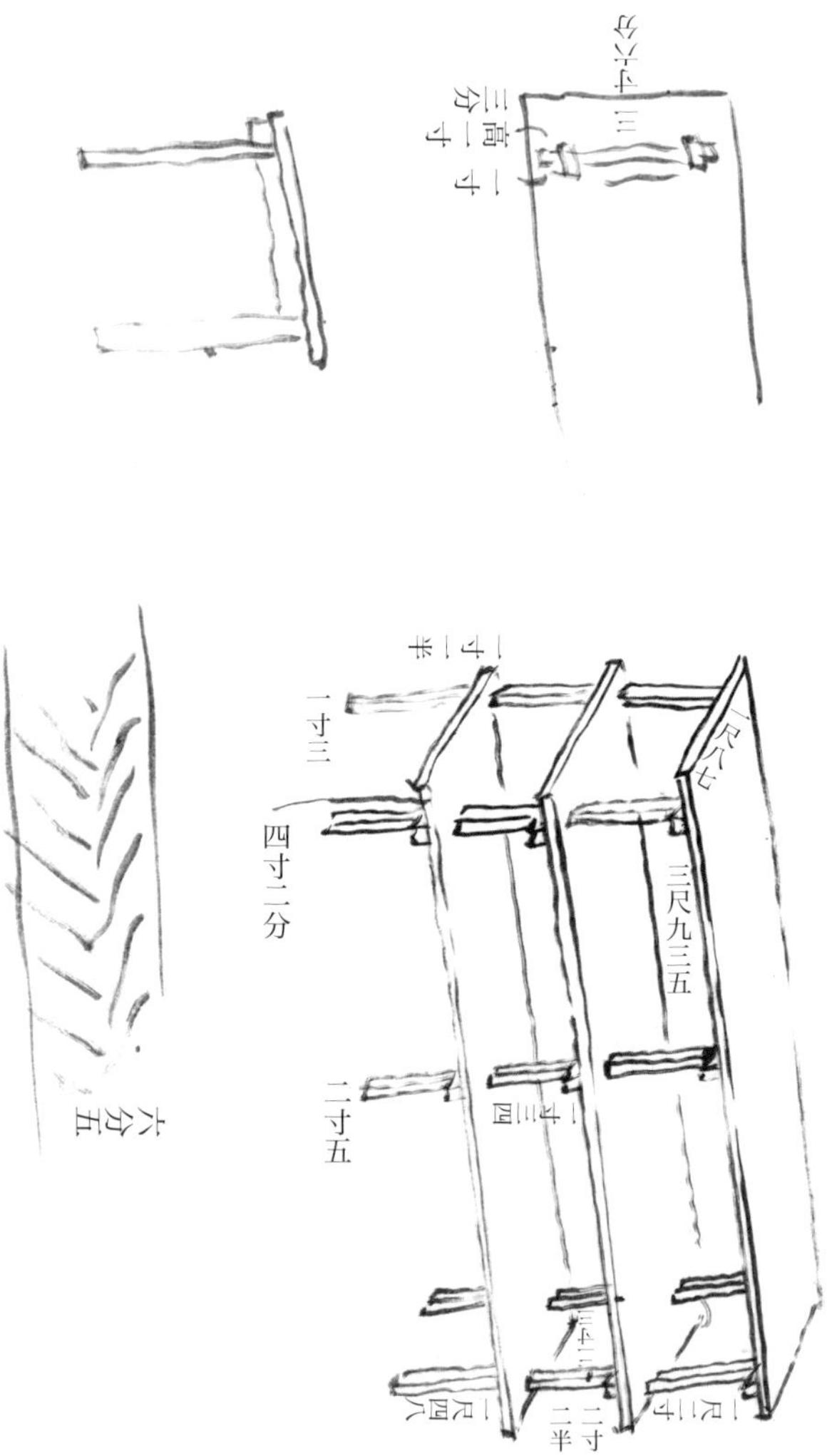

(99裏)四月十四日一見節記

・法隆寺太子画伝屛風、凡七百年位ヒノ物ニ思ワル、袍ノ切レ、練リ切レニテ、ヤワラカ也、又裾モ有ルニ付、鳥羽帝後也、袍ノ下衣ノスケル処ハ、年中行事ノ如シ、地文色々有ルハ新シク義《(ママ)》也、鳥

帽子有リ、折烏〔帽脱〕子無キハ古シ、鎌倉前ニ見ゆ、
・当麻ノ幔陀羅ハ如何ニモ古シ、然レ共損シ張シ、
・東大寺ノ綴レノネハン像ノ巾ハ、凡二百年（ママ）、長四百位、誠ニ新シク候ヘ共、職工ノワサヲ見ルニ為〔足〕ル、
・廿日、東大寺龍松院蔵の東大寺講堂の四足机、実ニ古ク見モ至テ白ク、真ノ古物也、凡一千年前ノ物ト云、
・同蔵一尺余、銅鉄鉢有リ、是モ正倉院庫中ノ物ト同、只金色古シ、
（100表）・同院聖武帝ニ上ル銅ノ仏器、径五寸位ヒ、是又庫中ノ物ト同品也、金色見事、
・同院蔵春日四足机、黒漆固ク、故ニ断文細ク少（ママ）サシ、金文雅ニ認メ、大小有リ、金色美ニシテ、日本ノ上古ノ蒔画ヲ見ルニ為ル、凡八、九百年ノ物也、我国ノマキエノ是レニ勝ル古キ物ヲ未タ見ス、
・庫中、鳥獣ブトウノ彫リ有ル鏡、タガネ無ク、鋳ハタ〔肌〕ニテ実ニ細カ也、獅子・馬ノモヨウ真ノ写生ニテ、アジヤ、トルコノ物ヤ支那物ニ見へす候事、
（100裏）・築後国吉井八幡宮《ワカミヤ》、東月岡、西月岡、月岡ヲ三、四十年前ニ掘ル処、冑甲、剣、研玉類、矢根等也、田□マヒサシニ玉ノヨウラク付ルト云、如何、冑也、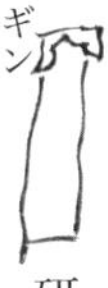

研石、右社ノ旧社家ニ有ル、
・築前上座郡、朝倉関近辺ノ山クツレヨリ出ル、右関ノ屋ノ鬼瓦、右関、斉明天帝ノタテラレシヤ、大壺久助方蔵、秋月士族、秋月地也、
・築前竈門神社、古鏡、升、箱崎八幡、香椎神社、宗像神社、聖福寺、聞親堂堀出ス、観音滝戒説堂、
・築雷良山神社、禅導寺、

解説

はじめに――明治五年の古器・旧物の調査――

本書は蜷川式胤の日記『八重之残花』を翻刻したものである。

蜷川式胤に関する伝記的な研究は少なくとも十指を超えるが、[1]まず注目されるものに、式胤の没後五十年に当たる昭和八年（一九三三）に刊行された『蜷川式胤追慕録』（以下、「追慕録」と記す）が挙げられる。その後、しばらくは纏まった伝記は見られなかったが、蜷川式胤の日記『奈良之筋道』が平成二十二年（二〇一〇）に翻刻されたとき、担当した米崎清実氏が詳しい解説を加え、式胤の事蹟が具体的になってきた。[2]

そもそも『奈良之筋道』は蜷川式胤が明治五年（一八七二）に、東海から京都・奈良方面で行った古器・旧物の調査に、官命に従って参加したときの記録である。明治新政府は、蜷川等に対し、明治六年（一八七三）のウイーン万国博覧会に日本から何を出陳出来るか、また日本の各地に伝わる古器・旧物を通じて日本の殖産興業とどのような関わりを持つことが出来るかを見極めることを課題としていた。一方、式胤は、かねてから正倉院宝物に関心があるほか、古器・旧物の破損・流出に憂慮しており、それらの保存について、いかなる方策があるかを考慮していた。したがって東海地方から関西方面の古器・旧物の調査命令は願ってもないことであった。その中でも、とくに滅多に開扉されることのない正倉院宝庫の調査は、政府も式胤もともに、このときの調査の最大の眼目であったことは言うまでもない。

ところで明治五年の調査は（壬申の調査ともいう）天保年間に正倉院宝庫が開扉されて以来の調査で、文化財に関わりのある人々による調査としては、当時では最高の人選に基づいて行われ、多くの人々の期待に沿うことになった。もっとも結果として、当初の目的の一つであるウイーン万博への出陳物選定には繋がらなかったが、古器・旧物に対する関心の高まりは、その後の国内の各地で行われた博覧会に結びつき、博物館の設立促進に貢献すると共に、当初のもう一つの目的である殖産興業にも繋がる役割を果たすことが出来た。

実際に調査の成果は蜷川式胤の日記『奈良之筋道』に詳しく記されている。この日記は、小型の手帳サイズである上に、料紙自体が雁皮紙で、かつ細字用の毛筆で記されていることから、ところどころに滲みがあり、判読するのにかなりの苦労があった。これまでにも一、二の研究者が日記を翻刻しておられるが、(3)一部の翻刻に留まっていたのは日記そのものが読み難かったこともあるのではないかと思われる。しかし前記したように、米崎氏の尽力で、『奈良之筋道』が翻刻され、読みやすくなったのは大変有り難く、明治初期の文化財の研究、また正倉院の研究に多大の貢献がなされたと考えられる。

一、壬申の調査と正倉院宝物の調査

『奈良之筋道』を見ると、正倉院宝物に限らないが、京都・奈良の社寺を中心に、各社寺に保管されていた古器・旧物類の調査が丁寧に記されている。しかし実際の蜷川式胤らの調査は、何が保管されているかという、いわば所在確認の調査で、式胤らがこの時の調査に当たって授けられた辞令の範囲を超えるものではなかった。

しかも式胤は自身の備忘録としての『奈良之筋道』のほかに、正式報告書として『壬申検査古器物目録』を提出しているが、この時の調査先として百十七箇所に及んでいたと記しているように、調査は広範囲に亘っているが、もとより限られた時間の中で、古器・旧物を網羅的に調査することは困難であった。式胤らが古器・旧物の調査に、私的な調査員を随行し、彼らに要する経費は式胤らの自弁であったと記している。このことからも窺えるように、宝物調査の時間と経費に限界があって、十分な調査を行うことが出来なかったと述べている（『壬申検査古器物目録』）。

前記したように、蜷川式胤は、壬申の調査以前から、正倉院宝物に関心があった。米崎氏によると、式胤は「明治三年覚書」と称する一文の中で、すでに当時の有識者から、正倉院宝庫の開扉は式胤が行うようにと勧められ、式胤自身もそのように願っていたと記している[4]。

『奈良の筋道』によると、「大和国東大寺の宝庫を開封する議起る所のくたり」の見出しのもとに、明治四年のはじめから五年四月末まで、博覧会の開設に関する企画から澳国博覧会への参加への調整、さらにそれらを所管する官制の整備が行われた経緯が記されている。その中で、正倉院について、明治五年正月に文部省から正院に対し、古器物の検査を行い、博覧会の考証に備えるため宝庫の開扉を申請し許可を得たが、諸般の事情から当初開扉に至らず、式胤等の計画は挫折したように見えた。しかしその後、政府の了解が得られ、明治五年五月に式胤等は念願の宝庫の調査のための出張命令を下されている。

この時の出張は、正倉院宝庫の調査が中心ではなく、前節で述べたようにウイーン万博への出陳の可否や古器・旧物の調査を目的としており、壬申調査の報告書に百十七箇所を調査したと記している。

日程で見ると、蜷川式胤が明治五年五月二十七日に東京を出立し十月二十日に帰京するが、その間、式胤が初めて社寺の調査に着手したのは六月五日の名古屋の大須観音、つまり真福寺で、その後、熱田神宮、伊勢神宮、松坂で調査を行い、六月二十四日に京都に入り、八月五日まで京都の社寺や近衛家や桂宮家などの調査に従事している。式胤が奈良に入ったのは八月八日で、同月十一日から二十二日までの間、正倉院を中心に東大寺の調査を行っている。その後、九月四日まで奈良県下で調査し、同五日から八日までは大坂で、十日から二十日までは再び京都で、その後、二十三日〜十月七日まで滋賀県下の石山寺や竹生島などでの調査を経て、十月十七日に神戸港から東京に帰っている。

このことから、確かに東大寺以外の社寺の古器・旧物の調査がそれぞれ一、二日で終了しているのに対し、正倉院の調査が十日間に及んでいることは注目される。それでもその時の調査が不十分であることは、すでに式胤自身が認めていた。

明治五年の古器・旧物の調査以降も、式胤は正倉院宝物の調査の実現に情熱を燃やしていた。それが明治八年の正倉院宝物の調査に結実することになった。

ところがこれまで蜷川式胤の事績を語る上で、明治八年のことはほとんど語られることはなかった。式胤の伝記研究において、明治八年前後の記録は乏しく、先の「追慕録」でもほとんど触れられていなかった。

私自身もかつて式胤の正倉院宝物の調査に関する伝記的な研究を纏めたとき、[5]明治八年前後について論じることが出来なかった。当時、私は明治八年の日記の存在は承知しており、というよりも明治八年の日記原本に触れる機会があったから、伝記の中に取り上げるべきと考えたことがあったが、当時、所蔵者の了解を得ていなかったため、いずれ翻刻の許可を得た暁に紹介し、検討することとし、伝記研究では触れるのを控えた。

しかし漸くその機が熟し、ここに『八重之残花』の翻刻を行うことが出来た。したがって詳しくは本記を見て戴きたいが、若干、節を改めて、本記の問題点について指摘しておきたい。

二、明治八年の正倉院宝物の調査

『八重之残花』の書誌的特徴をまず整理しておこう。本記は明治八年に記された蜷川式胤の南都・東大寺正倉院を中心にした古器・旧物の調査にかかわる日記である。

本記は「壱」「弐」の二冊に分かれているが、ともに縦一八・二cm、横一二・九cmの竪帳である。

まず「壱」の表紙の右端には

「明治七年七月ヨリ同八年六月十七日迄
明治七年七月ヨリ同年一月迄ハ前ノクダリ」

とあり、左下方に、「蜷川／蔵書」と記す朱方印（一辺二㎝）が捺されている。左奥の右上に「八重之残花」の書名が記されている。丁度その下方に「壱」と記し、その右に「宮道／蔵書」と記す朱方印（一辺二㎝）が捺されている。[6]

つぎに「弐」の表紙を見ると、

「明治八年六月十八日より十一月廿日迄
明治八年七月廿九日東京着後ノ記　」

とあり、「壱」と同じく左下方に、「蜷川／蔵書」と記す朱方印（一辺二㎝）が捺されており、左奥の右上に「八重之残花」の書名が記されている。丁度その下方に「弐」と記し、その右に「宮道／蔵書」と記す朱方印（一辺二㎝）が捺されている。

これらから明らかなように、「壱」は明治七年七月より同八年六月十七日迄の記事を収載している。そのうち「明治七年七月ヨリ翌八年一月迄ハ前ノクダリ」は、直接、南都・正倉院の調査記録ではなく、前年に文部省八等出仕であった蜷川式胤が夏期休暇を得て京都に帰り、帰省中にもかかわらず先年（明治五年）に調査不十分となっていた社寺を再訪して補充調査を行い、また古器・旧物の保存のために文庫の設立を勧告するなど、実に精力的に活躍している。その後、式胤は京だけではなく、奈良にも向かい、東大寺大仏殿に於ける展覧会の相談を行い、ふたたび京都に帰ると、式胤はしばらく同地に滞在し、淀川を下って神戸港に出て、九月二十六日に横浜港に着岸、その日の内に帰宅したと記している。

ところがさらに詳しく日記をみると、日付けに混乱が見られる。しかし翻刻に当たっては、本記の記載通りに記しておいた。それを見ると判るように「明治七年七月ヨリ翌八年一月迄ハ前ノクダリ」の該当の箇所は、日々の日記記文ではなく、記憶に基づいて後に書き足したものと考えられる。おそらく式胤は、思いつくままに羅列的に記した後に、日付けの確定出来るものについては各事項の脇に細字で日付けを註記したようである。ところで日付けが確定出来たからといって配列を変更した形跡はない。このため明治七年の箇所に混乱が生じているが、記事の内容等を確認しつつ整理すると、明治七年の式胤の行動を正しく追跡することが出来る。

実はこの度の翻刻に先立って本記を読まれていた、恐らく蜷川家の方で親正氏と考えられるが、同氏は日付けの混乱に気づき、訂正出来るところにはペン書きの付箋を付している。

式胤が横浜から自宅に帰った後、しばらく彼の行動を把握できない。

一方、明治七年十一月に奈良県参事岡部綱紀は、奈良県住民から東大寺正倉院の開封と宝物の展示の出願要請を受け、その旨を宮内卿に出願、宮内卿は太政大臣三条実美に伺い、翌年一月に認可が下り、いよいよ正倉院宝庫の開扉及び宝物出陳に向けて動き始めることになるが、その時の関係文書を記している。

以上が、「明治七年七月ヨリ翌八年一月迄ハ前ノクダリ」である。

明治八年二月十八日、式胤等が正院から呼び出しを受け、正倉院宝庫の開扉及び東大寺境内における古器・旧物の展示を行うための出張が命ぜらた。そこで式胤はその準備に着手し、正倉院宝庫の調査が行われる六月十七日迄の記事が収められている。

ついで十八日から十一月二十日迄のことが「弐」に収められている。しかし「弐」の表紙にも、

「明治八年六月十八日より十一月廿日迄

明治八年七月廿九日東京着後ノ記」

とある。東大寺境内における宝物の展示は六月十九日に終了するが、「壱」の六月十七日に続けて、「弐」では、まず六月十八日から七月十七日に東京に向けて出立するまでが第一段階の記事となる。

六月十九日に、東大寺境内における展覧会は延長されることなく予定通り閉場しているが、その後もしばらく宝庫は開扉されており、博覧会に供した宝物を整理して櫃に収め、宝物の中にはしばらく陰干しをしているものもあった。

ところで明治五年の壬申の調査時に宝物の収納容器に貼り紙をしていたものがあるが、明治八年それらに検査の印を捺して南倉や中倉に収めている。宝物の中には押形や摺型などを取っているが、正倉院宝物については更に詳しい調査を行っている。

例えば式胤等は、宝物の名称、数量、法量、素材、伝来などを記録するのみならず、中には写真撮影、拓本、模写なども行っており、それだけに近代的な宝物調査の嚆矢と位置づけられる。また正倉院以外の寺社の宝物・什器についても拓本や摺型などを取っている。

さて七月十六日に宝物の調査がひとまず終了すると、式胤は同日に帰京の準備に着手し、木津から伏見に至り、さらに京都の自宅に帰っている。その後、京都では私的な資格で諸事を済まし、二十七日に神戸に到り、同日、神戸港を出帆、二十九日に横浜港に着岸、同日中に東京に帰り、二十日に博

物局に出勤し、かくて長い南都出張は一往の終止符を打つこととなった。

しかし式胤の正倉院出張業務はそこで終了したのではなく、式胤は日記「弐」の表紙に「明治八年七月廿九日東京着後ノ記」と記しているように、正倉院宝庫の開封中に調査した宝物、写生した物、模造品などについて検討している。

これらの検討に用いられたものは、正倉院宝物をはじめ、南都の寺院などで作成した拓本や写生図などで、今もそれらの多くは保存されており、明治八年当時の宝物の姿を窺い知ることが出来る。いずれそれらの拓本や写生図は整理の上、公刊されると聞いている。

最後に付け加えておくと、日記の「壱」「弐」の表紙のいずれにも「蜷川／藏印」と「宮道／式胤」の朱方印が捺されている。前者の「蜷川／藏印」とは蜷川家の蔵書印であるが、後者の「宮道／式胤」は蜷川式胤の本姓に基づいている。

太田亮著『姓氏家系大辞典』によると、蜷川家は古代史上の名族の物部氏に由来し、平安時代には山城国宇治郡の大領となった宮内大輔宮道彌益を先祖にしていたという。その後、越中の新川郡に拠って太田荘蜷川に居住したのに因んで、蜷川を屋号とした。爾後、代々、一族は親の文字を名前の一部に用いている。「追慕録」によると、式胤も幼名を与三郎といい、かつては親胤と名乗っていたが、後に式胤に改めたと伝えている。ただし式胤と改名した理由は明らかでない。従って前記した朱方印は誤りではなく、蜷川家と式胤のそれぞれの関係を明示するために、表紙に二顆の印が捺されているのである。

おわりに

『八重の残花』の翻刻を通じて、正倉院宝物の保存調査が如何に進められたか、またそれは近現代の宝物の保存管理や、或いは調査研究の先蹤としての役割を果たしていたことを教えられる。具体的には、調査対象となる宝物について、式胤は、ただ観察するだけではなく、宝物の名称、数量、法量、素材などを記していた。またすべてにおよぶことは出来ないが、主たるものについて、規模や彩色に留意し、図面を起こし、写真を撮り、出来るだけ実物の真の姿を伝えようとしている。中には、今なら躊躇させられるが、拓本を採ることも行っている。特に注目したいのは、これまでの点検・調査ではあまり取り上げられなかった宝物の故国について触れる箇所があり、その宝物がどの国、どの地方で作られたなど、海外の情報が少ない中で、推測も加えながら、興味深い指摘がなされている。もとより中には、今日の様々な機器に基づく分析や、研究者自らの海外調査、あるいは国際的な調査研究のネットワークなど、様々な手法で得られる情報と照らし合わせたとき、式胤の指摘が必ずしも正確では無いものもあるが、現在の我々の宝物の保存管理、調査研究に示唆を与えてくれる。

また明治八年の『八重之残花』が記されたときの調査は、中世から近世の宝庫の修理などによって、一部の宝物が北倉から南・中倉に移されたが、元の庫に返戻されないままに保管されていた状況下での調査である。たとえば聖武天皇にゆかりの宝物は本来、北倉に収められているべきものであるが、宝庫の修理の際に北倉の宝物の一部が中倉や南倉に移され、その後も宝物の保管場所が北倉ではなく、中倉または南倉にそのまま留められたものもあった。式胤の調査時は、その意味では宝物の保管場所に混乱が生じていたのである。

周知のように、現在の正倉院宝物の整理は、明治十年代に黒川真頼が宝物の整理を命ぜられ、その成果を踏まえて、さらに宮内省宝器主管の整理に基づいたものである。(7) したがって蜷川式胤が宝庫に入り、宝物を点検した時期は黒川の整理以前である。それだけに今の時点では混乱があると云うことになるが、逆に言えば式胤が丹念に宝物を取り上げている状況を見ると、近世の宝物の保管がどのような形で行われていたかを考えることが出来る。この度、翻刻を手伝ってもらった方から、近世の宝物調査の過程で、宝物を収納していた唐櫃が正倉内の三倉の間をどのように移動しているかを調査してくれた。興味深い報告であるが、この度は紙数の都合もあって、省略した。いずれ何らかの形で公表しなくてはならないと考えている。

註

1　蜷川式胤の伝記に関する研究は、米崎清実氏編『奈良の筋道』（中央公論美術出版、二〇〇五年）の巻末に整理されている。しかしそれらの多くは式胤の活動について、一面的なもので、多面的な活動をされていた式胤の活動の跡は米崎論文がもっとも精しい。

2　註1の米崎氏の編著『奈良の筋道』所収の「解題」参照。

3　「明治五年正倉院開封に関する日記」（東洋美術研究会『東洋美術』特輯　正倉院の研究、一九二九年）。本記は蜷川式胤の孫に当たる蜷川第一氏が、『奈良の筋道』の一部を手抄し、同上研究会に寄贈されたものという。関係するものに、由水常雄「明治五年の正倉院開封目録」（『美術史』八〇、一九七一年）がある。

4　註1の米崎氏の編著『奈良の筋道』所収関連史料「明治三年覚書」壬月（閏十月）二十四日付記文参照。

5　米田雄介「蜷川式胤の事蹟―正倉院宝物調査に関連して―」（『古代文化』五一―八、一九九九年）

6　二つの朱方印については、本解説の末尾に改めて紹介する。

7　宮内省宝器主管の調査の成果は『正倉院御物目録』に整理された。現在の宝庫は、式胤が調査していたときの校倉造の建物ではなく、昭和三十九年に作られた鉄骨鉄筋コンクリート造りの宝庫であるが、宝庫内の宝物の配架の位置関係はかつての校倉造りの建物内における配架を基本的に継承している。

追記

蜷川式胤の事蹟を考える上で、興味深い指摘があるので紹介しておこう。

蜷川式胤の著作などあわせて五点が英国のケンブリッジ大学図書館に所蔵されていることが林望氏の「蜷川式胤の奇妙な依頼」（『書薮巡歴』新潮社、一九九五年）に紹介されている。詳細は省略するが、林氏によると、式胤がハインリッヒ・フォン・シーボルトに贈られたものであると云われている。ここに見えるシーボルトは、江戸時代末に長崎を中心にして活躍された医師のシーボルト先生の次男に当たる。いま蘭方医のシーボルトを「大」とすると、次男のシーボルトは「小」となろう。その小シーボルトは澳国外交官として来日しているが、彼は考古博物学者として著名で、『考古説略』と題する著作を遺している。小シーボルトは本日記の中に何度も姿を現しており、式胤との親密な交際振りが窺える。

図版

※『八重の残花』で触れられている正倉院宝物の一部の現状写真を掲載する

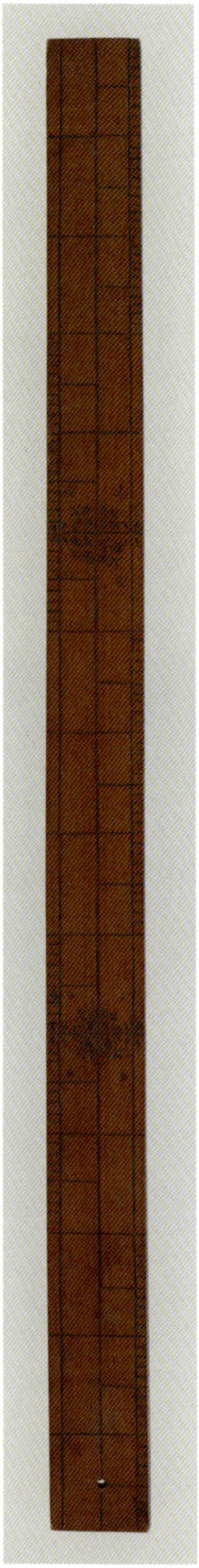

図版1　斑犀尺（中倉52）

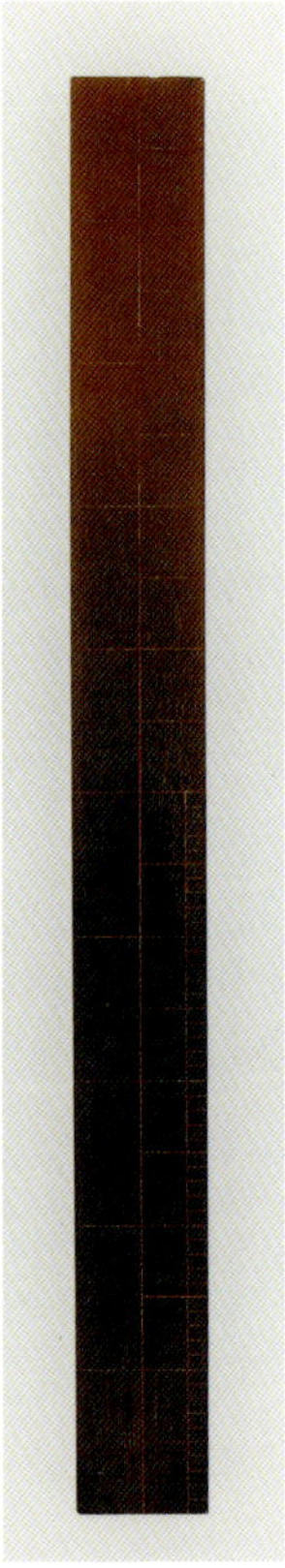

図版2　木尺（中倉53）

図版3　白牙尺　乙（北倉15―乙）

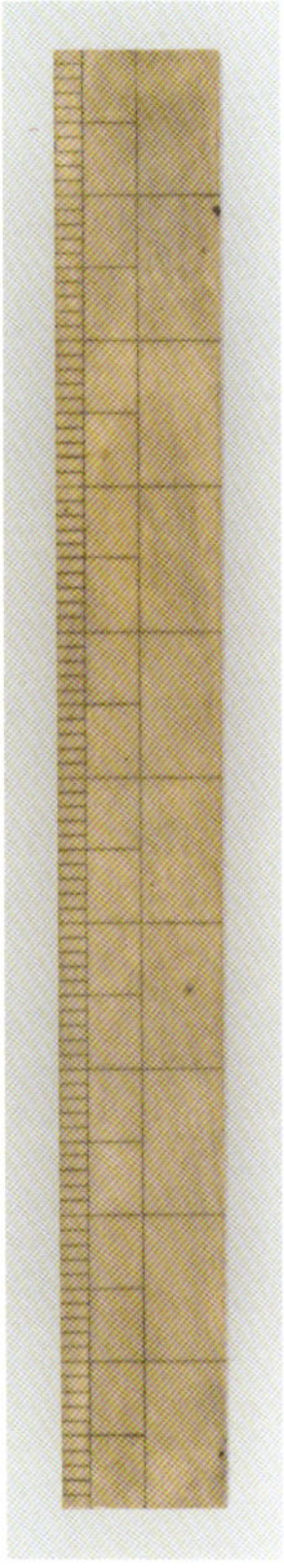

図版4　白牙尺　甲（北倉15―甲）

図版5　三合鞘御刀子（北倉8）

各刀身・柄

収納状況

図版6　牙櫛（中倉123－3）

図版7　小香袋（中倉119－1）

図版8　小香袋（中倉119－4）

図版9　紺玉帯残欠（中倉88）

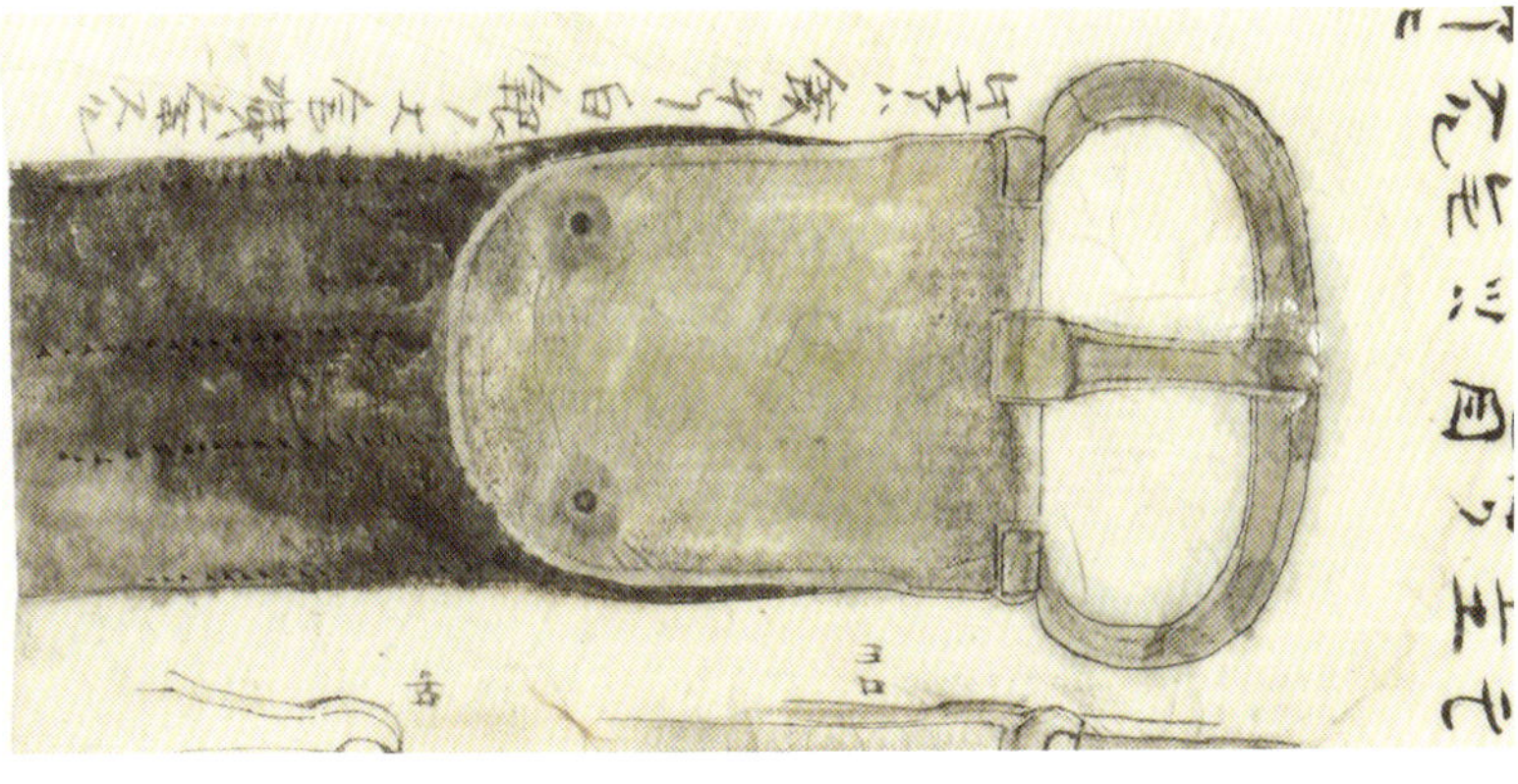

『八重の残花』第壱巻第42丁裏（原寸）

図版10　金銅杏葉形裁文（南倉164－4）

部分

図版11　瑠璃魚形（紐付き）（中倉106）

図版12　斑犀合子（方形）（中倉98－1）

図版13　斑犀合子（角形）（中倉98－1）

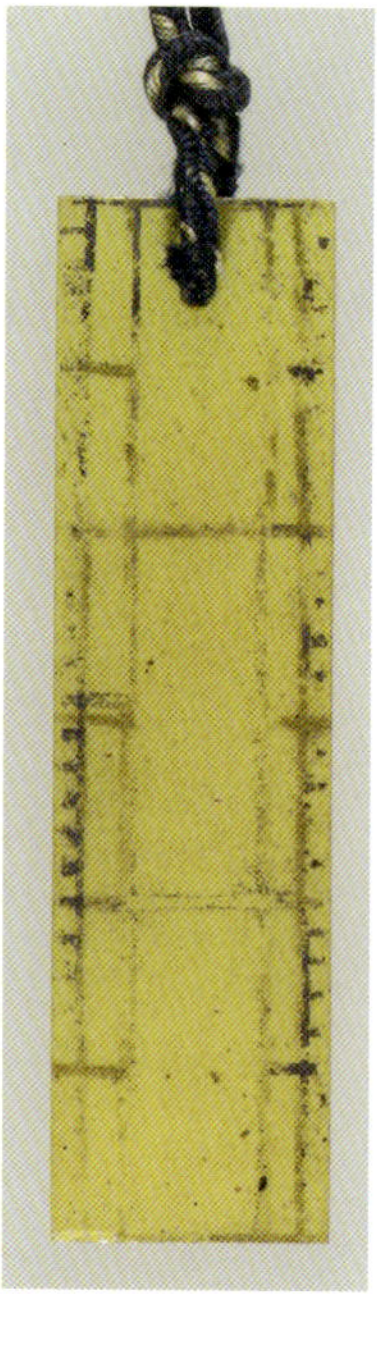

図版14　黄瑠璃小尺（中倉112）

図版15　碧瑠璃小尺（中倉111）

図版16　双六頭（北倉17）

図版17　白犀把水角鞘刀子（中倉131－37－1）

図版18　白犀把烏犀鞘刀子（中倉131－48）

図版19　斑犀把紅牙撥鏤鞘刀子（中倉131－40）

図版20　最勝王経帙（中倉57）

図版21　臈蜜　第４号
（20箇の内４個）
（北倉97－４）

図版22　筆（中倉37－1・2）

（右より）
第1号の筆
第2号の帽
第2号の筆

第1号　筆尻

図版23　双六筒（中倉173）

図版24　斑犀把金銀鞘刀子（中倉131－9）

図版25　沈香把仮斑竹鞘樺絵金銀荘刀子（中倉131－14）

図版26　樺纏把鞘白銀玉虫荘刀子（中倉131－4）

図版27　犀角把白銀葛形鞘珠玉荘刀子（中倉131－7）

結び目部分

図版28　東大寺封戸勅書（中倉14）

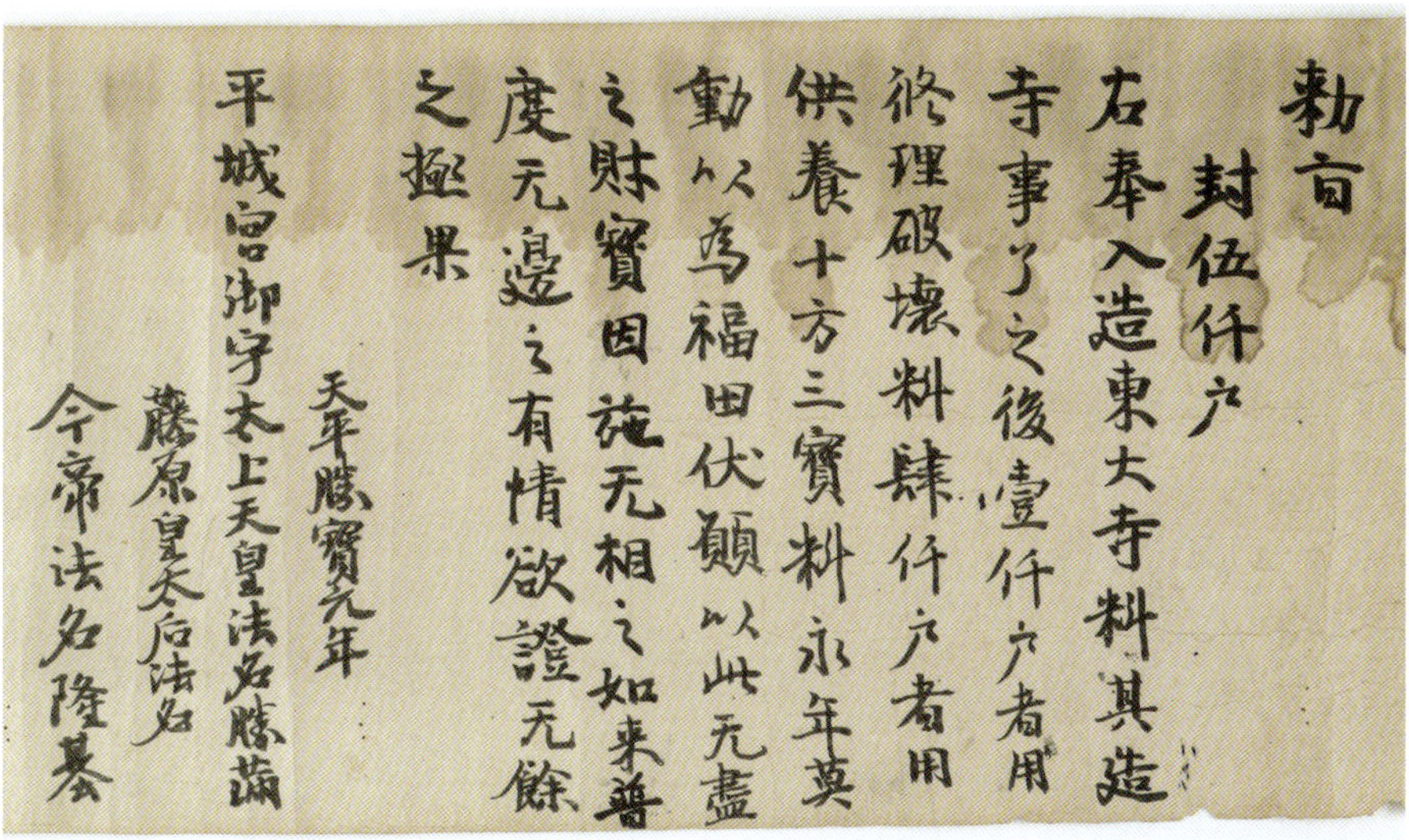
勅旨
封伍仟戸
右奉入造東大寺料其造
寺事了之後壹仟戸者用
修理破壊料肆仟戸者用
供養十方三寶料永年莫
動以爲福田伏願以此无盡
之財寶因施无相之如来普
度无邊之有情欲證无餘
之極果

天平勝寶元年
平城宮御宇太上天皇法名勝満
藤原皇太后法名
今帝法名隆基

図版29　金銀匙（南倉43）

裏

表

図版30　礼服御冠残欠　付属木牌（北倉157）

裏

表

図版31　経帙牌（中倉65－4）

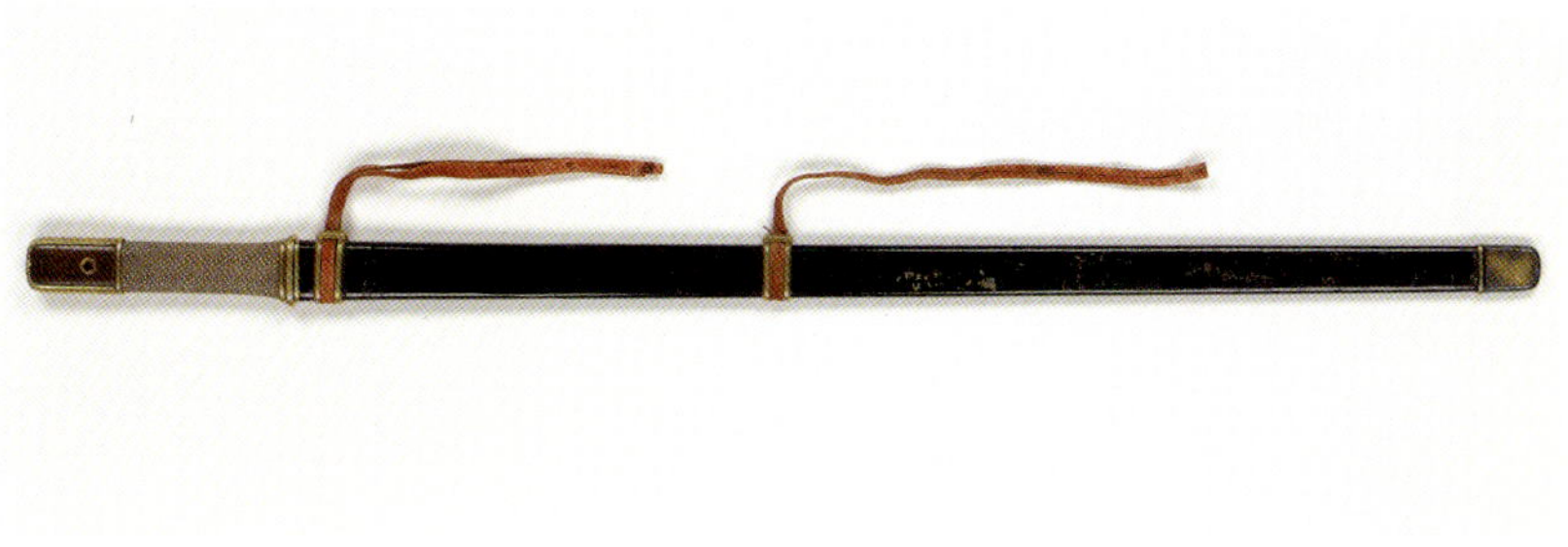

図版32　黄金荘太刀（中倉8−1）

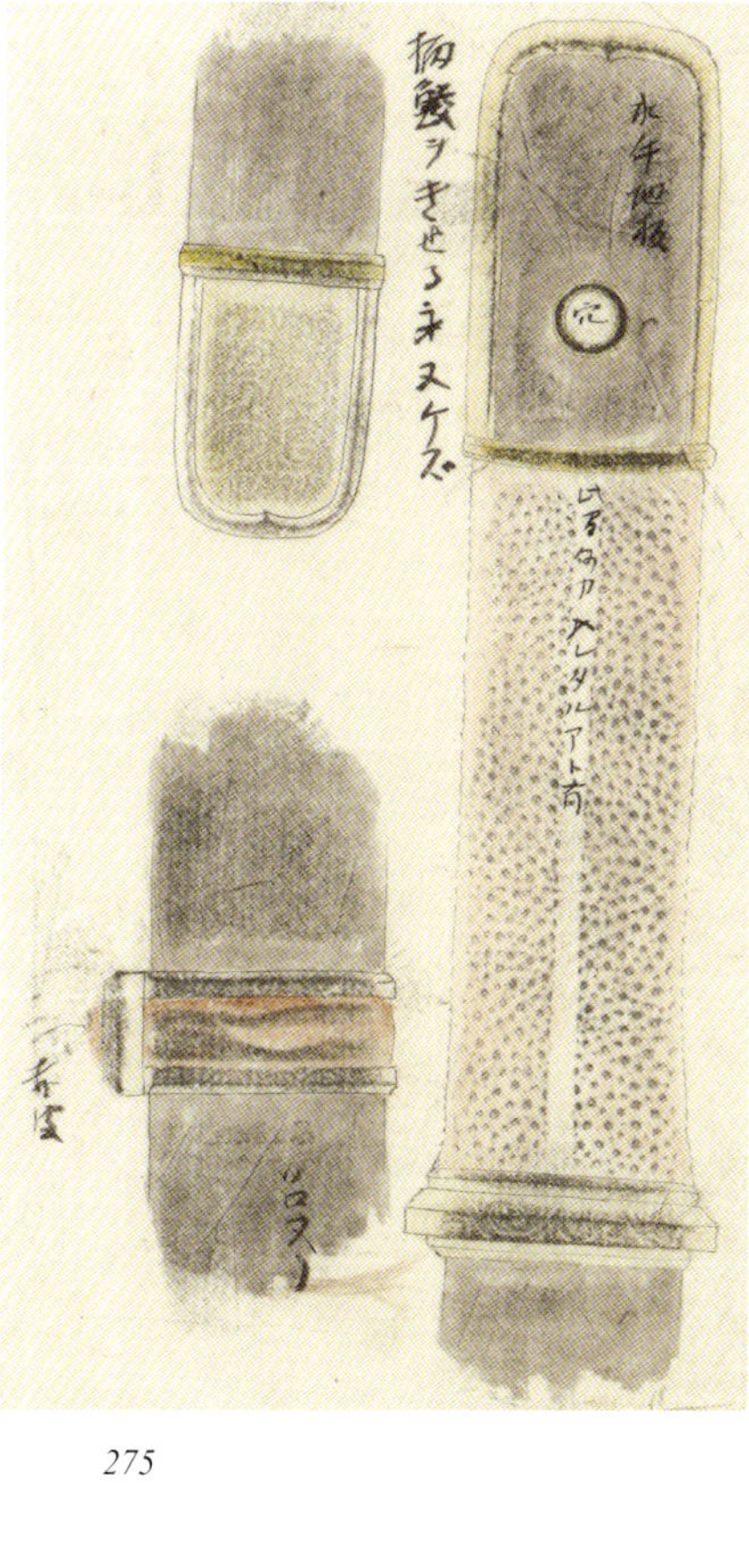

『八重の残花』第壱巻第58丁裏（50%縮小）

柄部分

図版33　香染絁袍　第1号（南倉129－1）

図版34　墨絵弾弓　第1号（中倉169－1）

部分

図版35　刻彫尺八（北倉23）

部分

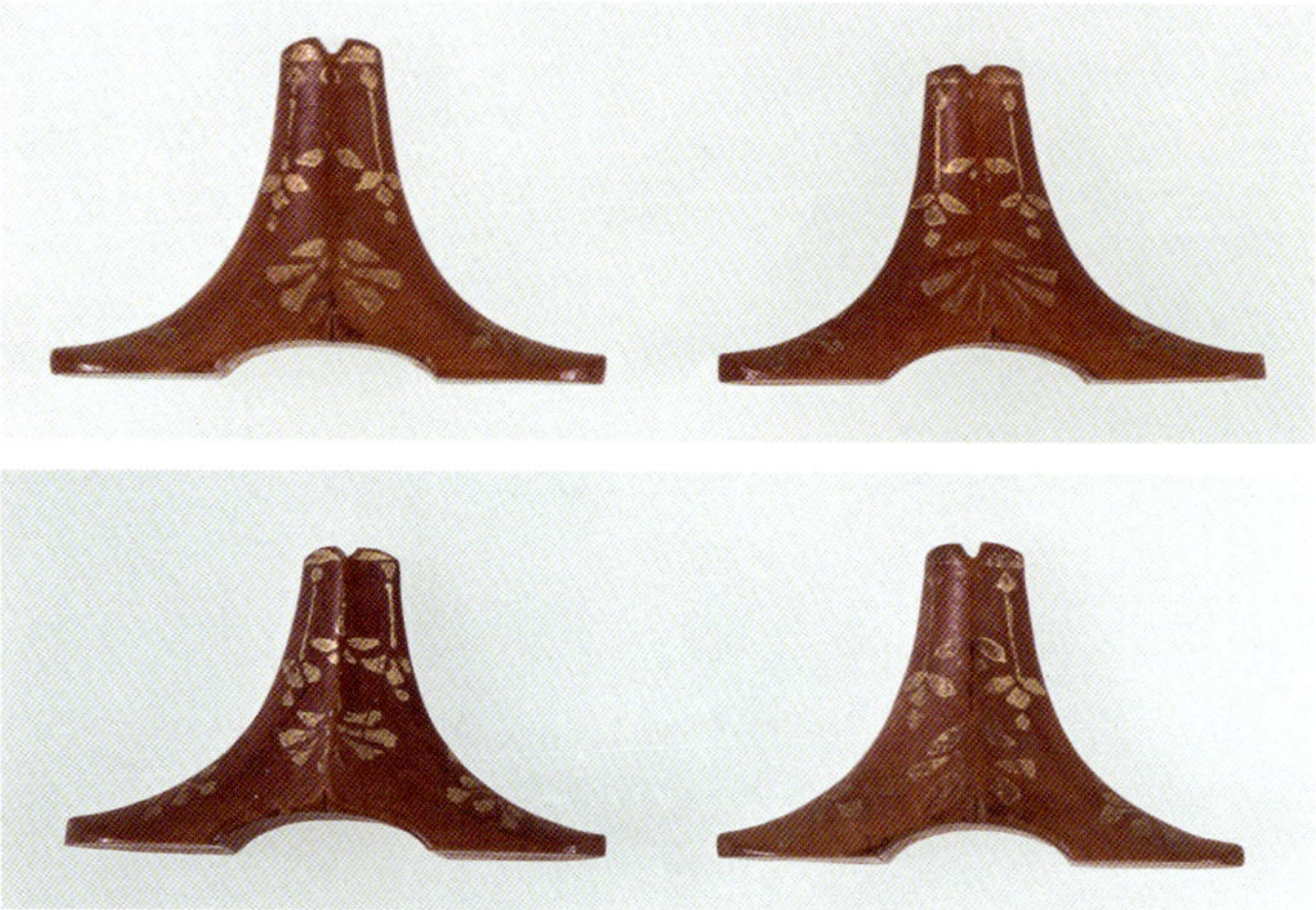

図版36　新羅琴　琴柱（北倉35）

図版37　楽器残欠　箏柱（柿製蘇芳染）（南倉177）

図版38　紅牙撥鏤撥（北倉28）

B面

A面

図版39　赤漆葛胡禄　付属箭（中倉4－8）

図版40　雁羽蘆幹竹鏃（中倉6－65）

図版42　十二稜鏡　背面全姿（南倉70－6）

図版41　十二稜鏡収納の漆皮箱（南倉70－6）

図版43　方鏡（南倉70－10）

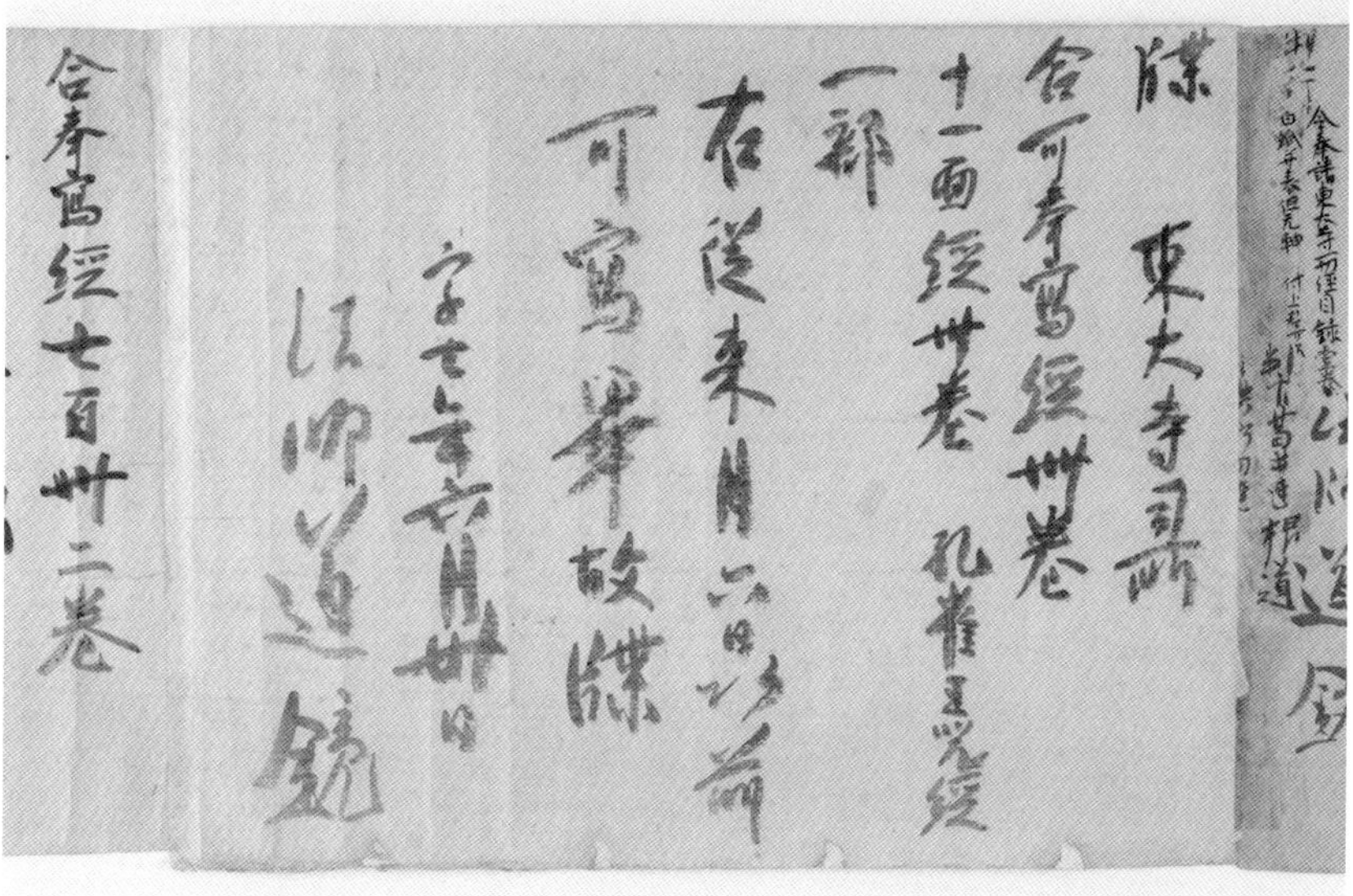

図版44　正倉院古文書　正集7　法師道鏡牒（中倉15）

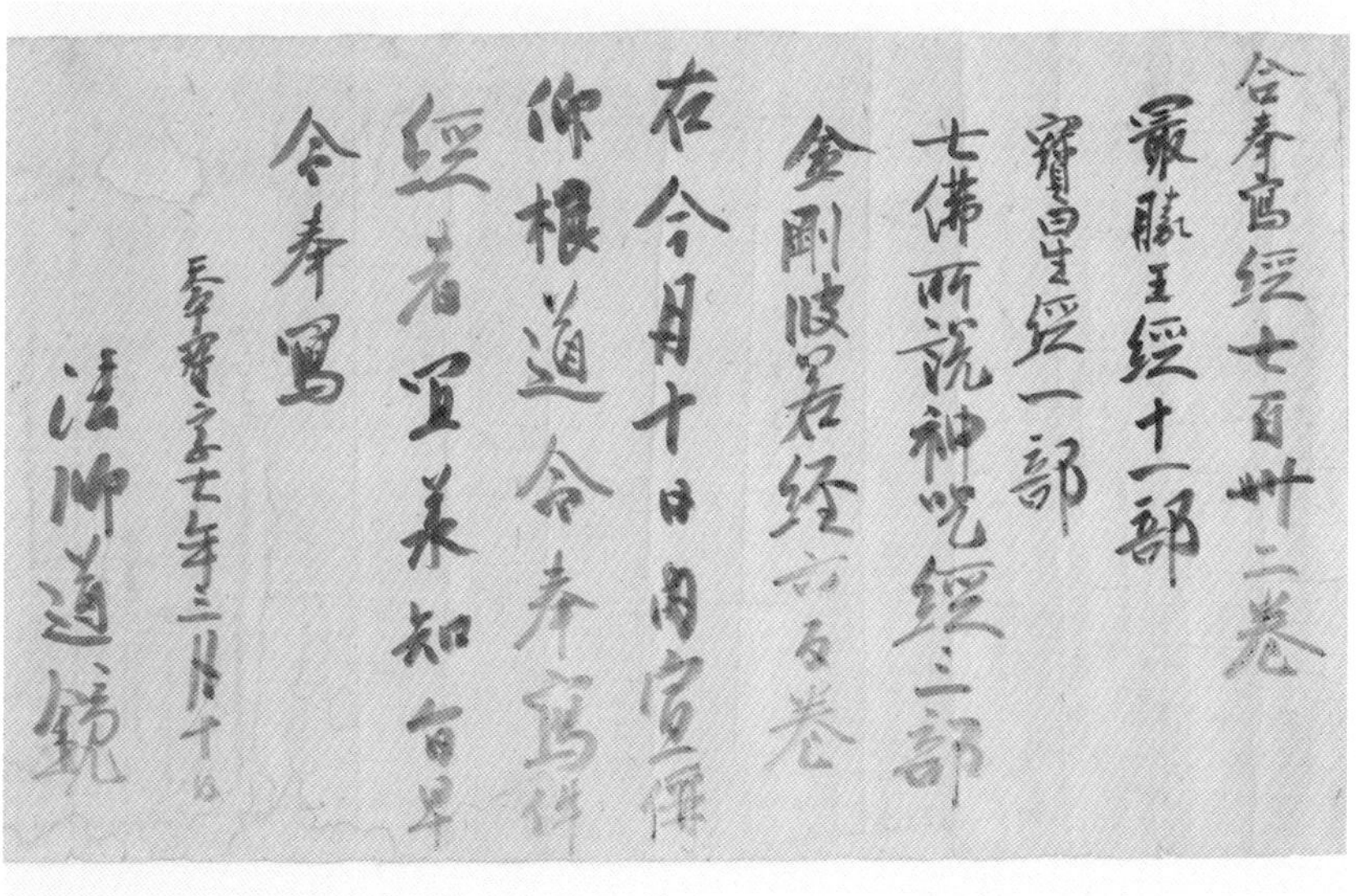

図版45　正倉院古文書　正集7　法師道鏡牒（中倉15）

図版46　円鏡平螺鈿背（南倉70－5）

螺鈿部分（鳥）

螺鈿部分（獅子）

図版47　八角鏡　金銀山水八卦背（南倉70－1）

背面部分

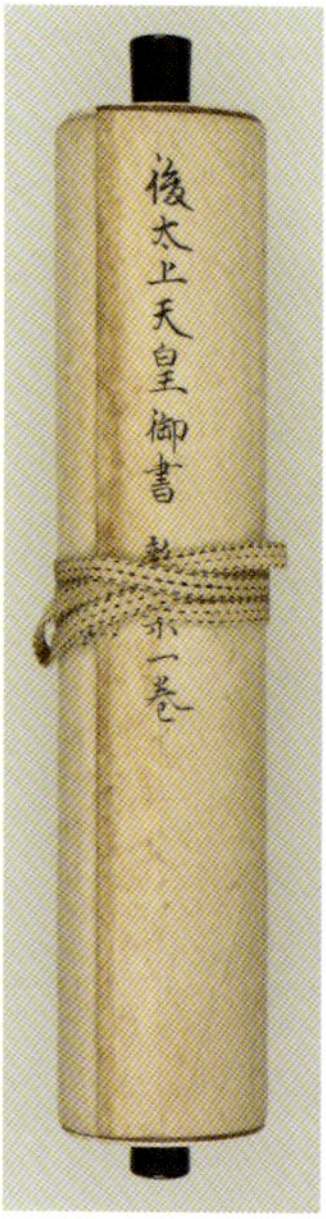

巻姿（上包み状態）

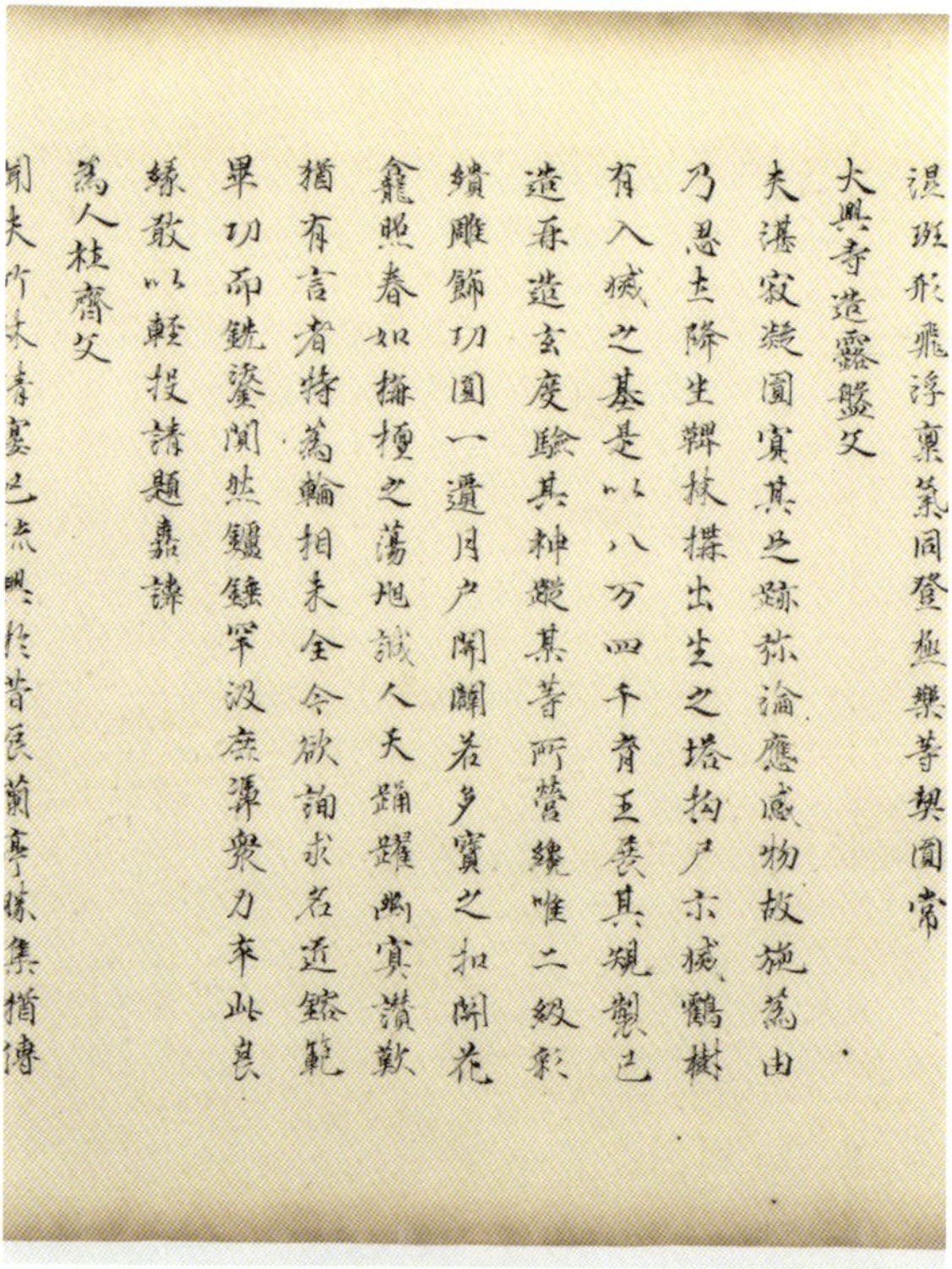
湼斑形飛浮稟氣同登極樂等契圓常
大興寺造露盤文
夫湛寂凝圓寔其亡跡弥綸應感物故旋為由
乃忍土降生辮枝諜出生之塔拘尸示滅鶴樹
有入滅之基是以八万四千育王表其規製已
造弥造玄度驗其神蹤某等所營纔唯二級彩
繢雕飾功圓一遍月戶開闢若多寶之扣關花
龕照春如擁梗之蕩地誠人天踊躍幽寔讃歎
猶有言者特為輪相未全令欲詢求名匠鎔範
畢功而銑鑾闕然鑪鞴罕汲奈澤衆力來此良
緣敢以輕投請題嘉諱
為人杜齋文
聞夫竹林清宴之流興於昔辰蘭亭勝集猶傳

図版48　雑集　第25紙「大興寺造露盤文」（北倉3）

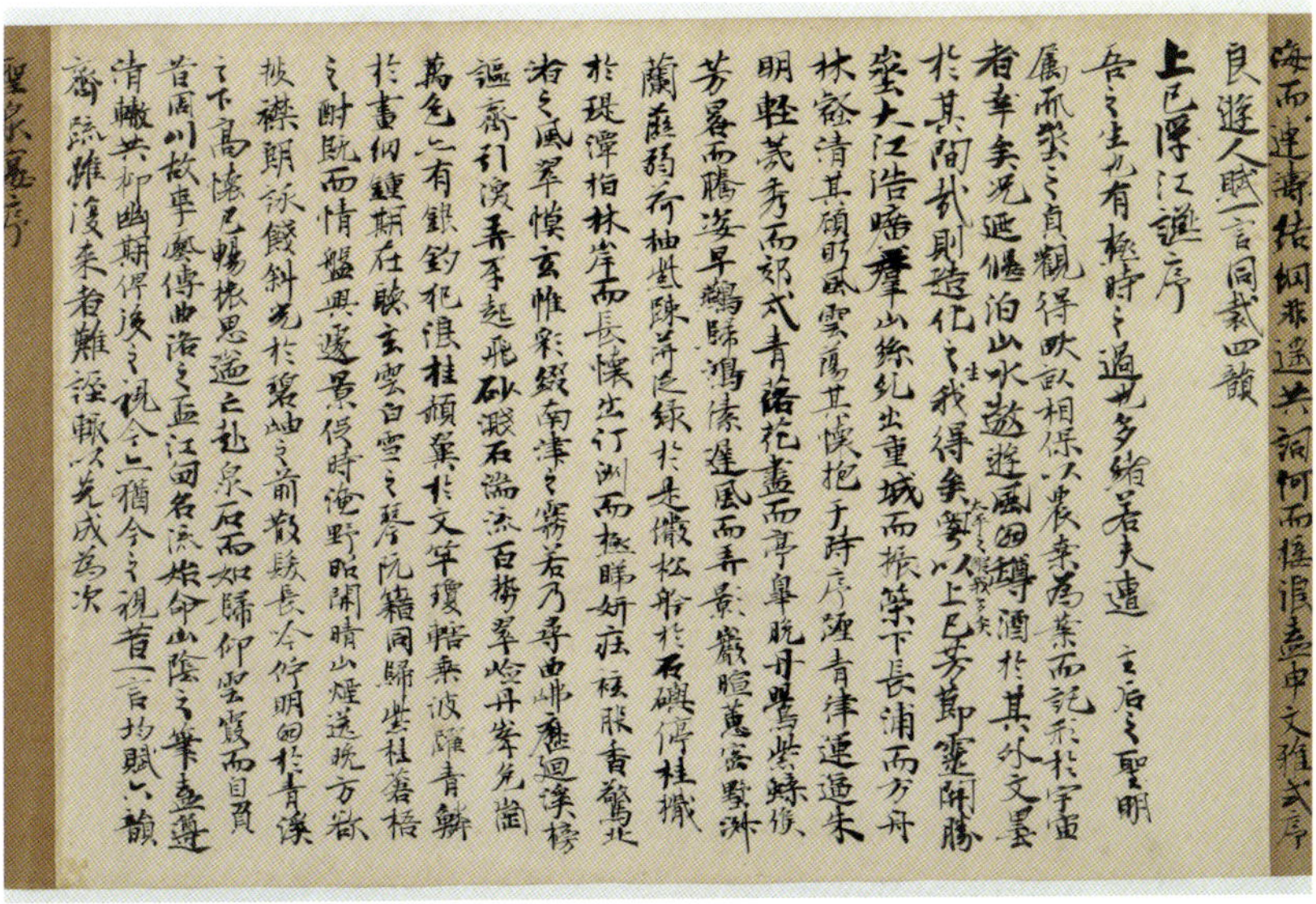

図版49　詩序第8紙「上巳深江諷序」（中倉32）

図版50　楓蘇芳染螺鈿槽琵琶（南倉101―1）

背面部分

背面部分

図版51　杜家立成（北倉3）

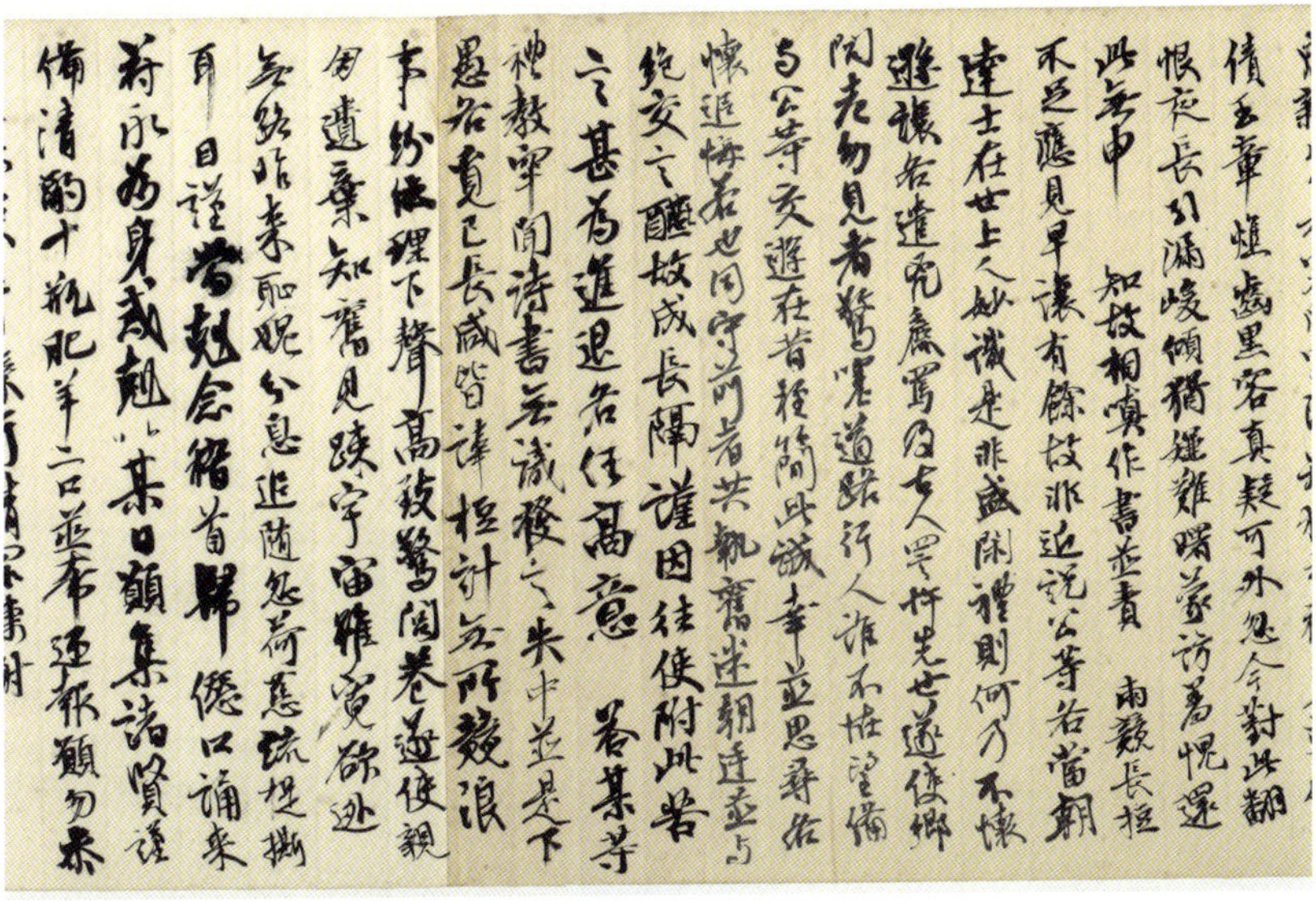

第13紙「債玉章」

第14紙「還無具」

図版52　螺鈿紫檀五弦琵琶（北倉29）

絃蔵と転手

捍撥部分（駱駝）

図版53　紫檀木画槽琵琶（南倉101－2）

背面部分

図版54　楽毅論（北倉3）

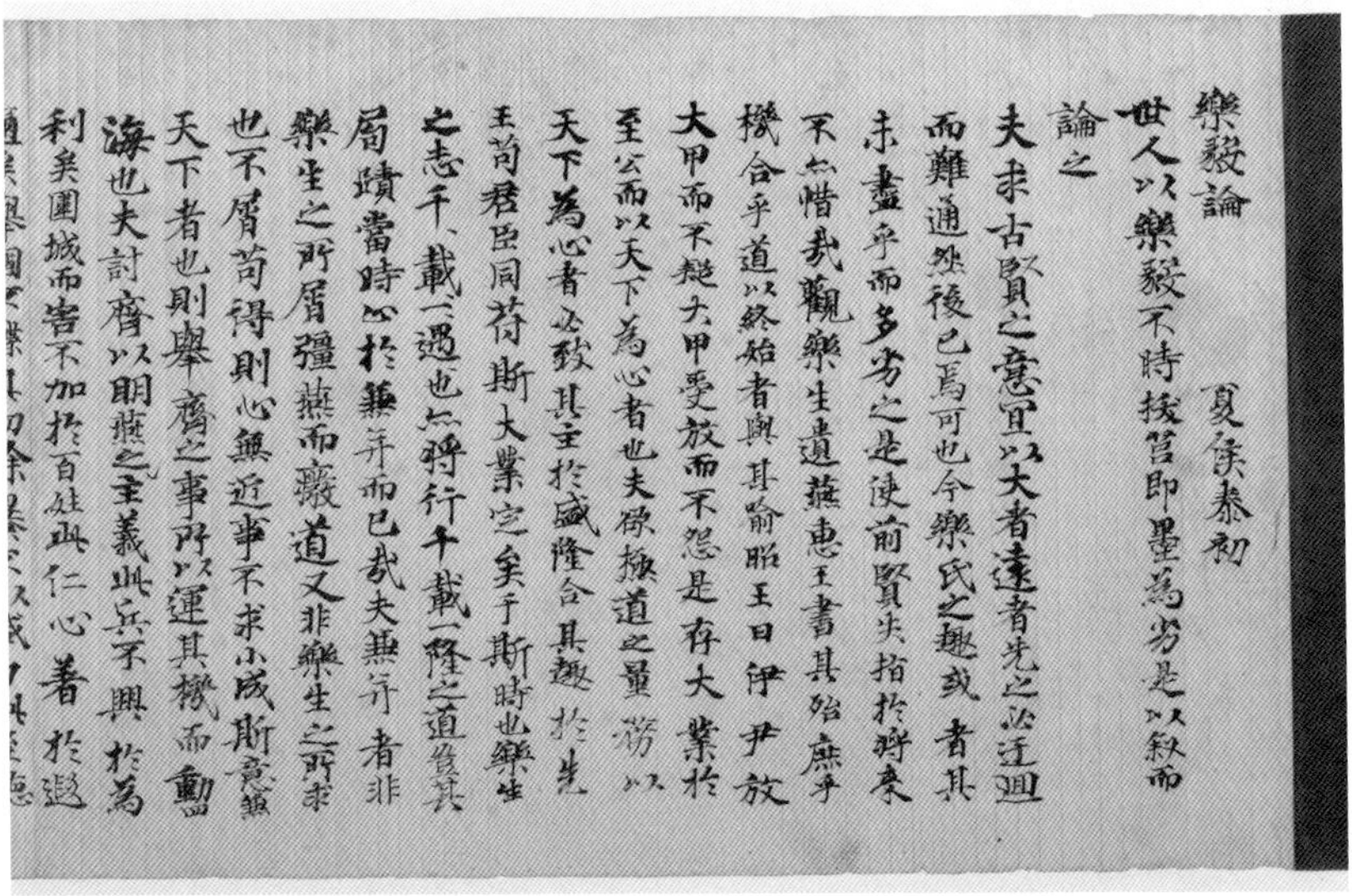

樂毅論　夏侯泰初
世人以樂毅不時拔莒即墨爲劣是以叙而
論之
夫求古賢之意宜以大者遠者先之必迂迴
而難通然後已焉可也今樂氏之趣或者其
未盡乎而多劣之是使前賢失指於將來
不亦惜哉觀樂生遺燕惠王書其殆庶乎
機合乎道以終始者與其喩昭王曰伊尹放
大甲而不疑大甲受放而不怨是存大業於
至公而以天下爲心者也夫欲極道之量務以
天下爲心者必致其主於盛隆合其趣於先
王苟君臣同符斯大業定矣于斯時也樂生
之志千載一遇也亦將行千載一隆之道豈其
局蹟當時止於兼并而已哉夫兼并者非
樂生之所屑彊燕而廢道又非樂生之所求
也不屑苟得則心無近事不求小成斯意兼
天下者也則擧齊之事所以運其機而動
四海也夫討齊以明燕主之義此兵不興於爲
利矣圍城而害不加於百姓此仁心著於遐

巻首

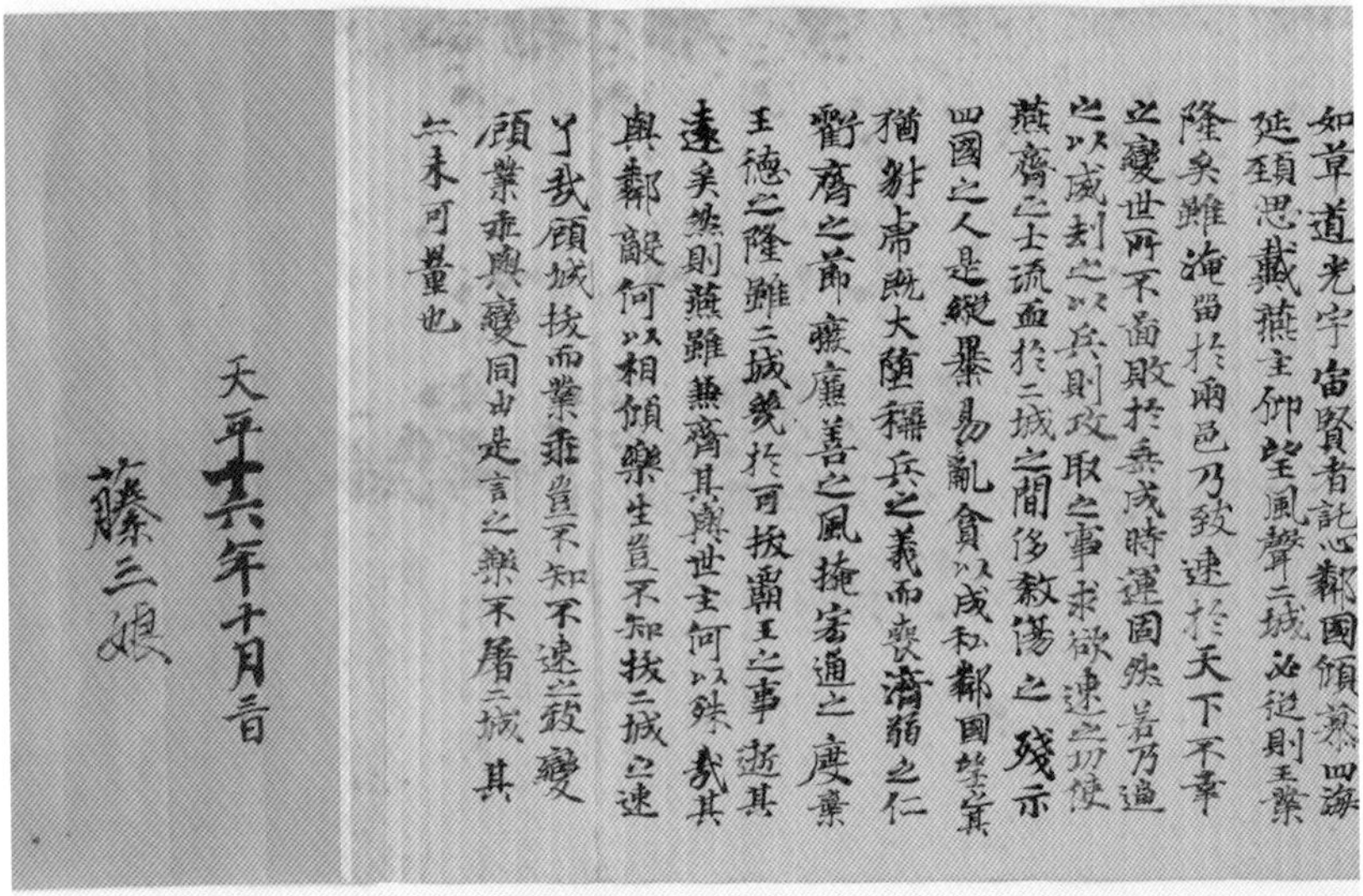

如草道光宇宙賢者託心鄰國傾慕四海
延頸思戴燕主仰望風聲二城必從則王業
隆矣雖淹留於兩邑乃致速於天下不幸
之變世所不圖敗於垂成時運固然若乃逼
之以威刧之以兵則攻取之事求欲速之功使
燕齊之士流血於二城之間侈殺傷之殘示
四國之人是縱暴易亂貪以成私鄰國望之
猶豺虎既大墮稱兵之義而喪濟弱之仁
虧齊之節廢廉善之風掩宏通之度棄
王德之隆雖二城幾於可拔霸王之事逝其
遠矣然則燕雖兼齊其與世主何以殊哉其
與鄰敵何以相傾樂生豈不知拔二城之速
了哉顧城拔而業乖豈不知不速之致變
顧業乖與變同由是言之樂不屠二城其
亦未可量也

天平十六年十月三日
藤三娘

巻尾

図版55　阮咸　桑木阮咸（南倉125－1）

捍撥部分

図版56　阮咸　螺鈿紫檀阮咸（北倉30）

螺鈿部分（鸚鵡）

螺鈿部分

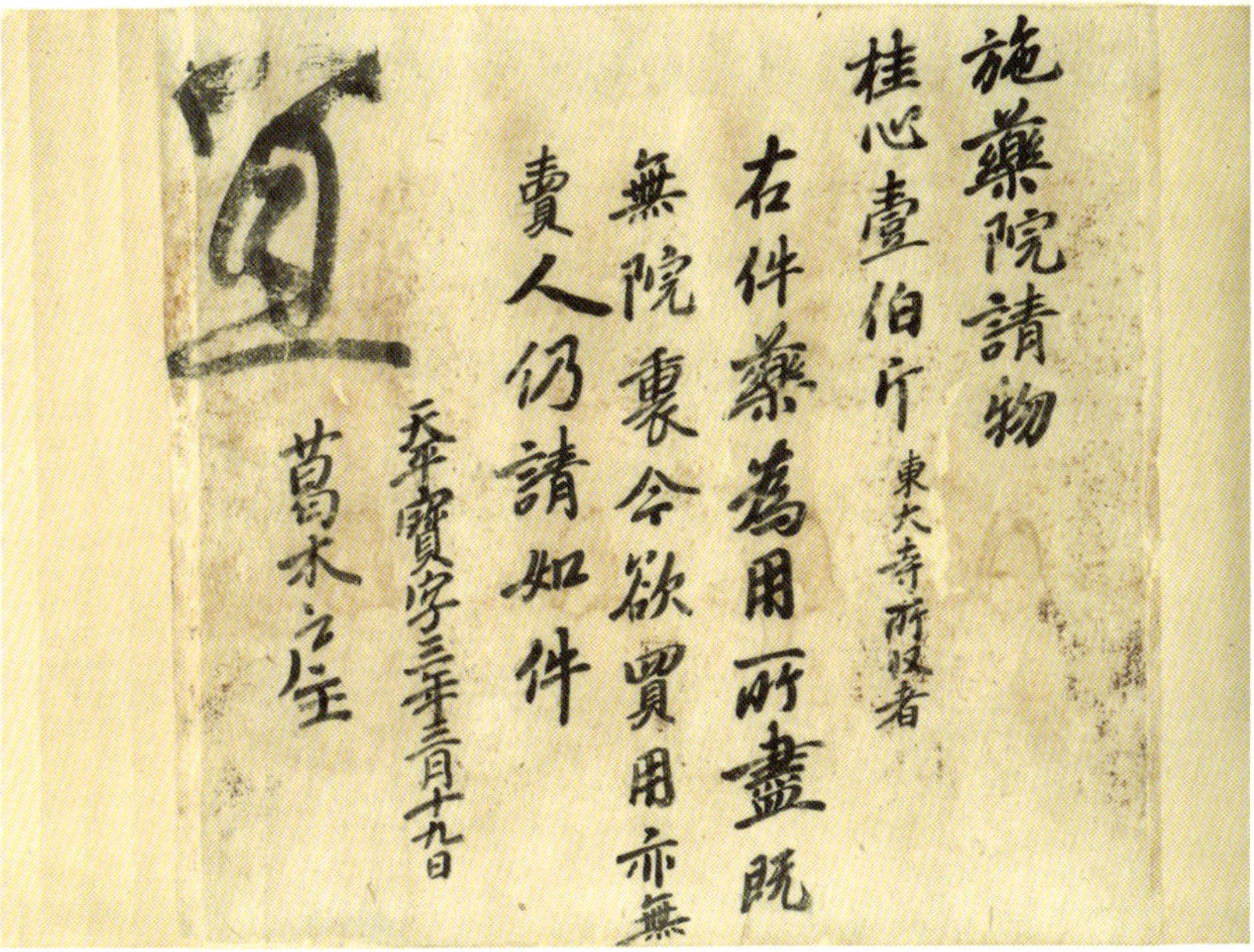
施藥院請物
桂心壹伯斤 東大寺所収者
右件藥為用所盡既
無院裏今欲買用亦無
賣人仍請如件
天平寶字三年三月十九日
葛木戸主
宜

図版57 桂心請文（北倉168）

図版58 黄熟香（中倉135）

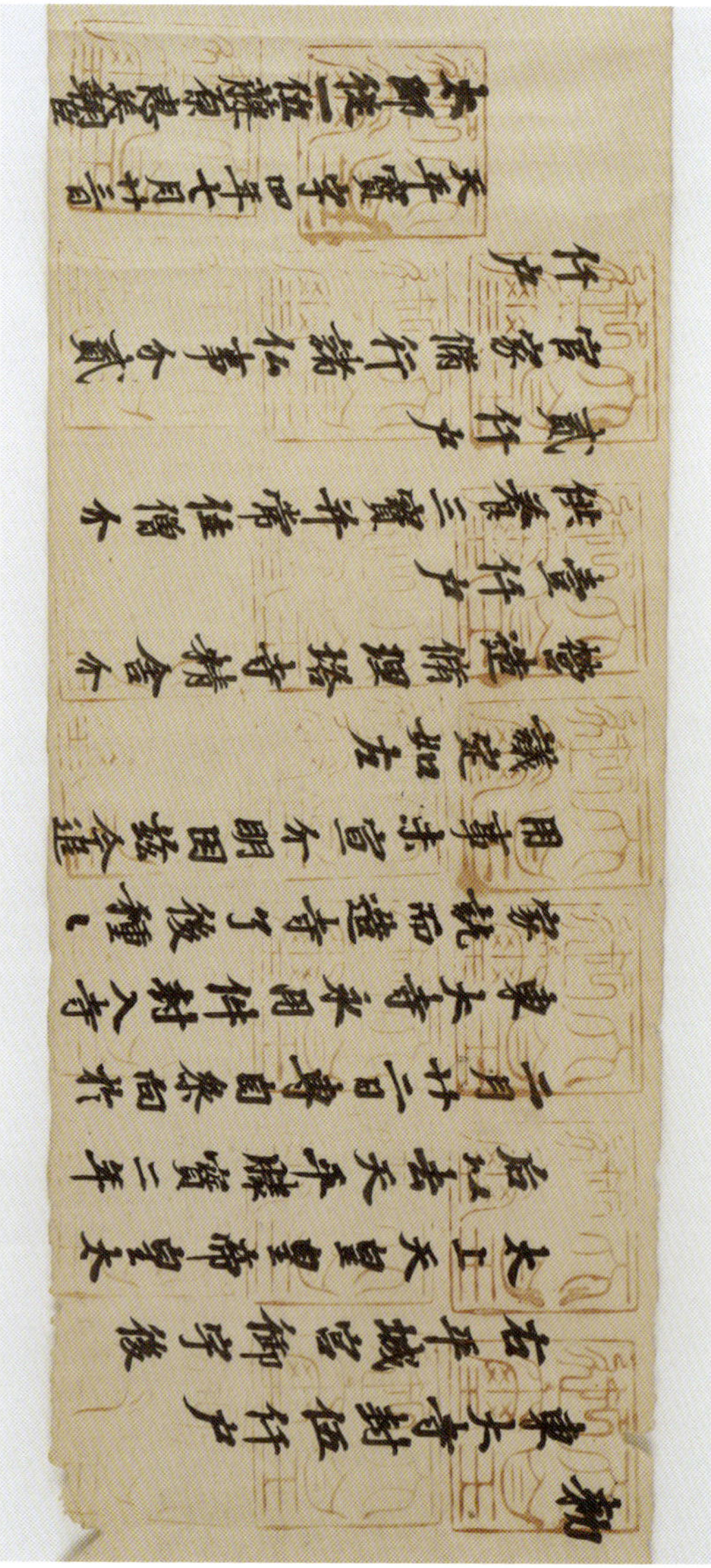
勅
東大寺封伍仟戸
右平城宮御宇後
太上天皇 皇帝 皇太
后以去天平勝宝二年
二月廿三日専自参向於
東大寺永用件封入寺
家訖而造寺了後種々
用事未宣分明因茲今
追議定如左
壹仟戸 修理塔寺精舎分
壹仟戸 供養三宝幷常住僧分
貳仟戸 官家脩行諸仏事分貳
仟戸
天平宝字四年七月廿三日
大師従一位藤原恵美朝臣

図版59 東大寺封戸処分勅書 天平宝字四年七月二十三日（藤原恵美朝臣押勝署）（中倉14）

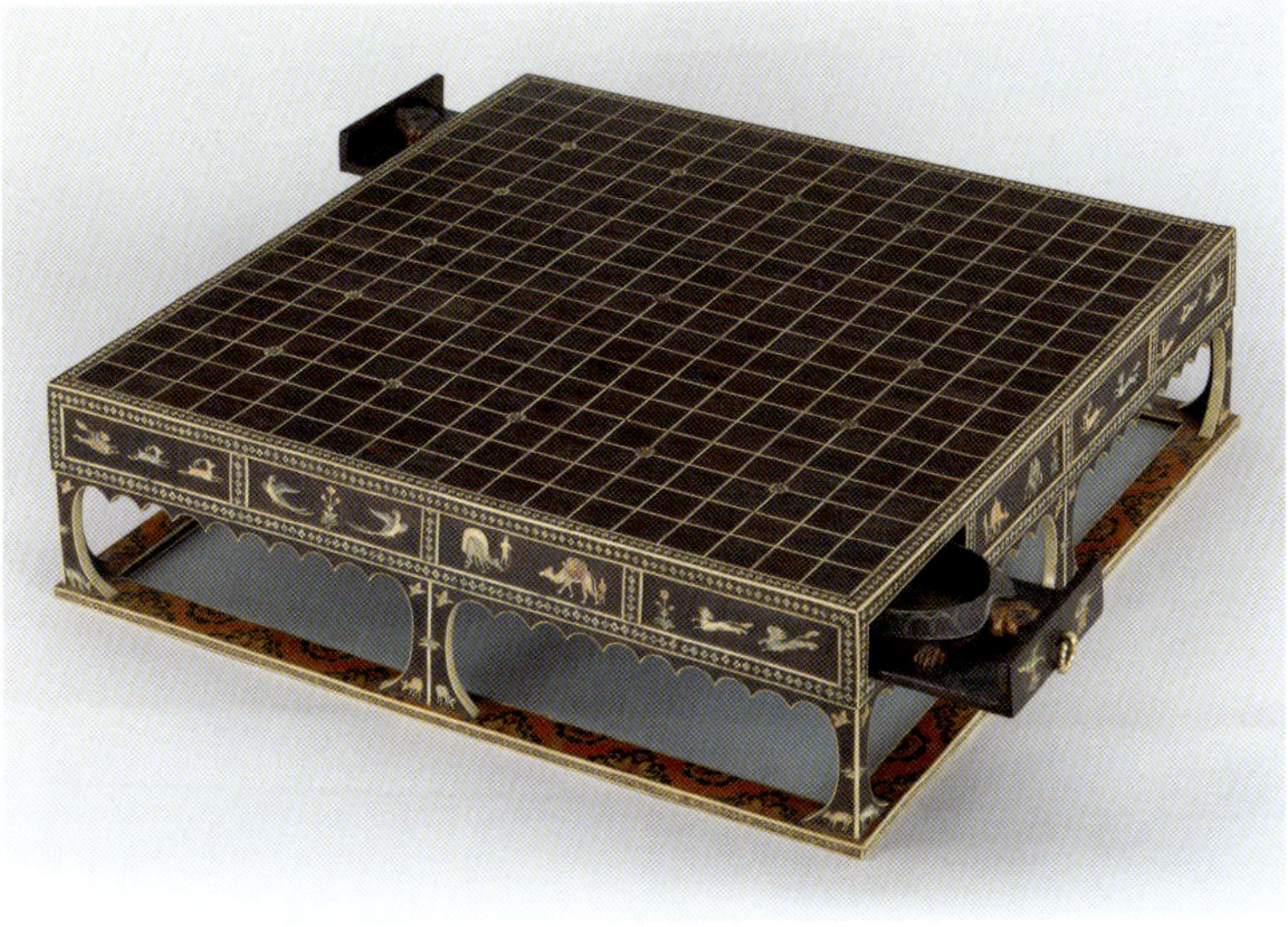

図版60　木画紫檀碁局（北倉36）

図版61　金銀亀甲碁局龕（北倉36）

図版62　鳥毛篆書屏風（北倉44）

第2扇

第1扇

第2扇

第1扇

図版64　白石火舎（中倉165－1）

図版65　白石火舎（中倉165－2）

図版66　紫檀小櫃（中倉144）

図版67　檳榔木画箱（中倉147）

図版68　琥碧誦数　第1号（南倉55－1）

図版69　七条褐色紬袈裟（北倉1－2）

図版70　革帯　第2号（中倉90―2）

図版71　墨

（右より）
第8号（中倉41―8）
第9号（中倉41―9）
第10号（中倉41―10）

図版72　子日手辛鋤（南倉79甲）

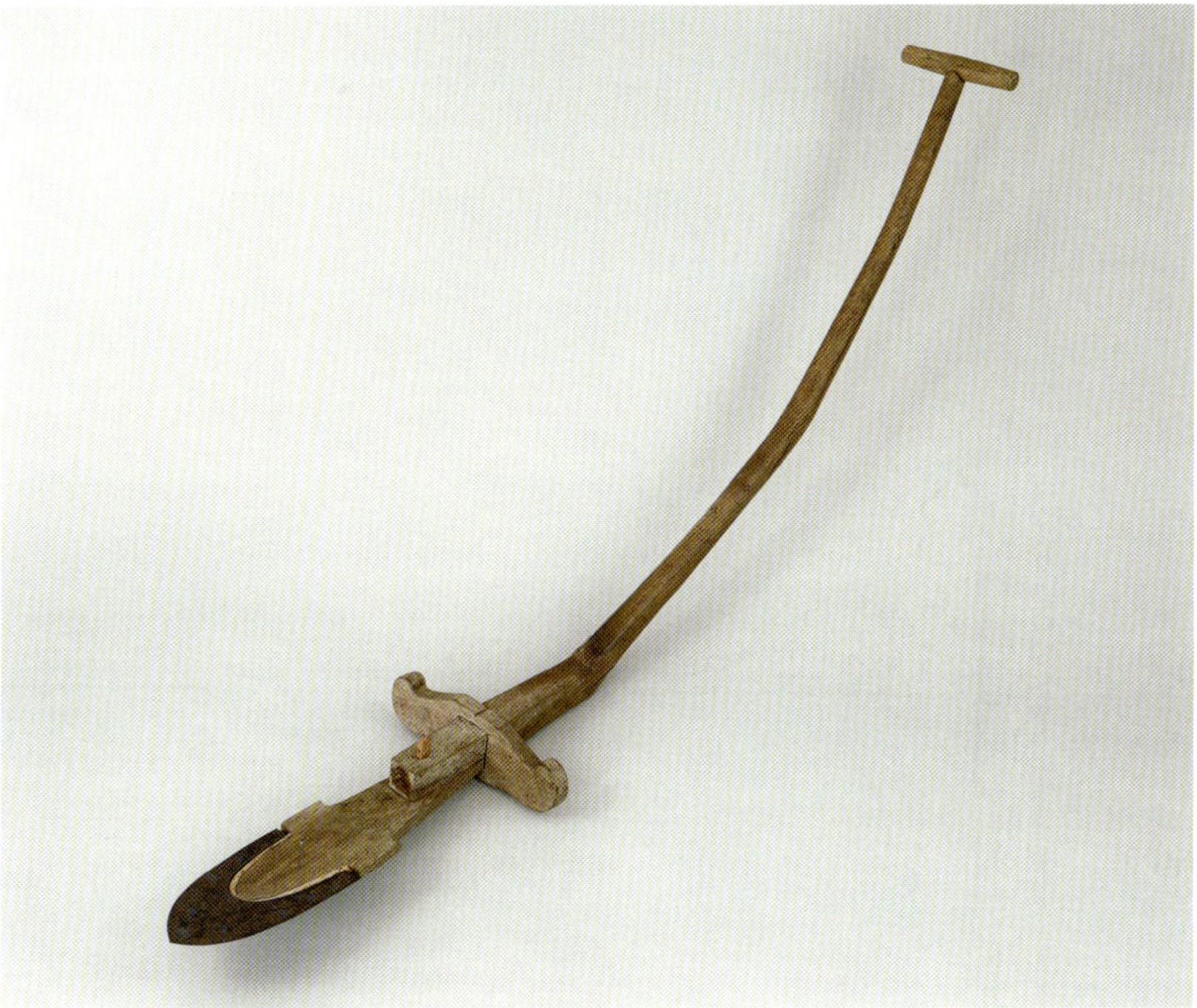

墨書銘

あとがき

本書は蜷川式胤の日記『八重の残花』を翻刻したものである。

かつて筆者が正倉院事務所に勤務していたとき、京都の蜷川家からご先祖の式胤の正倉院に関する調査記録があるが、正倉院宝物の研究の参考にしては如何かとの願ってもないご提案を戴いた。大変有り難いことで、そのご好意を受けることにした。式胤の日記や調査記録、図面や拓本類など、第一級の史料である。早速、式胤の日記の中で、既に一部、世に紹介されている『奈良の筋道』から拝見することにした。

しかし、当該日記を手にしながら、公務の間に、さらさらと読み解くことはできなかった。

やがて私自身が定年を迎えたことから、当該日記の翻刻は諦めざるを得ないと考えた。しかし幸いにも、退職後も正倉院宝物調査員として正倉院事務所に出入りを許されたことから、改めて『奈良の筋道』を翻刻することは、正倉院宝物の調査に寄与できるものと考え、翻刻を再開した。やがて翻刻がほぼ完成し、若干の修正を行っている最中に、米崎清実氏が『奈良の筋道』を翻刻し公刊された。正直、その時の気持ちを言えば、残念という以上のものであったと思う。

しばらくして、お預かりした蜷川式胤の日記はほかにもあるから、そちらの日記の翻刻・公刊を進めることが出来るのではないかと思い直した。しかも『奈良の筋道』は、式胤自身、かねて正倉院宝庫の開扉に思いを抱いていた宝庫を開き、東大寺大仏殿の廻廊に於いてそれらの宝物を展示する道筋をつけられた経緯が記されているが、正倉院宝物の個別の調査は明治八年の『八重の残花』が極めて精しい。そこで改めて『八重の残花』

の翻刻に着手した。

しかしその後、私自身、諸般の都合でなかなか作業を進めることが出来なかったが、幸い、正倉院事務所で別の調査を行っていた奈良女子大の卒業生の方々（ご芳名は末尾に掲出）などの協力を得て翻刻を継続し、ひとまず翻刻を完了することが出来た。

そこで先に『奈良の筋道』を刊行した中央公論美術出版に、『八重の残花』の出版の可否を打診したところ、快諾を得、爾来、同社の鈴木拓士氏にお世話になることになり、早速、取り敢えず翻刻が成ったものをお渡しした。鈴木さんはすぐに印刷原稿として組上げて戴いた。それを見直しているうちに、これまで読み切れなかった文字や、逆に読み間違いなどが見つかり、或いは蜷川式胤特有の言語かと思われるものが読めたりして、校正しているうちに、最初の組上げてくれたものとは可成り異なったものになった。しかしそれでもまだ問題が残っていたから、何度も何度も見直しを進めて、これ以上は我々の限界と思われるところに至ったと思えたことから、改めて鈴木さんに刊行をお願いした。

鈴木さんは、出版事情が必ずしも宜しくない中、私どものわがままを聞き届けて下さり、さらには本書の出版をよりスムースに進めるようにと、鹿島美術財団の出版援助金への申請の途を教えてもらった。なお申請に当たっては、奈良国立博物館館長の松本伸之氏の推薦を戴いた。

鹿島美術財団は、本書の出版の意義を評価して下さり、過分な援助金を頂戴することが出来た。鹿島美術財団はもとより、推薦の労を取って下さった松本館長にも心よりお礼を申し上げる。

かくして蜷川家から式胤の日記や記録をお預かりして以来、二十年余になるが、ようやくお預かりした当初のご好意に報いることが出来たのではないか、また今後の正倉院宝物の研究にも何らかのお役に立つことが出来るようになるのではないかと思うと、蜷川家のご好意に重ねて御礼申し上げたい。

最後になったが、本書の刊行に当たって、前正倉院事務所長杉本一樹・現所長西川明彦の両氏を始め、蜷川家から提供戴いた当時の保存課長木村法光氏、現保存課長飯田剛彦、保存課研究員佐々田悠、また本書掲載の写真について担当して下さった北田仁司氏にお世話になった。

また翻刻を手伝ってもらった方々の歴名はつぎの通りである。

天野波留子、飯田彩、大杉綾花、大和美恵、黒田洋子、中川明日佳、中川由莉

このほか大阪工業大学准教授米田達郎（国語学担当）には、翻刻を助けてもらうとともに、日記中の判読しがたい文字が、蜷川式胤の独特の表記か、近代語かについて意見を求めた。

さらに本書には明治八年当時の春日大社の儀式の様子、献饌などの作法などが具体的に記されていることから、同社の前権宮司岡本彰夫氏の御教示を戴いた。

最後になったが、ここにお名前を記させて戴いた方々に、改めて御礼申し上げる。

米田 雄介

二〇一八年二月吉日

編者紹介

米田 雄介（よねだ・ゆうすけ）

1936年　兵庫県に生まれる

1864年　大阪大学大学院博士課程単位取得退学

以後、宮内庁書陵部編修課長、正倉院事務所長、神戸女子大学教授等を歴任

現在、公益財団法人古代学協会理事、県立広島女子大学・神戸女子大学名誉教授（文学博士）

［主要著書］

『郡司の研究』（法政大学出版局、1976年）、『正倉院宝物の歴史と保存』（吉川弘文館、1998年）、『正倉院宝物と日本文化』（吉川弘文館、1998年）、『歴代天皇と年号事典』（編著、吉川弘文館、2003年）、『摂関制の成立と展開』（吉川弘文館、2006年）、『正倉院宝物と東大寺献物帳』（吉川弘文館、2018年）。

蜷川式胤「八重の残花」ⓒ

平成三十年四月二十日印刷
平成三十年五月 十 日発行

編　者　米田雄介
発行者　日野啓一
印　刷　株式会社教文堂
製　本　松岳社

中央公論美術出版
東京都千代田区神田神保町一－一〇－一
IVYビル6階
電話〇三－五五七七－四七九七

製函　株式会社加藤製函所

ISBN978-4-8055-0853-4